ARVÈDE BARINE

LA JEUNESSE

DE LA

GRANDE MADEMOISELLE

(1627-1652)

PARIS
LIBRAIRIE HACHETTE ET Cie
79, BOULEVARD SAINT-GERMAIN, 79

1901

Droits de traduction et de reproduction réservés.

LA JEUNESSE
DE LA
GRANDE MADEMOISELLE
(1627-1652)

OUVRAGES DU MÊME AUTEUR

PUBLIÉS PAR LA LIBRAIRIE HACHETTE ET Cie

BIBLIOTHÈQUE VARIÉE

Format in-16, broché, à 3 fr. 50 le volume.

Portraits de femmes (Mme Carlyle. — George Eliot. — Une détraquée. — Un couvent de femmes en Italie au xvie siècle. — Psychologie d'une sainte). Un vol.
  Ouvrage couronné par l'Académie française.

Essais et fantaisies. Un vol.

Princesses et grandes dames (Marie Mancini. — La reine Christine. — Une princesse arabe. — La duchesse du Maine. — La margrave de Bayreuth). Un vol.

Bourgeois et gens de peu. Un vol.

Névrosés (Hoffmann. — Quincey. — Edgar Poë. — Gérard de Nerval). Un vol.

Saint François d'Assise et la légende des trois compagnons. Un vol.

COLLECTION DES GRANDS ÉCRIVAINS FRANÇAIS

Format in-16, broché, à 2 francs le volume.

Bernardin de Saint-Pierre. Un vol.
Alfred de Musset. Un vol.

Coulommiers. — Imp. P$_{AUL}$ BRODARD. — 874-1901.

AVANT-PROPOS

La Grande Mademoiselle est l'une des physionomies les plus originales de son époque. On ne saurait dire pourtant qu'elle ait été une figure de premier plan. C'était un assez petit génie, et elle a eu trop peu d'influence sur les événements pour qu'il valût la peine de lui consacrer tout un volume, à plus forte raison d'en préparer un second, si cette princesse aventureuse et pittoresque n'avait été au premier chef l'un de ces personnages qu'Emerson appelait « représentatifs ». Le spectacle de son existence agitée est un commentaire merveilleux de la transformation profonde qui s'est accomplie, vers le milieu du xviie siècle, dans les sentiments de la France, et qui a eu son contre-coup naturel sur les mœurs.

J'ai essayé de raconter cette transformation. Elle reste aisément inaperçue, parce qu'elle n'a coïncidé ni avec une fin de siècle ni avec une révolution, et qu'elle s'est passée presque tout entière dans les âmes. C'est quelque chose d'analogue à ce que nous observons aux changements de saison pour la qualité de la lumière. Du jour au lendemain, à des dates qui varient avec les années, une belle lumière d'été a fait place à une belle lumière d'automne, et le paysage en est tout renouvelé. L'atmosphère morale de la France s'est trouvée de même renouvelée à l'issue des longs troubles civils de la Fronde. Non seulement les fils ne voyaient plus les choses avec les mêmes yeux que leurs pères, mais les mêmes choses avaient pris d'autres aspects aux yeux des pères. Il s'était fait un travail intérieur, des plus intéressants, que je voudrais tâcher de faire apercevoir au lecteur.

Je ne me dissimule pas que l'entreprise est ambitieuse. Elle dépasserait de beaucoup mes forces si je n'avais pour m'y aider que les archives et les collections de mémoires. Deux grands poètes sont heureusement là pour me guider. Corneille et

Racine ont été l'un et l'autre des interprètes fidèles de la façon de sentir de leurs contemporains. Ils rendent saisissant le contraste entre les deux sociétés, pourtant si voisines, auxquelles appartenaient leurs modèles. Quand le pessimisme chrétien de Racine vient à succéder, selon les expressions de M. Jules Lemaître, à l'optimisme stoïcien de Corneille, c'est que tout avait changé autour d'eux.

La Grande Mademoiselle était tout indiquée pour faire comprendre par son exemple la révolution morale qui nous a donné la figure de Phèdre trente-quatre ans — l'espace d'une génération — après la figure de Pauline. Dans la première partie de sa vie, celle dont l'on trouvera le récit dans ce volume, aucune des grandes dames de la Fronde n'est plus qu'elle une héroïne de Corneille, aucune n'a un désir plus effréné de grandeur, un plus superbe mépris des passions basses, au nombre desquelles Mademoiselle range l'amour. Elle fit cependant comme les autres, renonça à l'idéal de sa jeunesse et fut emportée, déjà vieillissante, par le torrent des sentiments nouveaux, ceux dont Racine nous a rendu l'écho. Sa biographie nous offre ainsi en raccourci l'histoire intime et, pour ainsi dire, sentimentale, de toute la France, pendant la vieillesse de Louis XIII et pendant la minorité et la belle période de Louis XIV. Ce sera mon excuse pour solliciter si longuement l'attention du lecteur en faveur d'un personnage aussi secondaire que la Grande Mademoiselle.

LA JEUNESSE

DE LA

GRANDE MADEMOISELLE

CHAPITRE I

I. Gaston d'Orléans. Son mariage. Son portrait. — II. Naissance de Mademoiselle. — III. Les Tuileries en 1627. Le train d'une princesse. — IV. Les idées du temps sur l'éducation. Comment on élevait les garçons. — V. Comment on élevait les filles. — VI. L'enfance de Mademoiselle. Les divisions de la famille royale.

Il existe au château de Versailles un portrait en pied de la Grande Mademoiselle, fille de Gaston d'Orléans et nièce de Louis XIII. La princesse est déjà grisonnante; elle a quarante-cinq ans. Le peintre l'a représentée en Minerve de ballet mythologique, armée d'un trident et coiffée d'un casque à plumes. Elle a le geste impérieux, la physionomie guerrière; son air de vieille héroïne va bien avec les mœurs du temps de sa jeunesse et avec ses exploits d'amazone pendant la Fronde. Il y a de l'harmonie entre cette mine relevée et les aventures de l'illustre fille que l'air du temps, le théâtre de Corneille et les romans de La Calprenède ou de Scudéry avaient imbue de sentiments trop pompeux. L'artiste avait vu la Grande Mademoiselle telle que nous la voyons nous-mêmes à travers ses Mémoires et ceux de ses contemporains.

La nature l'avait faite pour jouer les déesses en exil, et elle eut la bonne fortune de trouver l'emploi de facultés qui sont plutôt un embarras dans la vie ordinaire. Mademoiselle n'avait eu qu'à se laisser porter par les événements pour devenir la Minerve de Versailles, très sérieuse sous ses oripeaux, naïvement fière de sa divinité d'emprunt, et elle demeura dans son rôle jusqu'à la mort, sans daigner s'apercevoir qu'il était démodé, qu'on en souriait, et qu'elle-même lui avait donné un démenti dans une occasion célèbre : son roman avec Lauzun avait été bien bourgeois pour une Olympienne. Elle n'en conserva pas moins ses anciennes allures et devint la vivante évocation du passé pour les survivants du monde où elle avait grandi. Ils retrouvaient chez cette vieille princesse, devenue légèrement ridicule, l'empreinte des idées et des sentiments dont s'était composée l'âme de la France sous Richelieu et Mazarin. Les mêmes influences qui avaient fait de la Grande Mademoiselle une romantique avant la lettre avaient agi sur la société française tout entière. L'histoire de l'une est l'histoire de l'autre, et c'est ce qui rend digne de beaucoup d'attention une figure qui n'a jamais été au premier rang. Mademoiselle éclaire son milieu.

I

Anne-Marie-Louise d'Orléans, duchesse de Montpensier, était fille de Gaston de France, duc d'Orléans, frère puîné du roi Louis XIII, et d'une cousine éloignée de la famille royale, Marie de Bourbon, duchesse de Montpensier. Il est impossible de différer plus complètement de ses parents que ne le fit la Grande Mademoiselle, ainsi surnommée à cause de sa haute taille. Sa mère était une belle personne blonde, avec une physionomie de mouton et une humeur assortie, très douce et très sage. Son père ressemblait à nos décadents. C'était un homme qui avait les nerfs malades, la volonté abolie, et qui rêvait d'accomplir des actions rares et singulières. Il se berçait de l'idée d'être un de ces princes du sang de jadis, qui dressaient autel contre autel et obligeaient le roi à compter avec eux. Ses efforts répétés pour se hausser à un rôle sous lequel il était immédiatement écrasé sont à la fois burlesques et tragiques. Il a été en chair et en os, au XVIIe siècle, le prince que les écrivains d'aujourd'hui ont cru inventer et qu'ils se plaisent à porter à la scène ou à mettre dans leurs romans, l'anachronisme vivant qui a hérité des traditions de ses rudes aïeux et qui ne peut mettre à leur service qu'un caractère énervé et déséquilibré.

Sa première infamie, l'une des plus odieuses, avait servi de prologue à la naissance de la Grande Mademoiselle. En 1626, Louis XIII n'avait pas encore d'enfant. Son frère Gaston se trouvait ainsi l'héritier présomptif de la couronne, et il n'était pas marié. On le poussait de divers côtés à ne pas se lier par un mariage inférieur de cadet, à réserver l'avenir, qui pouvait lui apporter de grands changements avec un roi maladif. Monsieur était entré dans cette pensée, et il essaya de se dérober quand Marie de Médicis lui proposa d'épouser Mlle de Montpensier, la plus riche héritière du royaume. Il intrigua, il encouragea la conspiration Chalais, qui devait favoriser sa fuite de la cour, il laissa ses amis et ses serviteurs se compromettre, et puis il les vendit tous sans l'ombre d'une hésitation, le jour où il flaira du danger pour lui-même. Le complot avait été éventé; Gaston se hâta de tirer son épingle du jeu en racontant tout à Richelieu, au roi et à la reine mère.

Il n'avait pas perdu la tête, comme on l'a dit pour l'excuser. Les procès-verbaux de ses aveux sont conservés aux Affaires étrangères; on y voit un homme qui sait très bien ce qu'il fait et qui travaille avec beaucoup de sang-froid à se faire payer sa trahison le plus cher possible. Le 12 juillet 1626, Monsieur dénonça une trentaine de ses amis ou serviteurs, dont le grand nombre n'étaient coupables que de lui avoir témoigné du dévouement. Marie de Médicis lui ayant reproché d'avoir failli à certain engagement écrit « de ne penser jamais à chose quelconque qui tendît à le séparer d'avec le roi », Monsieur répliqua avec tranquillité « qu'il l'avait signé, mais qu'il ne l'avait promis de bouche ». On lui rappela « que plusieurs fois depuis il avait juré solennellement ».

Le jeune prince repartit avec la même sérénité qu'il réservait « toujours quelque chose en jurant ». Le 18, « Monsieur étant en bonne humeur, après avoir fait force protestations à la reine sa mère qui était en son lit », reprit devant Richelieu le fil de ses dénonciations, sans même attendre qu'on l'en priât. Le 23, il se rendit chez le cardinal et le chargea « d'assurer qu'il se marierait quand on voudrait, pourvu qu'on lui donne son apanage en même temps. Sur quoi il dit que feu M. d'Alençon avait eu trois apanages... » et il tâta le terrain pour lui-même, « s'enquérant soigneusement » des intentions du roi et prévenant le cardinal « qu'il lui enverrait le président Le Coigneux pour lui parler de son mariage et de son apanage ». Les marchandages et les dénonciations alternèrent jusqu'au 2 août. Finalement, Gaston obtint les duchés d'Orléans et de Chartres, le comté de Blois, et des avantages en argent qui portèrent ses revenus à un million de livres. Sa vanité ne s'était pas laissé oublier au contrat, mais on la pardonne à ses dix-huit ans : « Monsieur eut quatre-vingts gardes françaises portant casaques et bandoulières de velours de ses livrées, leurs casaques chargées devant et derrière de ses chiffres en broderie rehaussée d'or.... Il eut aussi vingt-quatre suisses qui marchaient devant lui les dimanches et autres jours de fêtes, tambour battant, encore que le roi fût à Paris [1]. »

1. *Mémoires* de Gaston, duc d'Orléans. Ces mémoires ne sont pas de lui. Selon M. Auguste Dietrich, ils ont été rédigés « d'après les papiers de ce prince par Algay de Montagnac ».

La vie des amis de Monsieur ne pesa pas une plume contre plusieurs provinces et un « tambour battant ». Le maréchal d'Ornano, son gouverneur, était en prison à Vincennes. Le comte de Chalais avait été arrêté à Nantes, où se trouvait la cour, et l'on instruisait rapidement son procès. Gaston d'Orléans ne s'en maria pas d'un visage moins souriant, le 5 août 1626. Son consentement obtenu, on avait brusqué la cérémonie. Celle-ci s'en ressentit et se fit n'importe comment. Il n'y eut pas de musique. L'habit du marié n'était pas neuf. Deux duchesses se prirent de querelle pendant le défilé du cortège pour une question de préséance, « des paroles, elles en vinrent aux poussades et aux égratignures [1] », et il y eut un mouvement de scandale dans le public. La splendeur des fêtes qui suivirent les noces fit oublier ces contrariétés. Monsieur y montra une gaieté qui fut remarquée avec étonnement : on savait qu'il avait demandé inutilement la grâce de celui qui allait « mourir son martyr [2] ». Il jugea cependant à propos de s'absenter le 19. Ce jour-là, le jeune Chalais, pour s'être employé à le servir, fut décapité à Nantes par un bourreau d'occasion, qui lui hacha la nuque avec une mauvaise épée et un outil de tonnelier. Au vingtième coup, le malheureux gémissait encore; il en fallut trente-quatre pour l'achever; la foule poussait des cris d'horreur. Quinze jours plus

---

1. *Mémoires* de Saint-Simon.
2. *Mémoires d'un favori du duc d'Orléans*, Collection Danjou, 2ᵉ série, vol. III.

tard, le maréchal d'Ornano mourait fort à propos dans sa prison. D'autres conjurés s'étaient enfuis ou avaient été exilés.

On eût dit que rien de tout cela ne regardait le duc d'Orléans. Il pensait uniquement à s'amuser. La morale du temps, si souvent et si extraordinairement tolérante, pour ne pas dire plus, ne barguignait pourtant pas sur la fidélité personnelle entre maître et serviteur. Elle exigeait que le soldat fût absolument dévoué à son chef, le client à son patron, le gentilhomme à son seigneur, et que jamais le supérieur, par un juste retour, n'abandonnât ses créatures ou ses domestiques, eussent-ils cent fois tort. Gaston le savait; il savait qu'il se déshonorait aux yeux de la France en livrant ceux qui s'étaient compromis pour lui, mais il s'en moquait, comme ceux de nos fils qui ont le malheur de lui ressembler se moquent de l'idée plus haute et plus large de patrie, substituée de nos jours à celle de la fidélité personnelle, comme ils se moquent de toutes les autres idées qui exigeraient de leur part un effort ou un sacrifice. Il ne faudrait pas se représenter Monsieur en poltron accablé sous la honte et désespéré de sa faiblesse. C'était un prince très gai, très brillant, et parfaitement résigné à être lâche selon les jugements du monde.

Sa vivacité était extraordinaire; on ne s'y accoutumait point. Il n'était plus jeune qu'il fallait encore lui boutonner ses vêtements à la course. Il voltigeait et pirouettait sans interruption, la main dans sa poche, le chapeau sur l'oreille, et toujours sifflotant :

« A son inquiétude habituelle et à ses grimaces, écrivait l'indulgente Mme de Motteville, il est aisé de voir en sa personne sa naissance et sa grandeur. » D'autres goûtaient moins ses manières. Un gentilhomme qui avait été à lui, alors que Monsieur était encore tout jeune, le revoyant sous Mazarin et le retrouvant le même, s'enfuit en criant : « Le voilà tout aussi fichu que du temps du cardinal de Richelieu. Je ne le saluerai pas. »

Les portraits de Monsieur ne sont pas pour contredire l'impression des contemporains. Il est joli. La figure, un peu longue, a beaucoup de finesse. Les yeux sont spirituels, la physionomie est pleine d'agrément, malgré une pointe de suffisance et, dans l'une des toiles, de gouaillerie. Il y a néanmoins dans cet aimable ensemble un je ne sais quoi qui donne envie de se sauver sans saluer, comme le vieux gentilhomme. La vilaine âme transparaît à travers le charmant visage, comme elle transparaissait jadis, pour ceux qui le fréquentaient, à travers les dons les plus heureux de l'intelligence. Retz déclare que M. le duc d'Orléans avait « un esprit beau et éclairé ». De l'avis général, « il parlait admirablement bien [1] ». C'était un artiste, grand amateur de tableaux et de bibelots, bon graveur sur médailles, et un dilettante de lettres, aimant à lire, s'intéressant aux idées et sachant « beaucoup de sciences curieuses [2] ». Il était enjoué

---

1. *Mémoires* de la duchesse de Nemours.
2. *Mémoires* de Mme de Motteville.

et d'accès facile. Son humeur le portait à la raillerie, toutefois c'était sans méchanceté ; il était bon : tous le disent de cet homme qui a été le Judas de tant d'autres. Il aurait fait un prince Charmant s'il avait eu un grain de sens moral, et sans la faiblesse et la poltronnerie, presque incroyables à ce degré, qui « salirent tout le cours de sa vie », dit encore Retz, et en firent le plus méprisable des êtres. Monsieur entra dans toutes les intrigues faute d'avoir la force de refuser, et il n'eut pas davantage la force, pas une fois, d'aller honnêtement au bout de ses engagements. La peur le saisissait, et rien alors, rien ne pouvait l'arrêter. Il était lâche avec impudeur et une sorte d'éclat ; il l'était, ce qui est pire, avec habileté, comme dans l'affaire Chalais, et n'en éprouvait ni honte ni remords, aussi insensible à l'amitié qu'à l'honneur. Ses associés trahis et perdus, Monsieur sifflotait un air, faisait une gambade, et n'y pensait plus.

II

Le duc et la duchesse d'Orléans revinrent à Paris dans la seconde quinzaine d'octobre. La cour habitait alors le Louvre. Le jeune couple y eut son appartement, dont le courtisan ne fut pas long à apprendre le chemin. A peine arrivée, Madame avait déclaré sa grossesse. C'était un grand événement, en l'absence d'héritier direct de la couronne. La foule se précipita chez l'heureuse princesse qui allait mettre au monde un futur roi de France. Elle-même en avait la tête tournée, toute sage et modeste qu'elle fût. Elle faisait parade de ses espérances, « croyant déjà d'avoir un fils lequel dût tenir la place d'un dauphin. Chacun lui portait ses vœux et ses acclamations, et tout le monde allait à Monsieur comme au soleil levant[1]. » Monsieur ne demandait qu'à se laisser faire et respirait cet encens avec « félicité ». Le mari et la femme jouissaient à l'envi de leur importance et promenaient des visages triomphants dans ce palais peuplé de soucis et de rongements d'esprit.

Le Louvre était en soi-même, politique à part, un séjour peu agréable. Au dehors, l'aspect en était rude et sombre du côté de Saint-Germain-l'Auxerrois, où subsistaient encore des restes de la vieille forteresse de Philippe-Auguste et de Charles V, élégant et riant en face des Tuileries et du quai, où les Valois et Henri IV avaient commencé le nouveau Louvre, celui que nous connaissons. A l'intérieur, les mœurs du temps, mélange disparate d'extrême raffinement et d'extrême grossièreté, en faisaient l'un des lieux du monde les plus bruyants et les plus malpropres. On entrait chez le roi de France comme dans un moulin; une cohue tapageuse emplissait son palais du matin au soir, et l'usage était de ne pas se gêner dans les lieux publics. Le flot montant et descendant des courtisans, des gens d'affaires, des soldats, des provinciaux, des fournisseurs et de la valetaille consi-

---

1. *Mémoires* de Gaston.

dérait les escaliers, les balcons, les corridors, le derrière des portes, comme des endroits propices au soulagement de la nature. C'était une servitude immémoriale, qui existait aussi bien à Vincennes et à Fontainebleau, et qu'on n'abolit point sans peine : il est encore parlé, dans un document postérieur à 1670, des « mille ordures » et des « mille puanteurs insupportables » qui faisaient du Louvre un foyer d'infection, très dangereux en temps d'épidémie. Les grands de la terre acceptaient ces choses comme des fatalités, et se contentaient de faire donner un coup de balai.

Ni Gaston ni la princesse sa femme n'en étaient à cela près ; ils avaient l'habitude des châteaux royaux et devaient trouver cette année-là, dans leur ivresse, que le Louvre sentait bon. Il ne leur convenait pas non plus de remarquer qu'on y était encore plus triste que d'ordinaire. Anne d'Autriche avait eu un crève-cœur de la grossesse de sa belle-sœur. Elle n'osait plus espérer d'enfant, après douze ans de mariage, et sentait qu'elle s'enfonçait dans le néant. Ses ennemis commençaient à insinuer qu'elle n'avait plus de raison d'être, et elle ne l'ignorait pas. La reine de France vivait dans un effacement si profond, que le monde ne connaissait d'elle que sa beauté blanche et rose. On la savait malheureuse et on la plaignait ; on ne la jugea que beaucoup plus tard, quand elle fut régente. Louis XIII n'était pas moins jaloux de la future maternité de Madame. Les mauvais sentiments lui étaient naturels, et il était trop malheureux pour qu'on ne l'excuse pas un peu. Depuis l'arrivée de Richelieu au pouvoir, il succombait sous les exigences du devoir monarchique. Sa personne trahissait sa détresse intérieure; elle exhalait la contrainte et l'ennui. Toute joie expirait au seul aspect de ce visage blême et démesurément long, si morne, si expressif de la misère morale de ce prince qui se savait haï et « ne s'aimait pas lui-même [1] », s'étant jugé.

Il était bègue, timide, et avait comme son frère les nerfs malades; le journal d'Hérouard, son médecin dans sa première jeunesse, le montre somnambule, dormant les yeux ouverts, et alors se levant et parlant tout haut. Ses médecins l'achevaient; en un an, Bouvard le fit saigner quarante-sept fois, lui fit prendre deux cent douze médecines et deux cent quinze lavements; et encore on reprochait à ce pauvre homme de ne pas être assez docile avec la Faculté. Il avait très peu « étudié », ne s'intéressait à aucune des choses de l'esprit et n'avait guère que des passe-temps manuels. Il aimait à chasser, à jardiner, à cuisiner, à fabriquer des filets, des lacets, des arquebuses, des confitures, à larder de la viande et à faire la barbe. Il avait comme son frère un côté d'artiste, adorait la musique et en composait. C'était le seul sourire d'un naturel ingrat. Louis XIII était sec et dur. Il détestait sa femme, n'aimait au monde que ses jeunes favoris, cessait un beau jour de les aimer, et ne s'inquiétait

---

1. *Mémoires* de Mme de Motteville.

plus alors de leur vie ou de leur mort. Il allait voir mourir en partie de plaisir, pour jouir des « grimaces » des agonisants. Sa dévotion, très sincère, était étroite et stérile. Il était jaloux et soupçonneux, oublieux et léger, incapable de s'appliquer avec suite aux grandes affaires. Il n'avait qu'une vertu, mais suffisante pour sauver sa mémoire, au degré héroïque où il la porta, a même vertu qui a soulevé les Hohenzollern au faîte de la puissance et de la gloire. Cette âme sombre était pénétrée du sentiment impérieux de son devoir de souverain, son devoir professionnel d'homme désigné par la Providence pour être responsable devant elle de millions d'autres hommes. Il ne séparait pas son propre avantage de celui de la France, pas plus que sa propre gloire ; il ne se séparait jamais, en rien, de son royaume. Il avait marié son frère de force, tout en sachant bien que la naissance d'un neveu l'ulcérerait. Il gardait Richelieu avec désespoir et résolution, dans la pensée que le pays serait perdu sans son ministre. Il avait l'essentiel d'un roi, la qualité qui supplée à beaucoup d'autres et sans laquelle les autres, les plus belles, demeurent inutiles.

Autour de ces protagonistes bourdonnait une mêlée d'ambitions rivales et d'intrigues confuses, qui avaient cela de commun d'être toutes et toujours dirigées contre Richelieu. Le roi venant à manquer, le cardinal savait qu'il « n'avait pas deux jours à vivre », et le roi paraissait à chaque instant à deux doigts de la mort. Michelet a une page saisissante sur « la souffrance du grand homme d'affaires », gaspillant son temps et usant ses forces à se débattre contre « je ne sais combien de pointes d'invisibles insectes dont il était piqué ». La seule Marie de Médicis tenait avec le roi pour Richelieu dans cet hiver critique de 1626-1627. Le cardinal était sa créature. Il y avait bien des souvenirs entre eux, et de plus d'un genre. Quelques années auparavant, Richelieu s'était donné la peine de faire l'amoureux de cette régente quadragénaire et avait eu tous les courages pour réussir à toucher son cœur; la cour de France l'avait vu prendre des leçons de luth parce que la reine mère avait eu la fantaisie, à son âge et avec sa tournure, de se remettre à jouer du luth comme une petite fille. Marie de Médicis ne s'était pas montrée insensible, et elle n'avait rien oublié, mais elle allait oublier; le moment approchait où Richelieu aurait endossé inutilement le ridicule de soupirer en musique aux pieds de cette grosse femme.

En apparence, pour un étranger, la cour de France n'avait jamais été plus gaie. Les fêtes s'y succédaient. Il y eut dans l'hiver deux grands ballets au Louvre, dansés par la fleur de la noblesse, le roi en tête. Louis XIII adorait ces exhibitions, qui déroutent nos idées démocratiques sur la majesté royale. L'hiver précédent, il avait invité les bourgeois de Paris à venir à l'Hôtel de Ville contempler leur monarque, avec sa face de croque-mort, dansant son grand pas sous un costume de carnaval. « Je veux, avait-il dit, honorer la Ville de cette action. » Les bourgeois de Paris s'étaient rendus à l'invitation; ils avaient attendu avec leurs femmes depuis quatre heures de l'après-midi jusqu'à cinq heures du matin que les entrechats royaux fissent leur apparition. La fête ne s'était terminée qu'à près de midi.

Monsieur prenait sa large part des plaisirs officiels, et il avait aussi les siens dans son particulier, tantôt très enfantins, tantôt très intelligents et en avance sur les idées du temps, qui obligeaient les gens du monde à abandonner les spéculations sérieuses aux beaux esprits de profession. Une ou deux fois la semaine, Gaston conviait un cénacle choisi de grands seigneurs et de gentilshommes à discuter des points de morale ou des questions de politique désignés à l'avance. Lui-même payait de sa personne, faisant admirer les ressources de son esprit et la sûreté de son jugement. Il devint dans le même temps noctambule, par impossibilité de « demeurer longtemps en place[1] ». Il se déguisait, et menait pendant la nuit la même vie de bohème que ce miséreux de Gérard de Nerval. Il rôdait comme lui à pied dans les rues de Paris, qui étaient alors très obscures, très fangeuses, et très mal fréquentées après le coucher du soleil. Il racontait qu'il s'amusait à entrer dans les maisons et à s'inviter aux bals ou assemblées. On ne savait pas le reste ; mais les gentilshommes qui le suivaient pour le protéger laissaient assez entendre que ce reste n'était rien de bon. Gaston d'Orléans avait tous les traits de ce qu'on appelle aujourd'hui les dégénérés,

1. *Mémoires* de Gaston.

à commencer par le débraillé moral. Un jour que Louis XIII reprochait à la reine, en présence de Richelieu, d'avoir voulu empêcher Monsieur de se marier, pour se le réserver si elle devenait veuve, Anne d'Autriche s'écria qu'elle « n'aurait pas assez gagné au change [1] ». La France non plus n'aurait pas gagné au change, et il est fort heureux qu'elle ait gardé son triste souverain.

L'enfant tant désiré par les uns, tant jalousé par les autres, fit son entrée dans le monde le 29 mai 1627. Au lieu d'un dauphin, on eut une fille, la Grande Mademoiselle. Le septième jour, la mère mourut. Louis XIII lui commanda des obsèques royales et vint lui jeter de l'eau bénite en cérémonie, tout soulagé de ne pas avoir de neveu. Anne d'Autriche assista incognito à la pompe funèbre, action qui fut interprétée diversement ; les gens sans malice y virent une preuve de la compassion que lui inspirait cette mort en plein bonheur, les autres un signe qu'elle songeait vraiment à épouser son beau-frère, si elle devenait veuve. La reine mère fut sincèrement affligée ; elle avait une préférence avouée pour son second fils, et l'essor du duc d'Orléans avait chatouillé agréablement son cœur. Richelieu eut des paroles de regret pour une princesse qui ne s'était jamais mêlée de politique, et Monsieur fut tel qu'on pouvait s'y attendre : il pleura bruyamment, se consola vite et s'enfonça dans la débauche.

1. Motteville.

La cour exécuta les volte-face exigées par les circonstances. Quelles que fussent les réflexions de chacun sur le parti à tirer de la catastrophe ou sur les regrets à en avoir, on tombait d'accord que la petite duchesse de Montpensier était chanceuse de rester seule héritière des biens de Madame sa mère. Celle-ci avait apporté en dot « la souveraineté de Dombes, la principauté de la Roche-sur-Yon, les duchés de Montpensier, de Châtellerault et de Saint-Fargeau, avec plusieurs autres belles terres portant titres de marquisats, comtés, vicomtés et baronnies, et quelques rentes constituées sur le roi et sur plusieurs particuliers, le tout faisant 330 000 livres de rente [1] ». L'enfant à qui revenait cette immense succession se trouvait la plus riche héritière de l'Europe, comme l'avait été sa mère avant elle. Mademoiselle fut élevée en conséquence, dans le faste qui convenait à son rang et à sa fortune.

III

On l'avait emportée du Louvre aux Tuileries par la galerie du bord de l'eau [2]. Elle y fut logée au « Dôme » — que les vieux Parisiens ont connu sous le nom de pavillon de l'Horloge, — et dans les deux corps de logis adjacents. Les Tuileries n'avaient pas encore pris leur air ennuyeux de grande caserne; elles avaient

1. *Mémoires* de Gaston.
2. *Mémoires* de Mlle de Montpensier.

de l'élégance et un brin de fantaisie avant que d'avoir été remaniées et mises à l'alignement. Le Dôme portait aux quatre coins quatre mignonnes tourelles et avait pour entrée, du côté du jardin, un portique en saillie, surmonté d'une terrasse à balustres d'où Mademoiselle et ses dames écoutèrent mainte sérénade et regardèrent passer mainte émeute. Le reste de la façade, jusqu'au pavillon de Flore, formait une succession d'angles sortants et rentrants amusante pour les yeux. L'aile opposée et le pavillon de Marsan n'étaient pas encore construits.

C'était presque la campagne. Le palais donnait par derrière sur un parterre, au delà duquel commençait le chaos dont le Carrousel n'a été entièrement débarrassé que sous le second Empire. Le fameux hôtel de Rambouillet se trouvait là, contigu à celui de Mme de Chevreuse, la confidente d'Anne d'Autriche et l'ennemie personnelle de Richelieu. D'autres hôtels particuliers s'y enchevêtraient avec des églises, un hôpital, un cimetière, une « cour de miracles », des jardins, des terrains vagues, des écuries et des échoppes. Au fond, le Louvre, fermant la perspective. En avant des Tuileries, du côté des Champs-Élysées, était le jardin, séparé du palais par une muraille et une large rue, et divisé comme de nos jours en parterres et en quinconces. On venait beaucoup s'y promener. La cour et la ville s'y coudoyaient autour de la Volière et de l' « Étang aux cygnes », dans le *Dédalus* et devant l' « Écho », et s'y servaient de spectacle l'une à l'autre. La place de la Concorde n'était encore qu'un « grand désert en friche qu'on appelait la Garenne aux lapins, et où avait été bâti le chenil du roi[1] ». L'enceinte de Paris séparait les Champs-Élysées de cette friche et venait se relier à la Seine, vers l'endroit où se trouve à présent le pont de la Concorde, par la porte « de la Conférence[2] », qui assurait à la cour de France une sortie sur la campagne.

Le célèbre jardin de Renard, où se passèrent plusieurs scènes historiques, fut associé aux plus anciens souvenirs de Mademoiselle. Il avait été pris sur la partie de la Garenne située entre la porte de la Conférence et le jardin des Tuileries. Renard était un ancien valet de chambre de grande maison, qui « avait de l'esprit, était souple, obligeant », de « manières commodes[3] », bref, un précurseur des Scapin et des Mascarille de Molière. Mazarin trouvait plaisir et profit à causer avec lui. Son jardin était un lieu de délices, « le rendez-vous ordinaire des seigneurs de la cour et de tout ce qu'il y avait de galant en ce temps-là ». Les belles dames y venaient, les reines y venaient; on y nouait des intrigues amoureuses et l'on y complotait la chute du ministère. Les hommes s'y donnaient des dîners fins où ils roulaient sous la table au dessert. Les femmes s'y offraient « la colla-

---

1. Sauval (1620-1670), *Histoire et recherches sur les antiquités de Paris*.
2. La porte de la Conférence fut bâtie lors des grands travaux commencés en 1633 « par les grands desseins et conseils du cardinal de Richelieu ». (Gomboust.)
3. Piganiol de la Force (1673-1753), *Description de la ville de Paris*, etc.

tion ». On y trouvait le bal, la comédie, des concerts sur l'eau, des sérénades dans les massifs, on s'y rencontrait, on y apprenait les nouvelles du jour : on ne pouvait plus vivre sans Renard.

Le Cours-la-Reine, création de Marie de Médicis, se trouvait en dehors de Paris. C'était une promenade de « quinze cent quarante pas communs[1] » de longueur, avec un rond-point au milieu. Le beau monde, le bon et le mauvais, y montrait ses toilettes et ses équipages. Mlle de Scudéry nous en a laissé la description à l'heure de la foule. Deux de ses personnages[2] se rendent à Paris par le village de Chaillot : « En arrivant du côté par où Hermogène mena Bélésis, on trouve le long de ce beau fleuve quatre grandes allées si larges, si droites, et si sombres par la hauteur des arbres qui les forment que l'on ne peut pas voir une promenade plus agréable que celle-là. Aussi est-ce le lieu où toutes les dames vont le soir dans de petits chariots découverts, et où tous les hommes les suivent à cheval; de sorte qu'ayant la liberté d'aller tantôt à l'une et tantôt à l'autre, cette promenade est tout ensemble et promenade et conversation, et est sans doute fort divertissante. » Hermogène et Bélésis, ayant pénétré dans le Cours, « virent ces grandes allées toutes remplies de ces petits chariots peints et dorés, dans lesquels les plus belles dames de Suze (*Paris*) étaient, et auprès de qui un nombre infini d'hommes de qualité, admirablement bien montés et

1. Gomboust, *Paris en 1652*.
2. Dans le *Grand Cyrus*.

magnifiquement vêtus, allaient et venaient en les saluant ». L'été, on s'attardait au Cours-la-Reine et l'on venait finir la soirée chez Renard ; Marie de Médicis et Anne d'Autriche y manquaient rarement.

Tout à côté, les Champs-Élysées offraient aux regards une forêt sauvage, par laquelle on allait courre le loup au Bois de Boulogne. Le village de Chaillot s'apercevait dans le lointain, perché sur une hauteur parmi les champs et les vignes. Des jardins maraîchers couvraient les quartiers de la Ville-l'Évêque et de la Chaussée-d'Antin.

Mademoiselle eut aux Tuileries une installation royale. « On fit ma maison, rapporte-t-elle dans ses *Mémoires*, et l'on me donna un équipage bien plus grand que n'en a jamais eu aucune fille de France. » Elle était encore tout heureuse, trente ans après, de la nombreuses domesticité, haute et basse, dont une parenté prévoyante avait entouré son berceau, établissant ainsi aux yeux de l'Europe, par des signes irrécusables, l'importance de sa petite personne. On était obligé d'attacher du prix à ces sortes de détails. Le monde s'était accoutumé, du temps à peine déclinant où la force brutale était tout, à juger de la grandeur des princes par leur train. C'est parce que la Grande Mademoiselle eut dès le maillot une armée d'écuyers et d'huissiers, de valets et de marmitons, qu'elle put aspirer plus tard sans outrecuidance à la main des plus grands souverains. « Les fils de France, dit un document de 1649, ont les mêmes officiers que le roi, mais non pas en si grand nombre.... Les autres princes en ont selon leurs revenus et le rang qu'ils tiennent dans le royaume[1]. » Le même document nous fournit le détail de la maison d'Anne d'Autriche. En réduisant les chiffres de moitié pour « l'équipage » de Mademoiselle, nous serons certainement au-dessous de la vérité.

Une cour devait se suffire à elle-même, comme une armée en campagne. La haute domesticité de la reine comprenait plus de cent personnes : maîtres d'hôtel, échansons, tranchants, secrétaires, médecins, chirurgiens, oculistes, musiciens, écuyers, sept aumôniers, neuf chapelains, « son confesseur » et un « confesseur du commun », quantité d'autres emplois qu'il serait trop long d'énumérer. Au-dessous de ces personnages, qui avaient chacun leurs propres serviteurs, un nombre au moins égal de valets et de filles de chambre assurait le service des appartements. Les cuisines occupaient « cent cinquante-neuf maistres-queux, *hasteurs de rôts, potagers, serts-d'eau* », et autres « officiers de bouche ». Venaient ensuite le personnel des écuries, cinquante « marchands », et un nombre indéterminé d'artisans, de tous les corps de métier. En tout, de six à sept cents personnes, sans compter les valets des valets et les grandes « charges », telles que le chancelier de la reine, son chevalier d'honneur, ses dames et ses « demoiselles ».

On était souvent mal servi avec ces hordes de domestiques. Nous savons par Mme de Motteville

---

1. *Estat de la France* (Collection Danjou).

comment étaient nourries les dames d'Anne d'Autriche en 1644, année paisible, où les coffres de la cour étaient encore pleins. La reine soupait seule, conformément à l'étiquette : « Son souper fini, nous en mangions les restes sans ordre ni mesure, nous servant pour tout appareil de sa serviette à laver et du reste de son pain ; et quoique ce repas fût mal ordonné, il n'était point désagréable, par l'avantage de ce qui s'appelle privauté, pour la qualité et le mérite des personnes qui s'y rencontraient quelquefois. »

La plupart des cours gardaient encore certains vestiges du moyen âge. Louis XIII avait — ou avait eu — quatre nains, à « trois cents livres tournois par an pour chacun d'eux », et il payait un homme pour « leur soin et conduite [1] ». Marie de Médicis conserva jusqu'à sa mort, malgré l'exil et la misère, un certain Jean Gassan qui figure dans son testament comme « gardant le perroquet ». Louis XIV enfant eut « deux baladins ». Mademoiselle avait une naine, qui ne prit sa retraite qu'en 1645. Les registres du Parlement pour cette année-là contiennent à la date de 10 mai des lettres patentes et vérifiées par lesquelles « le roi accordait à Ursule Matton, naine de Mademoiselle, fille unique du duc d'Orléans, la faculté et permission d'établir un petit marché dans une cour derrière la boucherie neuve de Saint-Honoré [2] ».

---

1. *Extraits des comptes et dépenses du roi* pour l'année 1616 (Collection Danjou).
2. *Mémoires* de Mathieu Molé.

Marie de Médicis avait complété la maison de sa petite-fille en lui donnant pour gouvernante « une personne de beaucoup de vertu, d'esprit et de mérite », Mme de Saint-Georges, qui « connaissait parfaitement bien la cour ». Mademoiselle avoue qu'elle fut néanmoins très mal élevée, grâce à la tourbe de flatteurs à gages qui remplissait les Tuileries, et qu'il n'a pas tenu à son entourage qu'elle ne devînt insupportable : « Il est très ordinaire, dit-elle, de voir les enfants que l'on respecte et à qui l'on ne parle que de leur grande naissance et de leurs grands biens, prendre les sentiments d'une mauvaise gloire. J'avais si souvent à mes oreilles des gens qui ne me parlaient que de l'un et de l'autre, que je n'eus pas de peine à me le persuader, et je demeurai dans un esprit de vanité fort incommode, jusqu'à ce que la raison m'eût fait connaître qu'il est de la grandeur d'une princesse bien née de pas s'arrêter à celle dont l'on m'avait si souvent et si longtemps flatté. » Elle en était venue, toute petite encore, à ce degré de sottise, de ne pas aimer qu'on lui parlât de sa grand'mère maternelle, Mme de Guise : « Je disais : — Elle est ma grand'maman de loin, elle n'est pas reine. »

On ne voit pas que Mme de Saint-Georges, cette personne de tant de mérite, ait rien fait pour neutraliser les mauvaises influences. Pendant tout le xviie siècle, les idées sur l'éducation des filles ont été très hésitantes, à cause du peu d'importance que l'on y attachait. Fénelon pouvait encore écrire en 1687, après les progrès réalisés sous la double influence de

Port-Royal et de Mme de Maintenon : « Rien n'est plus négligé que l'éducation des filles; la coutume et le caprice des mères y décident souvent de tout; on suppose qu'on doit donner à ce sexe peu d'instruction; l'éducation des garçons passe pour une des principales affaires par rapport au bien public, et, quoiqu'on n'y fasse guère moins de fautes que dans celle des filles, du moins on est persuadé qu'il faut beaucoup de lumière pour y réussir. » On s'en remettait généralement au monde du soin de former les femmes et de leur polir l'esprit. C'est l'origine des grandes inégalités qu'on remarque entre elles, dans les mêmes classes, selon qu'elles s'étaient trouvées plus ou moins bien placées pour s'instruire au spectacle de la vie et dans la conversation des honnêtes gens. Les privilégiées étaient celles qui avaient grandi, comme Mademoiselle et ses familières, dans les cercles où se parlait et se faisait l'histoire de leur temps. Leurs meilleurs maîtres avaient été les hommes de leur entourage, qui intriguaient, conspiraient, se battaient et mouraient sous leurs yeux, et très souvent pour leur complaire. Les existences tourmentées et périlleuses de ces hommes, leurs chimères et leur romantisme en action furent d'admirables leçons pour les futurs héroïnes de la Fronde.

On ne comprendrait pas les élèves si l'on ne considérait d'abord les maîtres. Comment s'étaient formés ces professeurs d'énergie? Dans quel moule s'était coulée cette race de cavaliers entreprenants et agités qui fit surgir, modelée à son image, une génération d'amazones? C'est tout le système d'éducation de la France d'alors qui est ici en cause. Il vaut la peine d'être examiné de près et en détail.

IV

Les garçons étaient préparés dès l'enfance à la vie ardente de leur temps. On les élevait d'après une idée arrêtée, commune au riche et au pauvre, au noble et au roturier. L'objet de l'éducation masculine était de faire des hommes de très bonne heure. Il n'y avait divergence entre le gentilhomme et le bourgeois que sur la meilleure manière de s'y prendre : le premier estimait que rien ne vaut l'action pour façonner à l'action; le second tenait les humanités pour le seul fondement d'une éducation virile et pratique. Quelle que fût la méthode adoptée, un jeune homme devait entrer dans la vie active à l'âge où nos fils commencent à peine l'interminable série de leurs examens. A dix-huit ans, à seize, quelquefois à quinze, un Gassion, un La Rochefoucauld, un Omer Talon, un Arnauld d'Andilly, étaient officiers, avocats, fonctionnaires, et les affaires en prenaient une autre physionomie qu'à notre époque, où les générations arrivent à l'action déjà vieillies et déjà fatiguées. Il n'est pas indifférent pour un peuple que sa jeunesse entre dans les carrières à un âge ou à un autre. On n'a plus la même façon de penser et de sentir à trente ans qu'on avait à vingt. On fait la guerre autrement, la politique encore plus; on a d'autres ambitions et d'autres aventures. Les moments de l'histoire où la partie agissante de la nation contient une forte proportion de très jeunes gens en reçoivent une coloration particulière; la vie publique a un je ne sais quoi de plus fringant et de plus hardi. Il y eut sous Louis XIII des existences à faire mourir d'envie nos malheureux écoliers, qui deviennent parfois chauves avant de parvenir à quitter les bancs.

Jean de Gassion, maréchal de France à trente-quatre ans et tué à trente-huit (1647), était le quatrième garçon, et non le dernier, d'un président au Parlement de Navarre, qui l'avait « élevé aux lettres » avec soin. L'enfant « profita tellement aux humanités et en la philosophie, qu'il s'y trouva consommé avant l'âge de seize ans[1] ». Il savait aussi plusieurs langues vivantes, « l'allemande, la flamande, l'italienne et l'espagnole ». Ainsi préparé, il partit de Pau sur le vieux bidet de son père, les poches vides et le cœur en liesse, résolu à « faire fortune » et ne doutant pas d'y réussir. Le vieux bidet ne put aller plus loin que quatre ou cinq lieues. Jean de Gassion continua sa route à pied, gagna la Savoie, où l'on guerroyait, s'y engagea comme simple soldat, et se battit si bien qu'il fut nommé cornette. La paix l'ayant ramené en France, il résolut d'aller offrir son épée au roi de

---

1. *Vie et mort du maréchal de Gassion*, par Théophraste Renaudot (Collection Danjou).

Suède, Gustave-Adolphe, qu'on disait quelque part en Allemagne à combattre les Impériaux, et de lui conduire ses troupes, à lui Jean de Gassion, car il n'entendait pas se présenter seul, en pauvre hère, devant le monarque. Il entraîna quinze ou vingt cavaliers de son régiment, s'embarqua avec eux pour la Baltique et aborda par hasard — *ceci est de l'histoire* — sur un rivage où Gustave-Adolphe était justement à se promener; ces choses-là n'arrivent plus passé vingt ans. Jean le salua, et lui exposa en latin son grand désir de le servir. Le roi, amusé, consentit à mettre ce docte gamin à l'essai, et c'est ainsi que Gassion put devenir colonel à vingt-deux ans. Sans le latin, il aurait peut-être manqué sa carrière; sa harangue cicéronienne, débitée à l'improviste dans les circonstances pittoresques qu'on a vues, avait prévenu en sa faveur un prince qui était lui-même très lettré. Après la mort du roi de Suède, Gassion rentra en France, gagna avec Condé la bataille de Rocroy et mourut au siège de Lens d'une balle dans la tête, laissant la réputation d'un brillant soldat et d'un homme de bien, d'autant de vertu que de courage. Il n'avait jamais voulu se marier. Quand on lui en parlait, il répondait « qu'il ne faisait pas assez de cas de la vie pour en faire part à quelqu'un ». C'est le mot d'un pessimiste, et ce n'est guère de son temps.

La Rochefoucauld, qu'on n'accusera pas d'avoir été naturellement romanesque, offre un autre exemple des miracles qu'opère la jeunesse; il ne lui serait pas arrivé d'agir, une fois dans sa vie, en vrai paladin, s'il ne s'était lancé dans la politique avant que d'avoir barbe au menton. Il avait fait sa première campagne à quinze ans, avec le grade de « mestre de camp ». L'année suivante il était à la cour, mêlé aux partis et occupé à faire de l'opposition à Richelieu, sans pouvoir s'empêcher de n'être qu'un adolescent, encore très éloigné de la prudence désabusée des *Maximes*. La saveur toute spéciale que cette saison de la vie donne aux âmes s'était communiquée à la sienne à l'heure marquée par la nature, l'imprégnant d'un petit parfum d'héroïsme et de poésie; il n'oublia jamais avec quel bonheur il avait été fou pendant une semaine ou deux.

Il avait alors vingt-trois ans. La reine Anne d'Autriche était au plus fort de sa disgrâce, maltraitée et persécutée par son époux et par Richelieu. « Dans cette extrémité, dit La Rochefoucauld en ses *Mémoires*, abandonnée de tout le monde, manquant de toutes sortes de secours, et n'osant se confier qu'à Mlle d'Hautefort et à moi, elle me proposa de les enlever toutes deux et de les emmener à Bruxelles. Quelque difficulté et quelque péril qui me parussent dans un tel projet, je puis dire qu'il me donna plus de joie que je n'en avais eu de ma vie. J'étais dans un âge où l'on aime à faire des choses extraordinaires et éclatantes, et je ne trouvais pas que rien le fût davantage que d'enlever en même temps la reine au roi son mari et au cardinal de Richelieu qui en était jaloux, et d'ôter Mlle d'Hautefort au roi qui en était amoureux. » L'entreprise n'était point banale en effet. La Rochefoucauld s'en chargea avec enthousiasme, et n'y renonça que parce que la reine changea de dessein. Il avait eu comme tout le monde son coup de jeunesse, il avait manqué faire sa folie. Il disait en songeant à ce projet extravagant : « La jeunesse est une ivresse continuelle ; c'est la fièvre de la raison. »

Les *Mémoires* d'Arnauld d'Andilly nous apprennent ce qu'était l'éducation des fils de la haute bourgeoisie aux environs de l'an 1600. Arnauld d'Andilly avait commencé le grec et le latin à la maison, sous la surveillance d'un père instruit. Vers la dixième année, les siens jugèrent le moment venu de mêler dans sa petite tête les réalités aux spéculations. Il était destiné aux « emplois civils ». Les journées furent coupées en deux, moitié pour l'étude désintéressée, moitié pour la pratique, et il fit son apprentissage de fonctionnaire sans que le thème et la version y perdissent rien. La matinée resta consacrée aux leçons et aux devoirs ; elle était longue ; on se levait à quatre heures chez ses parents. L'écolier devint bon latiniste, et même bon helléniste. Il écrivait très proprement le français et avait de la lecture. Les dix ou douze gros volumes de ses œuvres sont là pour attester qu'il en savait beaucoup plus long que nos bacheliers, tout en ne sachant pas, ou guère, les mêmes choses. A onze heures il fermait ses dictionnaires, disait adieu à son précepteur et à la pédagogie, enfourchait un cheval et s'en allait à travers Paris chez l'un de ses oncles, nommé Claude, qui s'était chargé de lui apprendre ce qui ne se trouve pas dans les livres. Nos pères veillaient avec soin sur ces premiers contacts avec la réalité. Ils tâchaient de ne pas abandonner au hasard cette initiation, qui laisse presque toujours des traces ineffaçables. L'oncle Claude de la Mothe-Arnauld, « trésorier général de France », installait son neveu dans son cabinet et lui donnait des dossiers à étudier. Il fallait que ce petit bonhomme de dix ans débrouillât une affaire et en rendît compte de vive voix. A quinze ans, ses classes étant terminées, un autre oncle, intendant des finances, lui fit mettre la main à la pâte dans ses bureaux. A seize, le petit Arnauld était M. Arnauld d'Andilly, chargé d'un service public, reçu à la cour, admis bientôt à assister derrière la chaise du roi au conseil des finances, pour entendre « opiner » et se former aux grandes affaires.

Une telle éducation n'était pas une exception. Les fils de la bonne bourgeoisie étaient tous élevés à peu près de même, avec plus ou moins de succès, suivant leurs dons naturels. Omer Talon, avocat général au Parlement de Paris et l'un des grands orateurs parlementaires du siècle, avait aussi fait de fortes études classiques; les citations grecques et latines se pressaient sur ses lèvres en improvisant. Il avait de « vastes connaissances » dans la science du droit, beaucoup plus compliquée au XVIIe siècle qu'à présent. Cependant, lui non plus n'avait pas traîné sur les bancs. A dix-huit ans, il était reçu avocat, commençait à plaider et devenait célèbre immédiatement.

Antoine Le Maître, le premier solitaire de Port-Royal, avait commencé par être à vingt et un ans le premier avocat de Paris.

La noblesse sacrifiait presque toujours l'instruction, qu'elle méprisait, à l'impatience de voir ses fils dans la vie active. Elle mettait ceux-ci dans les pages dès l'âge de treize ou quatorze ans, ou à « l'académie, pour apprendre à se servir d'un cheval, à tirer des armes, à voltiger et à danser[1] ». Les livres et les écritoires passaient aux yeux des gens de qualité pour des ustensiles roturiers, bons pour les plumitifs et les « beaux esprits ». — « Aussi, écrit M. d'Avenel en parlant du règne de Louis XIII[2], les gentilshommes sont-ils parfaitement ignorants, les plus illustres comme les plus modestes; il y a entre eux, sous ce rapport, à quelques exceptions près, égalité absolue. Le connétable de Montmorency était « en réputation d'homme de grand sens, bien qu'il n'eût aucune instruction, et à peine sut-il écrire son nom ». Maint grand seigneur n'en savait pas plus long, et cette ignorance n'était pas « honteuse, au contraire; elle était voulue, affectée, glorieuse », imitée avec empressement par la petite noblesse. « Je ne taille ma plume qu'avec mon épée, disait fièrement un gentilhomme. — Je ne m'étonne donc pas, riposta un bel esprit, que vous écriviez si mal. »

Les exceptions dépendaient du caprice des pères,

---

1. Lettre de Pontis.
2. *Richelieu et la monarchie absolue.*

et se rencontraient parfois où on les aurait le moins attendues. Le fameux Bassompierre, arbitre de la mode et fleur des courtisans, qui brûla en une fois plus de six mille lettres de femmes, qui portait des habits de 14 000 écus et pouvait encore les décrire de mémoire vingt-cinq ans après, avait fait des études très complètes, et sur un plan qu'on ne se figurait peut-être pas aussi ancien. Il avait suivi le collège jusqu'à seize ans et était allé se perfectionner à l'étranger, en Allemagne d'abord, où il avait travaillé la rhétorique, la logique, la physique, le droit, Hippocrate, Aristote et « les cas de conscience »; en Italie ensuite, où il avait fréquenté les meilleurs manèges, les meilleures salles d'armes, une école de fortifications et plusieurs cours princières. A dix-neuf ans, il était brillant cavalier, bon musicien, il avait de la culture et du monde, et il revenait débuter avec éclat à la cour de France.

Le grand Condé, général en chef à vingt-deux ans, avait fait ses classes au collège de Bourges et ses « exercices » à une « académie » de Paris, traité partout, sur l'ordre de son père, comme le premier écolier venu. Il parlait couramment le latin à sept ans, était en rhétorique à onze, avait travaillé la philosophie, le droit, les mathématiques et l'italien, tournait joliment les vers et excellait aux exercices du corps. Louis XIII applaudissait à ces fortes études, à cette éducation démocratique, peut-être par un retour sur lui-même, et « disait à tout le monde qu'il voulait... faire instruire et élever monsieur le Dauphin de la même manière[1] ». A mesure que le siècle avançait, on se convertissait à l'idée qu'un noble pouvait « étudier » sans déroger. Louis de Pontis, qui débuta comme d'Artagnan et finit à Port-Royal[2], voulait qu'on prît le temps d'instruire la jeunesse. Il écrivait[3] à quelqu'un qui lui avait demandé conseil pour l'éducation de deux jeunes seigneurs de la cour : « Je commencerai par vous avouer que je ne suis pas du sentiment de ceux qui veulent que leurs enfants n'aient de science qu'autant qu'il en faut, disent-ils, pour un gentilhomme, car puisque la science... apprend à raisonner et à bien parler en public, n'est-elle pas nécessaire à ceux qui par la grandeur de leur naissance, de leurs emplois et de leurs charges, peuvent en avoir besoin en tant de rencontres? Je sais que plusieurs croient aussi que la fréquentation des femmes vertueuses et habiles ouvre et polit davantage l'esprit d'un jeune cavalier que l'entretien d'un homme de lettres; mais je ne suis pas non plus de cet avis.... » Pontis voulait pourtant qu'on mît grande différence entre l'enfant destiné à la robe et celui qui est voué à la profession des armes. « Le premier ne doit jamais discontinuer ses études; et il suffit que l'autre étudie jusqu'à quinze ou seize ans.... Après cela on le doit mettre à l'académie.... »

Pontis ne faisait que suivre le courant. Au moment où naquit la Grande Mademoiselle, l'homme de qualité

1. *Mémoires* de Lenet.
2. Voir ses *Mémoires*.
3. Peu d'années avant sa mort, survenue en 1670.

n'avait plus le droit d'être ce qu'on appelait « un brutal ». Des mœurs nouvelles exigeaient qu'il eût du goût, à défaut de science, et qu'il se fût formé dans « l'entretien d'un homme de lettres » à juger des « ouvrages de l'esprit ». Le maréchal de Montmorency[1], fils du connétable qui savait à peine signer, « avait toujours des gens d'esprit à ses gages, qui faisaient des vers pour lui, qui l'entretenaient d'un million de choses, et lui disaient quel jugement il fallait faire des choses qui couraient en ce temps-là[2] ». Il était de bon ton dans les grandes maisons de s'attacher au moins un « autheur »; en l'absence de journaux et de revues, il remplaçait nos chroniques littéraires et nos articles de critique, il parlait le feuilleton dramatique ou le compte rendu du dernier roman.

On fut très longtemps à faire un pas de plus et à permettre au noble d'être son propre « autheur » et de composer lui-même ses « ouvrages de l'esprit ». Celui qui succombait à la démangeaison d'écrire devait à sa naissance de s'en cacher ou de s'en excuser. Mlle de Scudéry fait dire à Sapho, c'est-à-dire à elle-même, dans *le Grand Cyrus*[3] : « Il n'y a rien de plus incommode que d'être bel esprit, ou d'être traité comme l'étant, quand on a le cœur noble et quelque naissance. Car enfin, je pose pour indubitable que, dès qu'on se tire de la multitude par les lumières de

---

1. Décapité en 1632, à trente-sept ans.
2. Tallemant.
3. Le 1er vol. du *Grand Cyrus* parut en 1649, le dernier en 1653.

son esprit et qu'on acquiert la réputation d'en avoir plus qu'un autre, et d'écrire assez bien en vers ou en prose pour pouvoir faire des livres, on perd la moitié de sa noblesse, si on en a, et l'on n'est point ce qu'est un autre de la même maison et du même sang, qui ne se mêlera point d'écrire.... On vous traite tout autrement.... » Vers la même époque, Tallemant des Réaux écrivait de M. de Montausier, l'époux de la belle Julie d'Angennes et l'un des satellites de l'hôtel de Rambouillet : « Il fait trop le métier de bel esprit pour un homme de qualité, ou du moins il le fait trop sérieusement.... Il a fait des traductions.... » La nuance est marquée d'un trait juste; l'homme de qualité qui écrivait devait se garder d'attacher de l'importance à ses œuvres. On s'était repris de goût pour la politesse de l'esprit, qui avait presque disparu dans le fracas des guerres civiles, mais on conservait dans la bonne société l'horreur des générations précédentes pour les pédants et le pédantisme.

Ignorants ou instruits, ces éducations hâtives les jetaient dans les différentes carrières à peine adolescents et dans la fleur de l'étourderie, mais aussi de l'enthousiasme et de la générosité. La France s'en trouva bien; les temps auraient été trop durs sans le correctif de leurs illusions et de leur belle humeur. Les traditions des siècles où la force était tout pesaient encore sur les âmes. L'une de ces traditions voulait que l'homme fût « dressé au sang » dès son enfance; on citait un seigneur qui faisait tuer ses prisonniers par son petit garçon, âgé de dix ans. Une autre dispensait d'avoir pitié des humbles; la souffrance roturière n'existait pas pour un gentilhomme. Il y avait ainsi tout un héritage d'idées inhumaines par lesquelles étaient protégés et entretenus les restes de barbarie qui traînaient dans les mœurs et qui ont failli rendre odieux ces beaux cavaliers. Ceux-ci ont été sauvés par le rayon de poésie qui s'est posé sur eux. Ils étaient querelleurs, mais si braves, sauvages quelquefois mais si dévoués, et si gais, et si amoureux. Ils étaient extraordinairement vivants, parce qu'ils étaient, ou qu'ils avaient été, extraordinairement jeunes, comme on ne sait plus et comme on ne peut plus l'être à présent.

Ils avaient donné aux femmes de leur crânerie. Dans les hautes classes, les deux sexes vivaient beaucoup de la même vie.... Ils fréquentaient les mêmes lieux et partageaient les mêmes plaisirs. On se rencontrait dans les ruelles, à la comédie, au bal, à la promenade, à la chasse, dans les voyages à cheval et même dans les camps. Une femme de qualité avait des occasions continuelles de se pénétrer de l'esprit de son temps. Il en résulta que les ambitieuses et les imaginatives voulurent avoir leur part de la vie publique, et elles se la taillèrent si belle, que Richelieu se plaignait de l'importance des Françaises dans l'État. On les vit se mêler de politique, intriguer et conspirer comme les hommes, qu'elles poussèrent aux plus folles équipées. Quelques-unes avaient des garde-robes de déguisements et couraient les rues et les grands chemins en moines ou en gentilshommes.

Plusieurs manièrent l'épée, en duel et à la guerre ; toutes cavalcadaient. Elles étaient belles personnes, courageuses, et elles trouvaient le moyen de ne pas perdre leur grâce à ces jeux virils ; jamais femmes, au contraire, ne furent plus femmes. Les hommes les adoraient. Ils tremblaient qu'on ne les leur gâtât, et ce fut le motif de leur résistance opiniâtre aux idées qui commençaient à se faire jour dans la société féminine sur l'éducation des filles. Je ne peux pas trouver que les hommes eussent raison, mais je les comprends ; la belle dame du temps de Louis XIII était une jolie œuvre d'art, pour laquelle il était permis de trembler.

Il se trouva que la Grande Mademoiselle vint en âge d'apprendre au moment même où la question de l'instruction des filles se posait dans les cercles polis. Sa gouvernante, à qui revenait le soin de diriger son éducation, se trouva pressée entre les défenseurs de l'ancienne ignorance et les premiers partisans des « clartés de tout ». Mme de Saint-Georges n'eut pas d'hésitation. Elle s'en tint aux vieux usages, et la plus grande princesse de France sut tout juste lire et écrire. Quelques explications sont nécessaires pour justifier, dans la mesure où elle peut l'être, une mesure aussi radicale.

V

Les Femmes savantes auraient pu être écrites sous Richelieu. Philaminte n'avait pas attendu Molière pour protester contre l'ignorance où les mœurs et les préjugés maintenaient son sexe. A l'apparition de la pièce, en 1672, il y avait plus d'un demi-siècle que l'on disputait en vain dans les ruelles à la mode sur ce qu'une femme doit ou ne doit pas savoir ; il aurait fallu s'entendre d'abord sur ce qu'elle doit être au foyer domestique et dans les relations sociales, et l'on commençait justement à ne plus s'entendre làdessus. Les hommes étaient presque unanimes à ne pas vouloir de changements. Les nobles avaient des maîtresses exquises et d'incomparables alliées politiques, les bourgeois avaient d'excellentes ménagères, et il leur semblait à tous que l'instruction serait inutile aux unes comme aux autres. La majorité des femmes se rangeait à cet avis. La minorité entrevoyait des vies ou plus sérieuses, ou plus intelligentes, pour lesquelles l'ignorance absolue était un obstacle ; mais elle trouvait les hommes butés contre l'idée de faire faire des études à leurs filles. Ils n'admettaient pas qu'il existât une distinction entre une personne cultivée et une « savante », le mot d'alors pour basbleu. On est obligé d'avouer qu'ils n'avaient pas toujours tort. Pour une raison qui m'échappe, le savoir a eu de la peine, chez la femme, à faire bon ménage avec le naturel et la simplicité. Il a fallu s'y mettre. Aujourd'hui encore, il n'est pas mauvais de se surveiller un peu. Dans le temps qui nous occupe, les « fausses précieuses » avaient fait un tort considérable, par leurs prétentions et leurs grimaces, à la cause de l'instruction des filles. Celles qui s'intitulaient les vraies précieuses, et qui travaillaient, sous l'impulsion de l'hôtel de Rambouillet, à épurer le langage et les mœurs, n'ignoraient pas combien les autres les compromettaient. Mlle de Scudéry, qui savait « presque tout ce qu'on pouvait savoir » et se piquait de ne pas en être moins modeste, ne pouvait prendre son parti d'être confondue par le public avec les Trissotin femelles dont elle sentait si vivement les ridicules. Elle s'est défendue de leur ressembler dans plusieurs passages du *Grand Cyrus* où sont discutées avec infiniment de bon sens les questions que l'on nomme aujourd'hui féministes.

Damophile affecte d'imiter *Sapho*, et n'est que sa caricature. Sapho « ne fait point la savante », sa conversation est « naturelle, galante et commode ». Damophile « avait toujours cinq ou six maîtres, dont le moins savant lui enseignait, je crois, l'astrologie; elle écrivait continuellement à des hommes qui faisaient profession de science; elle ne pouvait se résoudre à parler à des gens qui ne sussent rien. On voyait toujours sur sa table quinze ou vingt livres, dont elle tenait toujours quelqu'un quand on arrivait dans sa chambre et qu'elle y était seule, et je suis assuré qu'on pouvait dire sans mensonge qu'on voyait plus de livres dans son cabinet qu'elle n'en avait lu, et qu'on en voyait moins chez Sapho qu'elle n'en lisait. De plus, Damophile ne disait que de grands mots, qu'elle prononçait d'un ton grave et impérieux, quoiqu'elle ne dît que de petites choses; et Sapho, au contraire, ne se servait que de paroles ordinaires pour en dire d'admirables. Au reste, Damophile, ne croyant pas que le savoir pût compatir avec les affaires de sa famille, ne se mêlait d'aucuns soins domestiques : mais pour Sapho, elle se donnait la peine de s'informer de tout ce qui était nécessaire pour savoir commander à propos jusques aux moindres choses. Damophile non seulement parle en style de livre, mais elle parle même toujours de livres, et ne fait non plus de difficulté de citer les auteurs les plus inconnus, en une conversation ordinaire, que si elle enseignait publiquement dans quelque académie célèbre.... Elle cherche... avec un soin étrange à faire connaître tout ce qu'elle sait, ou tout ce qu'elle croit savoir, dès la première fois qu'on la voit; et il y a enfin tant de choses fâcheuses, incommodes et désagréables en Damophile, qu'on peut assurer que, comme il n'y a rien de plus aimable ni de plus charmant qu'une femme qui s'est donné la peine d'orner son esprit de mille agréables connaissances, quand elle en sait bien user, il n'y a rien aussi de si ridicule et de si ennuyeux qu'une femme sottement savante. »

Mlle de Scudéry enrageait quand des maladroits, la prenant pour une Damophile et voulant lui faire une politesse, la consultaient « sur la grammaire » ou

« touchant un vers d'Hésiode ». Son dépit retombait sur les « savantes », à qui elle reprochait de donner raison aux préjugés et d'être cause, par leur insupportable pédanterie, que tant de jeunes filles, dans les meilleures familles, n'apprenaient même pas leur langue et pouvaient à peine se faire comprendre la plume à la main. « La plupart des dames, dit son *Nicanor*, semblent écrire pour n'être pas entendues, tant il y a peu de liaison en leurs paroles et tant leur orthographe est bizarre. » — « Il est certain, réplique Sapho, qu'il y a des femmes qui parlent bien, qui écrivent mal, et qui écrivent mal purement par leur faute.... Cela vient sans doute de ce que la plupart des femmes n'aiment point à lire, ou de ce qu'elles lisent sans aucune application et sans faire même nulle réflexion sur ce qu'elles ont lu ; ainsi, quoiqu'elles aient lu mille et mille fois les mêmes paroles qu'elles écrivent, elles les écrivent pourtant tout de travers, et en mettant les lettres les unes pour les autres, elles font une confusion qu'on ne saurait débrouiller, à moins que d'y être fort accoutumé. — Ce que vous dites est tellement vrai, reprend *Erinne*, que je fis hier une visite à une de mes amies qui est revenue de la campagne, à qui j'ai reporté toutes les lettres qu'elle m'a écrites pendant qu'elle y était, afin qu'elle me les lût. »

Mlle de Scudéry n'exagérait pas. Nos arrière-grand' mères ne voyaient pas l'utilité de mettre l'orthographe. Chacune s'en tirait à la grâce de Dieu. La marquise de Sablé, « sérieuse et même savante », au témoignage de Sapho, « le type de la parfaite précieuse » d'après Cousin, écrivait j'*husse*, notre *broulerie*, votre *houbly*. Une autre précieuse, Mme de Bregy, qui a été imprimée en prose et en vers, écrivait à Mme de Sablé, dans leur vieillesse à toutes deux : « ... Je vous diré que je viens d'aprendre que samedi, Monsieur, Madame et les poupons rivienc à Paris, et que pour aujourd'huy la Rayne et Mme de Toscane vont à Saint-Clou don la naturelle bauté sera reausé de toute les musique possible et d'un repas manifique don je quiterois tous les gous pour une écuelle non pas de nantille, mes pour une de vostre potage; rien n'étan si délisieus que d'an manger an vous écoutan parler (19 septembre 1672). » Il est juste d'ajouter que beaucoup d'hommes étaient femmes sur ce point. La lettre que voici, du duc de Gesvres, « premier gentilhomme » de Louis XIV, n'a rien à envier à la précédente : « (Paris, ce 20 septembre 1677.) Monsieur me trouvant oblige de randre unne bonne party de l'argan que mais enfant ont pris de peuis quil sont en campane monsieur cela m'oblije a vous suplier très humblemant monsieur de me faire la grasse de commander monsieur quant il vous plera que lon me pay la capitenery de Mousaux monsieur vous asseurant que vous moblijeres fort sansiblement monsieur comme ausy de me croire avec toute sorte de respec monsieur vostre très humble et très obéissant serviteur. »

Trop est trop. Sans avoir la superstition de l'orthographe, on ne peut que louer Mlle de Scudéry d'avoir rompu des lances en sa faveur. Elle aurait voulu aussi qu'à ces premiers éléments vînt s'ajouter un certain fonds de connaissances solides, qu'on mît aux jeunes filles autre chose en tête que la danse et les chiffons. — « Sérieusement, disait-elle, y a-t-il rien de plus bizarre que de voir comment on agit pour l'ordinaire en l'éducation des femmes? On ne veut pas qu'elles soient coquettes ni galantes, et on leur permet pourtant d'apprendre soigneusement tout ce qui est propre à la galanterie, sans leur permettre de savoir rien qui puisse fortifier leur vertu ni occuper leur esprit. En effet, toutes ces grandes réprimandes qu'on leur fait dans leur première jeunesse, de n'être pas assez propres[1], de ne s'habiller point d'assez bon air, et de n'étudier pas assez les leçons que leurs maîtres à danser et à chanter leur donnent, ne prouvent-elles pas ce que je dis? Et ce qu'il y a de rare est qu'une femme qui ne peut danser avec bienséance que cinq ou six ans de sa vie, en emploie dix ou douze à apprendre continuellement ce qu'elle ne doit faire que cinq ou six; et à cette même personne qui est obligée d'avoir du jugement jusques à sa mort et de parler jusqu'à son dernier soupir, on ne lui apprend rien du tout qui puisse ni la faire parler plus agréablement, ni la faire agir avec plus de conduite; et vu la manière dont il y a des dames qui passent leur vie, on dirait qu'on leur a défendu d'avoir de la raison et du bon sens, et qu'elles ne sont au monde que pour

---

1. *Propre* se prenait dans le sens d'élégant, de bien mis.

dormir, pour être grasses, pour être belles, pour ne rien faire, et pour ne dire que des sottises.... J'en sais une qui dort plus de douze heures tous les jours, qui en emploie trois ou quatre à s'habiller, ou pour mieux dire à ne s'habiller point, car plus de la moitié de ce temps-là se passe à ne rien faire ou à défaire ce qui avait déjà été fait. Ensuite elle en emploie encore bien deux ou trois à faire divers repas, et tout le reste à recevoir des gens à qui elle ne sait que dire, ou à aller chez d'autres qui ne savent de quoi l'entretenir. »

Mlle de Scudéry n'approuvait pas non plus qu'une femme tournât au pot-au-feu et ne fût que la première servante de son mari. Toutefois, lorsqu'on la pressait de tracer un programme d'éducation et de « dire précisément ce qu'une femme doit savoir », le problème était encore si neuf qu'elle-même se trouvait embarrassée pour répondre. Elle se dérobait et se rejetait dans les généralités, n'ayant d'idée arrêtée que sur la nécessité de cette science que les femmes ne devaient pourtant point montrer. « Elle leur sert, disait-elle, à entendre ce que de plus savants qu'elles disent, et à en parler même à propos, sans en parler pourtant comme les livres en parlent, mais seulement comme si le simple sens naturel leur faisait comprendre les choses dont il s'agit. » Elle avait sous les yeux la femme qu'elle aurait voulu donner en modèle à toutes les autres, celle qui savait le latin, qui faisait ses délices de saint Augustin, et que personne n'aurait jamais eu l'idée d'appeler une « savante ». Mlle de

Scudéry était infiniment reconnaissante à la charmante Sévigné de plaider d'exemple en faveur de ses idées. Elle l'a peinte avec une complaisance visible sous le nom de *Clarinte*[1] : « Sa conversation est aisée, divertissante et naturelle; elle parle juste, elle parle bien, elle a même quelquefois certaines expressions naïves et spirituelles qui plaisent infiniment.... Clarinte aime fort à lire, et ce qu'il y a de mieux c'est que, sans faire le bel esprit, elle entend admirablement toutes les belles choses. Elle a tant de jugement, qu'elle a trouvé le moyen, sans être ni sévère, ni sauvage, ni solitaire, de conserver la plus belle réputation du monde.... Ce qu'il y a encore de merveilleux en cette personne, c'est qu'en l'âge où elle est, elle songe aux affaires de sa maison aussi prudemment que si elle avait toute l'expérience que le temps peut donner à un esprit fort éclairé; et ce que j'admire encore plus, c'est que, quand il le faut, elle se passe du monde et de la cour et se divertit à la campagne avec autant de tranquillité que si elle était née dans les bois.... J'oubliais à vous dire qu'elle écrit comme elle parle, c'est-à-dire le plus agréablement et le plus galamment qu'il est possible. »

On ne découvrira pas de programme d'études qui fabrique des Sévigné. Il faut à toute force que la nature y ait mis du sien; le rôle de l'éducation se borne à la faire rentrer dans ses avances. Mlle de Chantal avait été admirablement dirigée par son oncle,

---

[1]. Dans le roman de *Clélie*.

l'abbé de Coulanges ; je ne crois pas que l'on trouve jamais mieux pour former une femme distinguée, en dehors des préoccupations de carrière qui dominent de nos jours l'éducation des filles. Ménage et Chapelain lui avaient fait faire sa rhétorique; elle lut et relut toute sa vie Tacite et Virgile dans l'original. Elle savait l'italien et l'espagnol, possédait sur le bout du doigt les historiens anciens et modernes, les moralistes, les écrivains religieux, et ce fond sérieux et solide, qu'elle entretint et renouvela jusqu'à son dernier jour, ne l'empêchait pas d'adorer les vers, le théâtre, les romans, l'esprit sous toutes ses formes. Elle avait bon air en dansant et chantait bien, « d'une manière passionnée », disent les contemporains. L'abbé de Coulanges l'avait aussi dressée à avoir de l'ordre et à payer ses dettes, contrairement aux usages reçus. C'était une femme complète ; elle faisait même quelques fautes d'orthographe, juste ce qu'il en fallait pour avoir le droit d'être un écrivain de génie sans déroger au bel air et à la naissance.

D'autres encore, à la cour ou à la ville, donnaient raison à la thèse de Mlle de Scudéry. Un plus grand nombre lui donnaient tort par leur ressemblance avec sa Damophile, à commencer par la bonne Gournay, la « fille d'alliance » de Montaigne, qui prononçait doctoralement, du haut de son grec et de son latin, sur les sujets les plus scabreux, les plus déplaisants dans une bouche féminine, sous prétexte qu'il s'agissait de l'antiquité, et que tout en est vénérable. Une autre pédante, la vicomtesse d'Auchy, avait fondé chez elle des conférences où le beau monde s'étouffait pour entendre prouver « la Trinité par raison naturelle », ou les idées innées par raison démonstrative, en interrogeant des petits enfants sur la philosophie et la théologie. La dame du logis avait imprimé sous son nom et avec son portrait des homélies sur les épîtres de saint Paul, qu'elle avait achetées en manuscrit à un docteur en théologie et qui firent la fortune du libraire : « La nouveauté de voir une dame de la cour commenter le plus obscur des apôtres faisait que tout le monde achetait ce livre [1]. » L'archevêque de Paris finit par lui intimer l'ordre de « laisser la théologie à la Sorbonne ».

Mlle Des Jardins déclamait ses vers dans les salons avec de grandes « contorsions » et des yeux « mourants », et trouvait fort mauvais qu'on lui préférât Corneille. Mlle Diodée faisait fuir les gens à force de belles pensées sur Zoroastre ou Hermès Trismégiste. Une autre ne parlait que d'éclipses et de comètes. Leur pédantesque séquelle transportait d'horreur « l'honnête homme ». Plus il était de haute naissance, plus il estimait un affreux malheur d'être marié à une « savante ». Par contre-coup, les jeunes filles les plus nobles étaient aussi les plus ignorantes. Mlle de Maillé-Brezé, nièce du cardinal de Richelieu, était complètement illettrée lors de son mariage avec le grand Condé, en 1641. On trouva que c'était aller trop loin, et l'on profita de la première campagne de

---

1. Tallemant.

son époux pour la dégrossir : « L'année d'après son mariage, nous dit Mademoiselle, elle fut envoyée au couvent des Carmélites de Saint-Denis, pour lui faire apprendre à lire et à écrire durant l'absence de monsieur son mari. »

Les *Contes de Perrault*, miroir fidèle des mœurs de leur siècle, nous apprennent ce que devait être une princesse « accomplie ». La Belle-au-Bois-dormant a pour marraines toutes les fées qu'on peut trouver dans le pays, « afin que chacune d'elles lui faisant un don... la princesse eût par ce moyen toutes les perfections imaginables.... La plus jeune lui donna pour don qu'elle serait la plus belle personne du monde, celle d'après qu'elle aurait de l'esprit comme un ange, la troisième qu'elle aurait une grâce admirable à tout ce qu'elle ferait, la quatrième qu'elle danserait parfaitement bien, la cinquième qu'elle chanterait comme un rossignol, et la sixième qu'elle jouerait de toutes sortes d'instruments dans la perfection. » Perrault avait calqué sa princesse sur celles de la vie réelle. La Grande Mademoiselle fut élevée exactement comme la Belle-au-Bois-dormant. Sa gouvernante avait trop d'expérience pour la charger d'une science qui l'aurait rendue redoutable aux hommes, et s'en remit aux fées du soin de lui donner « toutes les perfections imaginables ». Il en manqua malheureusement plusieurs au baptême ; les fées n'avaient donné à Mademoiselle ni une voix de rossignol, ni une grâce admirable. Sa ressemblance avec les héroïnes de Perrault n'en est pas moins frappante. Il y a parenté évidente d'esprit et de sentiments. Les princesses des *Contes* n'ont jamais en tête que d'épouser le fils du roi. La Grande Mademoiselle fut convaincue par tout ce qu'elle voyait et entendait que la Providence n'y va pas à l'aveuglette en créant une personne « de sa qualité », et qu'il était écrit dans le ciel, de toute éternité, qu'elle épouserait un grand prince. Sa vie se consuma en vains efforts pour accomplir l'oracle, et ses mariages manqués feront toute son histoire.

VI

Le début de ses *Mémoires* nous montre la cour de Louis XIII et les affaires du temps vues par une petite fille. C'est un aspect auquel les historiens ne nous avaient pas accoutumés. Il rétrécit naturellement les horizons. La petite princesse ne savait même pas qu'il se passait quelque chose en Allemagne. Elle ne pouvait pas ignorer la lutte de Richelieu contre les grands, qui causait autour d'elle tant de changements de visages, mais elle la rapetissait dans son esprit aux proportions d'une querelle entre son père et le cardinal. Ses jugements sur les hauts personnages qu'elle fréquente lui sont dictés par des raisons purement sentimentales. Les uns y gagnent, les autres y perdent.

Louis XIII y gagne. Il était bon oncle, très affectueux avec sa nièce, à laquelle il savait un gré infini de n'être qu'une fille, après la peur qu'il avait eue de se voir naître un héritier chez son frère. Il se faisait amener Mademoiselle au Louvre par la galerie du bord de l'eau, et se laissait égayer par sa turbulence et par ses indiscrétions d'enfant gâté. Anne d'Autriche lui témoignait une vive tendresse ; mais les enfants ne s'y trompent guère : « Je pense, dit Mademoiselle, que les amitiés qu'elle me faisait n'étaient que des effets de celle qu'elle avait pour Monsieur. » Un peu plus loin, elle déclare formellement que la reine, se croyant destinée à un prochain veuvage, avait formé le « dessein... d'épouser Monsieur ». Quoi qu'il en fût de ce projet, il est certain que la reine caressait la fille pour l'amour du père. Anne d'Autriche ne pardonna jamais à Mademoiselle l'hiver de 1626-1627. Elle lui en voulut toujours de son propre effacement pendant les mois de grossesse où la duchesse d'Orléans promettait orgueilleusement un dauphin à la France.

Monsieur, avec sa grâce et son inconscience de chat, avait tout à gagner à être vu par des yeux d'enfant. C'était un charmant camarade de jeu, gai, complaisant, et aimant sa fille, du moins pour l'instant ; on ne pouvait jamais répondre du lendemain avec lui. Le cardinal de Richelieu avait tout à perdre ; il fut pour la petite princesse des Tuileries le Croquemitaine de la cour. Quand on songe que c'est ainsi, avec cette physionomie d'ogre et d'éternel trouble-fête, qu'il apparaissait aux millions de Français incapables de comprendre sa politique, la silhouette qu'en trace Mademoiselle devient instructive, dans sa profonde niaiserie.

Marie de Médicis avait pu disparaître du Luxembourg et de Paris, à la suite de la *Journée des Dupes* (11 novembre 1630), sans que sa petite-fille le remarquât : « J'étais encore si jeune alors, que je ne me souviens pas seulement de l'avoir vue. » Il n'en avait pas été de même du départ de Monsieur, qui venait continuellement aux Tuileries. L'enfant s'en était aperçue. Elle avait compris que son père était puni, et on ne lui avait pas laissé ignorer quel était l'insolent qui mettait en pénitence « même les personnes royales », au mépris de toutes les lois divines et humaines. Mademoiselle, qui n'avait pas quatre ans, fut outrée contre Richelieu. Elle lui fit de l'opposition à sa manière, et devint chère à dater de ce jour au peuple de Paris, qui a aimé de tout temps à taquiner le gouvernement : « J'eus en cette occasion-là, écrit-elle avec une certaine fierté, une conduite qui ne répondait point à mon âge; je ne voulais me divertir à quoi que ce fût, et l'on ne pouvait même me faire aller aux assemblées du Louvre. » Sa mauvaise humeur retombait, faute de mieux, sur le roi; elle le grognait et lui réclamait son « papa ». Il a toujours été au-dessus des forces de Mademoiselle, à tous les âges, de bouder longtemps la cour, hors de laquelle, dans sa profonde conviction, « c'était aux grands être en pleine solitude, malgré le nombre de leurs domestiques et la compagnie de ceux qui les visitent ». Elle se raccommoda bientôt avec les assemblées et les collations du Louvre et ne put s'empêcher d'être « dans la joie de son cœur » quand

« Leurs Majestés » la faisaient venir à Fontainebleau ; mais elle ne désarma jamais vis-à-vis de Richelieu. Elle savait par cœur toutes les chansons contre lui.

Monsieur ne prenait pourtant pas le chemin de se rendre intéressant, depuis qu'il était sorti de France. Il avait commencé par une débauche de plaisir, à s'en rendre malade, et payée avec de l'argent espagnol. En 1632, il était rentré dans son pays à la tête d'une armée étrangère et avait causé la mort du duc de Montmorency, condamné et exécuté pour rébellion. On avait appris ensuite que Monsieur s'était remarié clandestinement avec une sœur du duc de Lorraine. Il couronna ses exploits en signant un traité avec l'Espagne (12 mai 1634), dont la France devait payer les frais avec des lambeaux de son territoire. Il n'en restait pas moins pour sa fille la victime d'une persécution impie. Mademoiselle écrit, en parlant de ces années regorgeantes d'événements qui la touchaient de si près : « Il se passa beaucoup de choses pendant ce temps-là : je n'étais qu'un enfant pour lors, je n'avais part à rien et ne pouvais rien remarquer. Tout ce dont je me souviens, c'est d'avoir vu la cérémonie des chevaliers de l'Ordre qui furent faits à Fontainebleau (15 mai 1633), dans laquelle aussi on dégrada de l'ordre M. le duc d'Elbœuf et le marquis de la Vieuville. Je vis ôter et rompre les tableaux de leurs armes qui étaient au rang des autres ; j'en demandai la raison : l'on me dit que l'on leur faisait cette injure parce qu'ils avaient suivi Monsieur. Je me mis aussitôt à pleurer, et je me sentis si touchée de ce traitement, que je voulus me retirer, et je dis que je ne pouvais voir cette action avec bienséance. »

Le lendemain de la cérémonie, un incident qui fut très commenté ajouta au chagrin de Mademoiselle. Son ennemi le cardinal faisait partie de la promotion des cordons bleus. Louis XIII voulut, à cette occasion, mettre son ministre hors de pair en le distinguant, et lui seul, par un présent. Son choix tomba sur l'objet du monde le plus propre à frapper une imagination enfantine. Les chevaliers du Saint-Esprit s'étaient réunis en un festin. Au dessert, on apporta à Richelieu de la part du roi un immense « rocher de confitures, d'où sourdait une fontaine d'eau parfumée ». C'était un cadeau singulier, dans une circonstance solennelle et à un prince de l'Église. Il fut remarqué ; sa familiarité venait à l'appui des bruits d'après lesquels il se préparait une alliance entre la maison de France et celle du tout-puissant ministre. On disait dans le public que le mariage de Gaston avec une Lorraine ne serait jamais reconnu, et que le jeune prince allait acheter son pardon en épousant une nièce du cardinal. Mademoiselle voyait déjà son père déshonoré : « Je n'étais pas tellement occupée de mon jeu, que, lorsqu'on parlait de l'accommodement de Monsieur, je ne fusse bien attentive. Le cardinal de Richelieu, qui était le premier ministre et le maître des affaires, le voulait être absolument de celle-là ; et c'était avec des propositions si honteuses pour Monsieur, que je ne les pouvais seulement entendre sans être au désespoir. Il faisait dire que, pour faire la paix de Monsieur avec le roi, il fallait rompre son mariage avec la princesse Marguerite de Lorraine, et lui faire épouser Mlle de Combalet, nièce du cardinal, qui est aujourd'hui Mme d'Aiguillon. Je ne pouvais m'empêcher de pleurer dès qu'on m'en parlait et, dans ma colère, je chantais, pour me venger, toutes les chansons que je savais contre le cardinal et sa nièce.... Monsieur ne laissa pas de s'accommoder et de revenir en France sans cette ridicule condition. Je ne dirai rien de la manière dont cela se fit, pour n'en avoir eu aucune connaissance. »

Mademoiselle n'était vraiment pas curieuse, s'il est vrai qu'elle n'ait jamais su le détail des querelles de la maison de France pendant sa première jeunesse. Il n'aurait tenu qu'à elle de s'en instruire. Les correspondances et les papiers d'affaires où s'étalaient ces misères étaient dans toutes les mains, par les soins, par les ordres du cardinal de Richelieu, qui avait deviné la puissance de la presse sur l'opinion publique bien avant qu'il existât une presse en France. Il n'y avait pas alors de journaux pour défendre le gouvernement. Le *Mercure français*[1] n'était pas un journal; il paraissait une fois l'an et ne contenait qu'une narration succincte des « choses les plus remarquables advenues » dans les « quatre parties du monde ». La *Gazette*[2] de Renaudot était à peine un journal, quoiqu'elle parût tous les huit jours et qu'elle comptât parmi ses collaborateurs Louis XIII pour les nouvelles

1. Le premier fascicule est de 1605.
2. Le premier numéro parut le 30 mai 1631.

militaires, Richelieu et le Père Joseph pour la partie politique. Ni Renaudot ni ses protecteurs n'avaient aucune idée de ce que nous appelons un premier Paris ou un article de fond; ils n'en avaient jamais vu et ils ne surent pas les inventer. La *Gazette* ne fut qu'une feuille d'informations officielles, ne contenant pas la matière d'une page des *Débats*. Il fallait pourtant parler à la France. Il fallait mettre la royauté moderne en communication avec le pays, expliquer aux foules la politique du premier ministre, le pourquoi des guerres, ou des alliances, ou des échafauds. Il fallait se défendre contre les reproches de Marie de Médicis et les attaques de ce lâche Gaston. Des placards et des brochures rendirent les services qu'on demande maintenant aux journaux. Le roi s'adressa directement à son peuple et le prit à témoin de ses difficultés et de ses bonnes intentions. Il lui confia par des lettres publiques ses chagrins de famille et les motifs de sa conduite envers les puissances étrangères. Sa correspondance avec sa mère et son frère s'imprimait à mesure; ses apologies étaient appuyées d'un choix de documents, et les brochures réunies de temps à autre en volumes : ce sont les ancêtres de nos livres jaunes.

J'en ai un sous les yeux, daté de 1639, et sans nom de librairie ni d'éditeur. Il a pour titre *Recueil de diverses pièces pour servir à l'histoire*[1] et est consacré pour les trois quarts aux démêlés du roi avec ses

---

1. In-4 de 908 pages.

proches. Mademoiselle y aurait appris beaucoup de choses dont elle n'a pas l'air de se douter. Peut-être trouvait-elle plus commode de les ignorer. Aucun des siens n'y paraît à son avantage. Louis XIII est invariablement sec et guindé. Il n'y a pas trace d'émotion dans la lettre du 23 février 1631 où il informe les « Parlements et Gouverneurs des provinces » qu'ayant été mis en demeure de choisir entre sa mère et son ministre, il n'avait pas seulement hésité : « — Et parce qu'on avait aigri la Reine notre très honorée Dame et Mère, contre notre très cher et bien aimé Cousin le Cardinal de Richelieu, il n'y a instance que nous n'ayons faite, prière ni supplication que nous n'ayons employée, ni considération publique et particulière que nous n'ayons mise en avant pour adoucir son esprit; notre dit Cousin reconnaissant ce qu'il lui doit par toutes sortes de considérations, a fait tout ce qu'il a pu pour sa satisfaction;... la révérence qu'il a pour elle l'a même porté jusqu'à ce point de nous supplier et presser diverses fois de trouver bon qu'il se retirât du maniement de nos affaires. Ce que l'utilité de ses services passés, et l'intérêt de notre autorité, ne nous a pas seulement permis de penser à lui accorder.... Et reconnaissant qu'aucuns des auteurs de ces divisions continuaient à les entretenir, Nous n'avons pu éviter d'en éloigner quelques-uns de notre Cour, ni même, quoiqu'avec une indicible peine, de nous séparer pour quelque temps de la Reine, notre très honorée Dame et Mère : pendant lequel puisse son esprit s'adoucir.... »

Une autre lettre du roi, à sa mère, est révoltante de dureté. Marie de Médicis lui avait adressé après sa sortie de France des pages très aigres où elle accusait Richelieu d'en avoir voulu à sa vie, et où elle se représentait fuyant devant les soldats de son fils : « Je vous laisse à penser quelle affliction j'ai reçue... de me voir poursuivie de la cavalerie, dont on me donna avis, pour me presser davantage de sortir votre royaume, et me contraignirent à faire la valeur de trente lieues sans boire ni manger, pour me sauver de leurs mains. (Avesnes, 28 juillet 1631.) » Au lieu d'avoir pitié de ces gémissements de vieille femme qui se sent vaincue, Louis XIII lui répliqua : « Madame, je suis d'autant plus fâché de la résolution que vous avez prise de vous retirer de mon État, que vous n'en aviez point de véritable sujet. La prison imaginaire, les persécutions supposées, dont vous vous plaignez, et les appréhensions que vous témoignez avoir eues à Compiègne de votre vie, n'ont pas plus de fondement que la poursuite que vous mettez en avant vous avoir été faite en votre retraite. » Il lui fait ensuite un éloge pompeux du cardinal et termine en ces termes : « Vous me permettrez, s'il vous plaît, de vous dire, Madame, que l'action que vous venez de faire, et ce qui s'est passé depuis quelque temps, fait que je ne puis ignorer quelles ont été ci-devant vos intentions, et ce que j'en dois attendre à l'avenir. Le respect que je vous porte m'empêche de vous en dire davantage. »

Il est certain que Marie de Médicis n'avait eu que

ce qu'elle méritait, mais ce n'était peut-être pas à son fils à le lui dire avec cette brutalité.

Les lettres de Gaston sont des chefs-d'œuvre en leur genre. Elles font le plus grand honneur au sens psychologique de ce névrosé si intelligent. Monsieur connaissait le fort et le faible de son frère. Il le savait jaloux, ulcéré de sa propre insignifiance en face du grand homme qui travaillait à faire « d'une France languissante une France triomphante[1] », et il trouvait avec un art merveilleux les mots les plus propres à irriter ces plaies secrètes. Sa correspondance débute par des insinuations sur l'intérêt qu'avait Richelieu à les brouiller, afin de tenir plus sûrement le roi en sa dépendance : « Je supplie... Votre Majesté... de vouloir faire réflexion sur ce qui se passe, et d'examiner les desseins de ceux qui en sont auteurs : vous trouverez, je m'assure, si vous y prenez garde, que leurs intérêts ne sont pas les vôtres, mais qu'ils sont d'autre nature, et vont plus avant que vous n'avez pensé, jusques ici (23 mars 1631). » Dans la lettre suivante, Monsieur s'adresse à la fois aux mauvais sentiments de Louis XIII et à sa conscience de souverain. Il feint de s'attendrir sur la « condition déplorable » de son frère, réduit, malgré ses « très grandes lumières d'esprit », à n'être qu'une ombre de roi, sans autorité, sans volonté, compté pour rien dans son propre royaume, privé même de l'éclat extérieur qui s'attache d'ordinaire

---

1. *Recueil, etc., Discours sur plusieurs points importants de l'état présent des affaires de France.*

à son rang. Le cardinal de Richelieu ne lui a laissé que « le nom et la figure de roi », et « pour un temps ; il veut,... après s'être défait de vous et de moi, finalement demeurer le maître. » Monsieur montre le nouveau « Maire du palais » régnant en fait sur la France opprimée et accablée, qu'il suce et ruine sans pitié ni vergogne : « Il a consommé en son particulier plus de deux cents millions depuis qu'il gouverne vos affaires, et il dépense par jour dix fois plus en sa maison que vous ne faites en la vôtre.... Je vous dirai ce que j'ai vu. C'est qu'il n'y a pas un tiers de vos sujets dans la campagne qui mange du pain d'ordinaire, l'autre tiers ne vit que de pain d'avoine, et l'autre tiers n'est pas seulement réduit à mendicité, mais languit dans une nécessité si lamentable, qu'une partie meurt effectivement de faim, l'autre ne se substante que de gland, d'herbes, et choses semblables, comme les bêtes. Et les moins à plaindre de ceux-ci ne mangent que du son et du sang, qu'ils ramassent dans les ruisseaux des boucheries. J'ai vu ces misères de mes yeux en divers endroits depuis mon partement de Paris.... » Il disait la vérité. Le paysan en était là. Mais ce n'était pas en provoquant la guerre civile qu'on pouvait diminuer ses souffrances, et Richelieu n'a pas manqué de le faire ressortir dans la partie polémique du *Recueil*, écrite sous sa direction, quand ce n'était pas de sa main.

Il s'y défend avec bec et ongles, lui, sa politique, ses millions, ses cumuls de places. Telle lettre de Monsieur a été annotée par le cardinal d'un bout à l'autre, et copieusement. De longs factums à la gloire du premier ministre ont été inspirés par lui-même, sans fausse honte. On y rencontre des passages bien inhumains, lorsqu'il est dit, par exemple, pour justifier le roi des mauvais traitements infligés à sa mère, « que la peine des neuf mois qu'elle l'a porté lui eût été bien chèrement vendue, s'il eût fallu qu'en cette considération il laissât mettre le feu dans son royaume[1] ». D'autres endroits sont bien hautains. On blâme les richesses du premier ministre ? Et quand le roi lui en aurait donné plus ? Le roi est libre : « N'est-ce pas chose qu'il peut, sans qu'on l'en puisse blâmer[2] ? » D'autres encore sont cyniques d'orgueil : « La production de ces grands génies, fait dire Richelieu de lui-même, n'est pas l'ouvrage ordinaire d'un bissexte. Il faut parfois la révolution entière de quatre siècles à la nature, pour en former un pareil à cettuy-cy, en qui se rencontrent ensemble toutes les excellentes et rares qualités qui seules à part peuvent mettre bien au-dessus du commun ceux qui en sont pourvus. Je ne parle point seulement de celles qui sont en quelque façon de l'essence de la profession qu'il fait : comme la pitié, la sagesse, la prudence, la modération, l'éloquence, l'érudition, et leurs pareilles ; je dis des autres mêmes, qui semblent en être

---

1. *Recueil, etc., Avertissement aux provinces sur les nouveaux mouvements du royaume,* par le sieur de Cléonville (1631).
2. *Ibid., La défense du roi et de ses ministres, contre le manifeste que sous le nom de Monsieur on fait courre parmi le peuple,* par le sieur des Montagnes.

entièrement éloignées : comme celles qui composent la perfection d'un chef de guerre », etc.

Parmi les pièces officielles du volume, il s'en trouve dont la publication aurait fait rentrer sous terre, pour le reste de ses jours, tout autre que Gaston. On y voit son traité de paix de 1632, signé à Béziers (29 septembre) après la bataille de Castelnaudary, où le duc de Montmorency avait été battu et pris sous ses yeux. Monsieur s'y engage à abandonner ses amis, à « ne prendre aucun intérêt en celui de ceux qui se sont liés à lui en ces occasions,... et ne prétendre pas avoir sujet de se plaindre, quand le roi leur fera subir ce qu'ils méritent ». Il promet « d'aimer particulièrement son cousin le cardinal de Richelieu ». En récompense de ce que dessus, le roi rétablit son frère « en tous ses biens ». On sait que le traité de Béziers ne termina rien. Gaston avait repassé la frontière en voyant couper la tête à ses partisans. Il ne rentra définitivement qu'au mois d'octobre 1634, sur la foi d'une *déclaration du roi* qui clôt le *Recueil*, et par laquelle Monsieur était établi à nouveau « en la jouissance de tous ses biens, apanages, pensions et appointements ». C'était pour lui l'article important.

Richelieu tenait à ce que le pays n'oubliât point ces monuments de l'égoïsme et de la sécheresse de cœur de ses princes, puisqu'il prenait la peine de les faire réimprimer. Il atteignit son but. Le public eut son opinion faite, avec cette conséquence qu'il ne s'intéressa plus à personne dans la famille royale, sauf toujours Anne d'Autriche, reléguée dans la pénombre. Marie de Médicis pouvait désormais crier ses fureurs, Gaston se poser en victime et Louis XIII sécher de mélancolie, sans que la France s'en émût le moins du monde. Richelieu avait peut-être cru que leur impopularité lui profiterait. Ce fut tout le contraire ; il la partagea, décuplée par la terreur grandissante qu'il inspirait. Il était devenu pour chacun l'ogre des souvenirs d'enfance de Mademoiselle. Un ogre de génie, et comme on en souhaiterait à son pays aux heures de crise, mais portant l'épouvante avec lui. Ses premières entrevues avec Gaston, au retour du jeune prince en France, sont effroyables, l'un tellement sans défense, l'autre tellement sans pitié.

Mademoiselle était allée au-devant de son père et s'était réjouie, dans son innocence, de le retrouver le même. Richelieu eut aussi l'impression que Monsieur n'avait pas changé. Il tint d'autant plus à l'avoir dès le lendemain à son château de Rueil, sous prétexte d'une fête, et Monsieur ne repartit qu'après lui avoir « ouvert son cœur », comme dans l'affaire Chalais. Tourné et retourné par ce terrible homme, le malheureux dénonça mère et amis, absents et présents, ceux qui avaient comploté la chute du premier ministre et ceux qui avaient essayé, d'après Gaston, de le faire assassiner tel jour, en tel lieu. « Non pas, rapporte Richelieu en ses *Mémoires*, que Monsieur contât ces choses de lui-même, mais le cardinal lui demandait s'il n'était pas vrai qu'on lui disait telles et telles choses, et il l'avouait ingénument. » La fête de Rueil eut des suites funestes pour ses amis.

Monsieur s'était retiré à Blois, d'où il venait souvent à Paris. A chaque voyage, il ne manquait jamais de remplir à sa façon ses devoirs de père en venant jouer et bavarder avec Mademoiselle. Il s'amusait à lui faire chanter les chansons sur Richelieu. Il organisa pour elle un ballet d'enfants auquel la cour de France assista. Il se montra à sa fille dans toute sa gloire à l'occasion d'un autre ballet, dansé au Louvre le 18 février 1635 par le roi, la reine, et les principaux de leur suite. Cette dernière solennité laissa à Mademoiselle des souvenirs mélangés. L'un des plus fidèles compagnons d'exil de son père, le duc de Puylaurens, devait être du « ballet du roi ». Richelieu le fit arrêter au Louvre pendant une répétition. « Il fut conduit au bois de Vincennes, où il mourut prisonnier assez subitement[1]. » On donna son rôle à un autre, et Gaston n'en parut pas autrement préoccupé. La *Gazette* apprit au public que la fête avait admirablement réussi, « chacun remportant de ce lieu plein de merveilles la même idée que celle de Jacob, lequel n'ayant vu toute la nuit que des anges, crut que c'était le lieu où le ciel joignait la terre ». Il y eut cependant une personne au moins pour qui la disparition brutale de Puylaurens avait tout gâté. Mademoiselle lui « voulait du bien »; il avait gagné son cœur en lui apportant des bonbons, et elle sentait que c'était une vilaine histoire pour son père : « Je laisse, dit-elle, à des gens mieux instruits et plus éclairés

1. *Mémoires* de Mademoiselle.

que moi dans les affaires à parler de ce que Monsieur fit ensuite de la prison de Puylaurens. »

L'année suivante, elle eut un affront à dévorer pour son propre compte. Les lignes suivantes, parues dans une *Gazette* du mois de juillet 1636, durent être insupportables à une enfant atteinte de la folie de l'orgueil : « Le 17e, Mademoiselle, âgée de neuf ans et trois mois, fut baptisée au Louvre, dans la chambre de la reine, par l'évêque d'Auxerre, premier aumônier du roi : ayant pour marraine et parrain la reine et le cardinal-duc (*Richelieu*), et fut nommée Anne-Marie. » Il est fait allusion à ce petit événement dans les *Mémoires* de Retz : « M. le cardinal de Richelieu devait tenir sur les fonts Mademoiselle, qui, comme vous pouvez juger, était baptisée il y avait longtemps ; mais les cérémonies du baptême avaient été différées. » Ce parrain qui n'était même pas prince était bien humiliant. Pour comble de chagrin, il crut devoir s'occuper de sa filleule. Avec l'intention d'être aimable, il la mettait hors d'elle, parce qu'il la traitait en petite fille, à neuf ans ! « Il me disait toutes les fois qu'il me voyait que cette alliance spirituelle l'obligeait à prendre soin de moi, et qu'il me marierait (discours qu'il me tenait ainsi qu'aux enfants, à qui on redit incessamment la même chose). »

Un voyage qu'elle fit en France (1637) mit du baume sur ces blessures d'amour-propre. On lui chanta des *Te Deum*, des « corps » vinrent la saluer, une ville illumina, la noblesse lui offrit des fêtes.

Mademoiselle nageait dans la joie ; c'était ainsi qu'elle se représentait la vie d'une personne « de sa qualité ». Elle finit sa tournée par Blois, où Monsieur, toujours bon père, voulut l'initier lui-même à la morale des princes, qui n'avait aucun rapport, en ces temps aristocratiques, avec la morale bourgeoise. Il avait pour l'instant une maîtresse sans conséquence, une jeune fille de Tours, quelconque et appelée Louison. Monsieur fit faire le voyage de Tours à sa fille pour lui présenter sa maîtresse. Mademoiselle se déclara satisfaite du choix de son père. Elle trouva Louison « fort agréable de visage, et de beaucoup d'esprit pour une fille de cette qualité, qui n'avait pas été à la cour ». Cependant Mme de Saint-Georges voyait ces relations d'un œil inquiet. Elle soumit ses scrupules à Monsieur : « Mme de Saint-Georges... lui demanda si cette fille était sage, parce qu'autrement, quoiqu'elle eût l'honneur de ses bonnes grâces, elle serait bien aise qu'elle ne vînt pas chez moi. Monsieur lui en donna toute l'assurance, et lui dit qu'il ne le voudrait pas lui-même sans cette condition-là. J'avais dès ce temps-là tant d'horreur pour le vice, que je dis à Mme de Saint-Georges : « — Maman (je l'appe-
« lais ainsi), si Louison n'est pas sage, quoique mon
« papa l'aime, je ne la veux point voir ; ou s'il veut que
« je la voie, je ne lui ferai pas bon accueil. » Elle me répondit qu'elle l'était tout à fait, dont je fus très aise. Elle me plaisait fort,... ainsi je la vis souvent. » Mademoiselle ne s'est pas doutée du comique de ce passage, sans quoi elle ne l'aurait pas écrit, n'étant point

de ceux qui admettent qu'il soit quelquefois permis de sourire des grands.

Au retour de ce voyage, elle reprit son train accoutumé : « Je passai l'hiver à Paris de la même sorte que j'avais fait les autres. J'allais aux assemblées que Mme la comtesse de Soissons faisait faire à l'hôtel de Brissac deux fois la semaine; leurs divertissements ordinaires étaient les comédies; j'aimais fort à danser; l'on y dansa souvent pour l'amour de moi.... » Il y avait aussi des « assemblées » avec comédies chez la reine, chez Richelieu, chez nombre de personnages, et Mademoiselle elle-même recevait aux Tuileries : « La nuit du 23 au 24 janvier (1636), rapporte la *Gazette*, Mademoiselle donna en son logement des Tuileries le bal et la comédie à la Reine, où la bonne grâce de cette princesse, en son orient, montra ce qu'il en faut espérer en son midi. » — « Le 24 février, Monsieur donna la comédie et la collation à S. A. de Parme chez Mademoiselle, sa fille, en son appartement des Tuileries. » Mademoiselle passait les jours et les nuits dans les fêtes. Les études n'en souffraient pas, puisqu'elle n'apprit jamais rien, hormis lire et écrire, danser, faire la révérence et observer les règles d'une étiquette minutieuse. Le peu qu'elle sut, elle le dut probablement à une retraite forcée de plusieurs mois dans un couvent, vers neuf ans. Elle s'était rendue si intolérable à tout le monde — c'est elle qui le dit — par ses « grimaces » et ses « moqueries », qu'on essaya d'un cloître pour la discipliner et la corriger. Le moyen réussit : « L'on m'en avait vu revenir... plus sage que je n'avais été. »

Plus sage, et un peu moins ignorante, mais pas beaucoup. Le billet suivant, qui date de sa maturité, montrera mieux que tous les discours du monde de quoi se contentait le xviie siècle en fait d'instruction et pour une princesse. Il est adressé à Colbert : « A Choisy, ce 5 août 1665. — Monsieur, le sieur Segrais qui est de la cademie et qui a bocoup travalie pour la gloire du Roy et pour le public aiant este oublie lannee pasée dans les gratifications que le Roy a faicts aux baus essprit ma prie de vous faire souvenir de luy set un aussi homme de mérite et qui est à moy il y a long tams jespere que sela ne nuira pas a vous obliger a avoir de la considération pour luy set se que je vous demande et de me croire monsieur Colbert, etc. » Cette orthographe n'empêcha point Mademoiselle de figurer, sous le nom de princesse Cassandane, dans *le Grand Dictionnaire des Précieuses*. Elle y avait tous les droits, d'après la distinction établie par Scudéry entre la « vraie précieuse » et la « savante », et comme mainte de ses contemporaines qui serait aussi la honte de la plus humble de nos écoles primaires. La « vraie précieuse », celle qui laissait « aux savantes » le grec et les comètes, s'appliquait à percer les mystères du cœur. C'était sa science, qui en valait bien une autre. La Grande Mademoiselle s'y était adonnée dans des limites qu'elle-même s'était tracées; elle s'était fait une spécialité du cœur des princesses et des sentiments qui leur conviennent. Elle prétendait avoir établi de façon définitive comment les « personnes de sa qualité » se doivent à elles-mêmes de comprendre l'amour et la gloire. Les sources où elle avait puisé ses idées ne lui étaient point particulières ; c'étaient celles où tous les « honnêtes gens » des deux sexes venaient compléter l'éducation sentimentale commencée par la vie.

CHAPITRE II

I. Anne d'Autriche et Richelieu. Naissance de Louis XIV. — II. L'*Astrée* et son influence. — III. Transformation des mœurs. Naissance de la vie de salon. L'hôtel de Rambouillet et les gens de lettres.

I

Les *Mémoires* de la Grande Mademoiselle n'offrent que peu de chose à glaner sur les affaires du temps, jusqu'aux derniers mois du règne de Louis XIII. Il est à peine croyable qu'une jeune fille élevée à la Cour de France, nullement sotte, et à portée, par sa naissance, de tout voir et de tout entendre, ait pu traverser en sourde et en aveugle quelques-unes des catastrophes les plus saisissantes de cette époque tragique. Mademoiselle était la première, plus tard, à s'en étonner. Elle en donne un exemple qui passe l'imagination.

En 1637, avant de partir pour son voyage en province, elle était allée faire ses adieux à « Leurs Majestés », qui se trouvaient à Chantilly. Mademoiselle tombait en plein drame. Richelieu venait de disgracier la reine de France, convaincue d'avoir abusé de ses retraites au couvent du Val-de-Grâce pour entretenir des correspondances secrètes avec l'Espagne. On avait fouillé le Val-de-Grâce, arrêté l'un des domestiques d'Anne d'Autriche, on l'avait interrogée elle-même comme une criminelle, et elle avait eu un tête-à-tête bien amer, dans sa chambre de Chantilly, avec un Richelieu qu'elle n'avait plus reconnu.

Il y avait alors une dizaine d'années que Louis XIII, entrant à l'improviste chez sa femme, avait interrompu la déclaration que lui faisait son ministre. Après Marie de Médicis, Anne d'Autriche : c'était évidemment un système, une politique où l'orgueil avait sa part; le cœur aussi quand le cardinal soupirait pour Anne d'Autriche, qui était jeune et belle, mais un cœur à la Richelieu, et il faut savoir à quoi cela ressemblait pour s'expliquer l'attitude du ministre à Chantilly. Les historiens ne se sont pas donné la peine de nous le dire, parce qu'il y avait plus important à connaître, pour eux et pour l'histoire de l'Europe, dans un homme d'État de cette envergure. La vie sentimentale du cardinal de Richelieu ferait pourtant la matière d'un beau chapitre. Elle était violente et cruelle, comme toutes les passions qui hantaient cette âme tourmentée, comparée par Michelet à « un grand logis ravagé. » L'amour y était toujours doublé de haine. Mme de Motteville, témoin des procédés de Richelieu envers la reine, n'en revenait pas de ses façons de plaire : — « Les premières marques de son affection, écrivait-elle, furent les persécutions qu'il lui fit. Elles éclatèrent aux yeux de tous, et nous verrons durer cette nouvelle manière d'aimer jusqu'à la fin de la vie du cardinal. »

Anne d'Autriche ne fut sensible qu'aux persécutions. Richelieu déplaisait aux femmes; il avait la toute-puissance, la richesse, le génie, on le savait sans pitié dans la colère, et il ne pouvait seulement pas obtenir qu'elles fissent semblant de l'aimer. Elles se moquaient toutes de lui, même les Marion de Lorme, et Retz nous en a livré la raison : « N'étant pédant en rien, il l'était tout à fait en galanterie ». C'est une chose que les femmes ne pardonnent pas. La reine détesta Richelieu et le lui fit sentir. Il tint sa vengeance avec l'affaire du Val-de-Grâce. Après un pareil éclat, après qu'on avait prononcé le gros mot de trahison, il dépendait de lui de faire renvoyer honteusement en Espagne cette reine stérile. Il se donna le plaisir de la voir à sa discrétion, affolée, résignée à en rabattre de son ancienne hauteur, et de la dédaigner avec des affectations de respect parfaitement insultantes dans la circonstance. De peur que la postérité n'en ignorât, il a retracé de sa propre main [1] la scène qui avait été si délicieuse à sa vanité blessée.

Il avait laissé la reine s'enferrer, « lui rendre plus de témoignages de sa bonne volonté qu'il n'en osait attendre », et lui expliquer à sa manière, par de gros mensonges sans artifice, ses lettres à ses frères et à ses amis d'Espagne. Quelques mots avaient suffi

---

1. *Relation de ce qui s'est passé en l'affaire de la Reyne au mois d'août 1637, sur le sujet de La Porte et de l'abbesse du Val-de-Grâce.* Cette pièce se trouve à la Bibliothèque nationale.

ensuite pour la confondre, et la pauvre femme avait immédiatement perdu la tête. — « Alors, poursuit Richelieu, elle confessa au cardinal tout ce qui est dans le papier qu'elle a signé depuis, avec beaucoup de déplaisir et de confusion d'avoir fait les serments contraires à ce qu'elle confessait. Pendant qu'elle fit ladite confession au cardinal, sa honte fut telle, qu'elle s'écria plusieurs fois : « Quelle bonté faut-il que vous ayez, monsieur le cardinal ! » Et, protestant qu'elle aurait toute sa vie la reconnaissance de l'obligation qu'elle pensait avoir à ceux qui la tiraient de cette affaire, elle fit l'honneur de dire au cardinal : « Donnez-moi la main », présentant la sienne pour marque de la fidélité avec laquelle elle voulait garder ce qu'elle promettait; ce que le cardinal refusa par respect, se retirant par le même motif au lieu de s'approcher. »

Officiellement, Louis XIII pardonna l'intrigue du Val-de-Grâce; mais les courtisans ne s'y trompèrent pas et désertèrent sans hésiter l'appartement de la reine ; ils baissaient pudiquement les yeux en passant devant ses fenêtres. C'est alors que Mademoiselle survint, vers la fin du mois d'août. Elle put lire sa bienvenue dans tous les yeux. La gaieté devenait un devoir, les divertissements une obligation; ce fut un soulagement général : « Je mis toute la Cour en belle humeur. Le roi était alors en grand chagrin des soupçons qu'on lui avait donnés de la reine, et il n'y avait pas longtemps que l'on avait découvert cette cassette qui donna sujet à ce qui se passa au

Val-de-Grâce, dont on n'a que trop ouï parler. Je trouvai la reine au lit, malade ; l'on pouvait l'être à moins, de l'affront qu'elle avait reçu. »

La moins contente ne fut pas Anne d'Autriche, qui put enfin se dégonfler le cœur. Mme de Saint-Georges, la gouvernante de Mademoiselle, était de ses familières. La reine s'épancha avec elle, sa nièce en tiers pour ne pas donner l'éveil, et cette dernière se trouva ainsi maîtresse de secrets dont elle savait l'importance et le danger. Elle n'aurait demandé qu'à les trahir en écrivant ses *Mémoires*; force lui est d'avouer, d'un ton penaud et en protestant de sa « douleur », qu'il « ne lui en était jamais souvenu ».

Quelques mois plus tard, elle fut mêlée au roman du roi avec Mlle de Hautefort, et ne s'aperçut même pas, ce qui est du reste à sa louange, des luttes des cabales pour faire tourner l'aventure à leur profit. Mademoiselle avait pourtant ouvert les yeux et les oreilles tout grands; les manèges d'amoureux l'intéressaient, comme toutes les petites filles. Nous devons même à cet instinct de son sexe, à défaut de remarques plus sérieuses, un joli tableau de la transformation de l'homme par l'amour, cet homme fût-il l'ennuyeux et ennuyé Louis XIII. La chasse était le grand plaisir du roi. En 1638, pendant ce printemps lumineux où on le vit presque gai, où il fut par moments tout à fait heureux, grâce à deux grands yeux bleus, il emmenait sa nièce et d'autres jeunes filles derrière ses chiens, pour avoir un prétexte d'emmener Mlle de Hautefort : — « Nous étions toutes vêtues de couleur, raconte Mademoiselle, sur de belles haquenées richement caparaçonnées, et, pour se garantir du soleil, chacune avait un chapeau garni d'une quantité de plumes. L'on disposait toujours la chasse du côté de quelques belles maisons, où l'on trouvait de grandes collations, et, au retour, le roi se mettait dans mon carrosse entre Mme de Hautefort et moi. Quand il était de bonne humeur, il nous entretenait fort agréablement de toutes choses. Il souffrait dans ce temps-là qu'on lui parlât avec assez de liberté du cardinal de Richelieu; et une marque que cela ne lui déplaisait pas, c'est qu'il en parlait lui-même ainsi. »

« Sitôt que l'on était revenu, on allait chez la reine; je prenais plaisir à la servir à son souper, et ses filles portaient les plats. L'on avait réglément, trois fois la semaine, le divertissement de la musique, que celle de la chambre du roi venait donner, et la plupart des airs qu'on y chantait étaient de sa composition; il en faisait même les paroles, et le sujet n'était jamais que Mme de Hautefort. Le roi était de si galante humeur, qu'aux collations qu'il nous donnait à la campagne, il ne se mettait point à table, et nous servait presque toutes, quoique sa civilité n'eût qu'un seul objet. Il mangeait après nous et semblait n'affecter pas plus de complaisance pour Mme de Hautefort que pour les autres, tant il avait peur que quelqu'une s'aperçût de sa galanterie. »

En dépit de ces précautions, la Cour et la Ville, Paris et la province étaient informés des moindres incidents d'une affaire de cette conséquence. La seule personne que la passion du roi laissât indifférente était la reine. Anne d'Autriche n'avait jamais été jalouse — elle ne trouvait pas que Louis XIII en valût la peine, — et le moment aurait été mal choisi pour le devenir : elle était grosse, après vingt-trois ans de mariage. Les mêmes gens qui l'avaient comblée d'avanies dans sa disgrâce étaient maintenant à ses pieds, très sincères dans leur respect et leur dévouement pour une princesse qui serait peut-être reine mère, peut-être régente de France. Tout s'effaçait pour elle devant ce coup de théâtre délicieux. La nouveauté de se sentir ménagée et considérée était si grande et si agréable, qu'elle prenait son parti le plus facilement du monde de voir son royal époux soupirer auprès de la vertueuse et maligne Hautefort, dont « les chaînes » passaient pour « dures à porter [1] ». Anne d'Autriche se contentait de sourire des mines transies du roi, de ses gauches empressements mêlés d'effarouchements plus gauches encore. Elle apprenait avec amusement que Mlle de Hautefort se moquait, entre jeunes filles, d'un amoureux qui « n'osait s'approcher d'elle quand il l'entretenait », et qu'elle disait n'y plus tenir d'ennui à force d'entendre parler « de chiens, d'oiseaux et de chasse ».

Les amies répétaient ses railleries, Louis XIII finissait par le savoir, se fâchait contre l'ingrate, et toute la Cour était au noir. — « S'il arrivait quelque

1. *Mémoires* de Mme de Motteville.

brouillerie entre eux, poursuit la Grande Mademoiselle, tous les divertissements étaient sursis; et si le roi venait dans ce temps-là chez la reine, il ne parlait à personne et personne aussi n'osait lui parler; il s'asseyait dans un coin, où le plus souvent il bâillait et s'endormait. C'était une mélancolie qui refroidissait tout le monde, et, pendant ce chagrin, il passait la plus grande partie du jour à écrire ce qu'il avait dit à Mme de Hautefort et ce qu'elle lui avait répondu : chose si véritable, qu'après sa mort, l'on a trouvé dans sa cassette de grands procès-verbaux de tous les démêlés qu'il avait eus avec ses maîtresses, à la louange desquelles l'on peut dire, aussi bien qu'à la sienne, qu'il n'en a jamais aimé que de très vertueuses. »

L'importance politique des favorites de roi échappait à Mademoiselle, comme lui échappait alors tout ce qui était sérieux : « Je n'écoutais de tout ce que l'on me disait, écrit-elle, que ce qui était à la portée de mon âge. » Ne lui demandez pas ce que pensait Richelieu de cette chaste affection; pourquoi il n'en voulut plus après l'avoir encouragée; pourquoi il voulut encore moins de Mlle de Lafayette, la poussa au couvent, et fit ordonner des médecines au roi toutes les fois qu'il lui soupçonna l'intention d'aller voir son amie à la grille. Si Mademoiselle a su ces choses, « il ne lui en est jamais souvenu ». Ne lui demandez pas davantage pourquoi Louis XIII, travaillé sans relâche contre Richelieu, et ne l'aimant point, continuait à lui sacrifier ses proches et ses amis; pourquoi, devant les revers de 1635 et 1636, devant la France envahie et les coureurs ennemis à Pontoise, il était resté fidèle, en définitive et malgré quelques instants de défaillance, au ministre dont la politique lui attirait ces humiliations. Mademoiselle n'a sans doute jamais su ces choses; elles dépassaient par trop son horizon.

L'âge ingrat l'avait traitée mal, à tous les égards. Elle avait été jolie et délurée dans sa petite enfance. A onze ans, c'était une grosse fille avec de grosses joues, de grosses lèvres, l'air bête; bref, un franc laideron, et trop absorbé par la vie animale, le besoin de remuer et de jouer, pour jamais observer ou réfléchir. La grossesse de la reine lui fut une occasion de plus de montrer combien elle restait « innocente », vivant dans un monde où on l'était si peu. Elle s'en réjouit, sans faire « la moindre réflexion » que son père, Gaston d'Orléans, perdrait à la naissance d'un dauphin son titre d'héritier présomptif de la couronne. Anne d'Autriche fut touchée d'une simplicité de cœur à laquelle son expérience des cours ne l'avait pas accoutumée. Elle répétait à sa nièce, pour la consoler au cas où la réflexion lui viendrait : « Vous serez ma belle-fille ». Sa nièce n'entra que trop dans la plaisanterie; elle lui dut l'une des heures les plus amères de son existence.

L'enfant qui devait être Louis XIV naquit au château de Saint-Germain le 5 septembre 1638. Mademoiselle en fit son joujou. « La naissance de Monseigneur le Dauphin, dit-elle, me donna une occupation nouvelle : je l'allais voir tous les jours et je l'appelais *mon petit mari*; le roi s'en divertissait et trouvait bon tout ce que je faisais. » Elle avait compté sans son parrain le cardinal, plus croquemitaine et plus trouble-fête que jamais, qui vit des inconvénients à ces enfantillages : « Le cardinal de Richelieu, poursuit Mademoiselle, qui ne voulait pas que je m'y accoutumasse ni qu'on s'accoutumât à moi, me fit ordonner de retourner à Paris; la reine et Mme de Hautefort firent tout leur possible pour me faire demeurer; elles ne purent l'obtenir, dont j'eus beaucoup de regret. Ce ne furent que pleurs et que cris quand je quittai le roi et la reine; Leurs Majestés me témoignèrent beaucoup de sentiments d'amitié, et surtout la reine, qui me fit connaître une tendresse particulière en cette occasion.

« Après ce déplaisir, il m'en fallut essuyer encore un autre. L'on me fit passer par Rueil pour voir le cardinal, qui y faisait sa demeure ordinaire quand le roi était à Saint-Germain. Il avait tellement sur le cœur que j'eusse appelé le petit Dauphin *mon petit mari*, qu'il m'en fit une grande réprimande : il disait que j'étais trop grande pour user de ces termes; qu'il y avait de la messéance à moi à parler de la sorte. Il me dit si sérieusement tout ce que l'on aurait pu dire à une personne raisonnable, que, sans rien lui répondre, je me mis à pleurer; pour m'apaiser, il me donna la collation. Je ne laissai pas de m'en retourner fort en colère de tout ce qu'il m'avait dit. »

Richelieu tenait la main à ce que ses ordres fussent

exécutés : « Quand je fus à Paris, je n'allais plus à la Cour qu'une fois en deux mois; et, lorsque cela m'arrivait, je dînais avec la reine et m'en revenais à Paris pour coucher. » Il faut dire qu'on aurait peut-être eu de la peine à la coucher au château, si le cardinal l'avait permis en passant, pour une nuit ou deux. Nos rois avaient à cette époque des façons de s'organiser fort incommodes, qui les avaient conduits à supprimer le luxe de la chambre d'ami. Chaque fois qu'ils allaient s'établir à Saint-Germain, c'était un déménagement complet. On ne laissait rien dans les appartements particuliers du Louvre, pas même de quoi coucher le roi de France, si quelque affaire l'appelait dans sa capitale. Henri IV, monarque sans gêne, s'invitait chez un seigneur, chez quelque bourgeois cossu, s'y mettait à son aise, y recevait le Parlement et les belles dames, et ne débarrassait ses hôtes de sa personne qu'à son jour et à son heure. Le timide Louis XIII n'aurait jamais osé faire des choses pareilles et s'en retournait à Saint-Germain par tous les temps; il n'inventa jamais d'avoir deux lits, l'un à la ville, l'autre à la campagne.

A la rentrée de la cour à Paris, on redéménageait; il ne restait pas non plus un matelas à Saint-Germain. Cette singulière coutume en avait entraîné une autre, qui nous paraît bien peu hospitalière et le contraire de royale. Le roi de France ne meublait pas ses invités de marque; il leur offrait les quatre murs, à eux de s'arranger. Dans les mémoires du temps, on voit les grands arriver au château suivis de leur lit, de leurs rideaux, et même de leurs casseroles et de leur cuisinier. C'était le cas de Monsieur et de sa fille ; ce fut celui de Mazarin sous le règne suivant. Mademoiselle n'ignorait pas ces détails de ménage. Elle savait qu'une couchée à Saint-Germain, cela ne s'improvisait pas, et elle se tint en repos dans ses Tuileries, ne songeant plus qu'à se divertir de son mieux.

Le public avait vu une méchanceté gratuite dans son exil de la cour. La Fronde a montré que Richelieu avait raison : la Grande Mademoiselle a fait la guerre civile pour contraindre Mazarin à la marier avec Louis XIV, qui avait onze ans de moins qu'elle. Son parrain avait bien deviné que l'idée d'être reine de France germerait très vite dans cette petite tête, où l'influence de l'*Astrée,* si vivante encore quoique déjà ancienne, était en train de former une âme de visionnaire, romanesque entre toutes celles de sa génération. Il est à la gloire d'Honoré d'Urfé, qui mourut en 1625, qu'on soit absolument forcé de remonter jusqu'à lui, et de parler de son roman, pour expliquer l'état d'esprit des générations qui arrivèrent à la vie active vers 1640.

II

Peu de livres, dans aucun pays et dans aucun temps, ont égalé la fortune de l'*Astrée*[1], roman pas-

1. Les deux premières parties ont paru en 1610, ou peut-être, dit M. Brunetière, en 1608. Le reste se succéda à intervalles

toral en dix volumes « où, par plusieurs histoires, et sous personnes de bergers et d'autres, dit un long titre à la mode du siècle, sont déduits les divers effets de l'honnête amitié ». L'œuvre d'Honoré d'Urfé devint aussitôt « le code de la société polie [1] » et de celle qui voulait le paraître; tout fut « à l'*Astrée* », les modes, les sentiments, le langage, les jeux de société, les conversations d'amour. L'engouement s'était étendu à des classes de la société où on lisait pourtant bien peu; dans une comédie de 1635, qui se passe dans le monde de la petite bourgeoisie [2], un personnage reproche aux jeunes filles à marier de se laisser prendre aux fadeurs du premier freluquet venu,

> ... bien poli, bien frisé,
> Pourvu qu'il sache un mot des livres de l'*Astrée*.

Le succès avait franchi les frontières. Les étrangers trouvaient à s'instruire dans l'*Astrée*, qui était un roman à clef. Céladon, c'était l'auteur; Astrée, c'était sa femme, la belle Diane de Châteaumorand, avec laquelle il n'avait pas été heureux; la cour du grand Enric, c'était la cour de Henri IV; Galatée, la reine Marguerite; et ainsi de suite. — « Toutes les histoires

---

assez éloignés. Les quatre derniers volumes sont de 1627, posthumes, par conséquent : « On n'y peut guère distinguer la part qui en revient à d'Urfé de celle qui appartient à Baro, son continuateur. »

1. *Manuel de l'histoire de la littérature française*, par M. Ferdinand Brunetière. — Cf. *En Bourbonnais et en Forez*, par Émile Montégut, et *Le roman (XVIIe siècle)*, par M. Paul Morillot, dans l'*Histoire de la langue et de la littérature française*, publiée sous la direction de M. Petit de Julleville.

2. *Les vendanges de Suresne*, par Pierre du Ryer.

de l'*Astrée* ont un fondement véritable, écrivait Patru, qui le tenait de la bouche d'Honoré d'Urfé; mais l'auteur les a toutes romancées, si j'ose user de ce mot. » L'attrait d'une pointe de scandale venant s'ajouter au reste, le livre fut traduit en la plupart des langues et dévoré par tout pays avec la même passion. Il se fonda en Allemagne une *Académie des vrais amants*, copiée sur celle du Lignon. En Pologne, et dans la seconde moitié du siècle, Jean Sobieski, qui n'était certes pas un héros musqué, jouait avec Marie d'Arquien à être Astrée et Céladon, et lui écrivait après leur mariage : « Foin de ces amours matrimoniales qui se convertissent en amitié au bout de trois mois.... Céladon je suis, comme par le passé, amant passionné comme au premier jour[1]. »

Lorsque enfin l'engouement de la foule eut passé, le livre conserva l'admiration des délicats et, par elle, son influence littéraire : « Pendant deux siècles, dit Montégut, l'*Astrée* ne perdit rien de son renom. Les esprits les plus divers et les plus opposés ont également aimé ce roman : Pellisson et Huet, l'évêque d'Avranches, en étaient enthousiastes; La Fontaine et Mme de Sévigné en raffolaient; Racine, sans en trop rien dire, l'a lu avec amour et profit.... Marivaux l'a lu et en a profité plus certainement encore que Racine.... Enfin Jean-Jacques Rousseau l'admirait tellement qu'il avouait l'avoir relu une fois chaque année pendant une grande partie de sa vie; or,

---

1. Waliszewski : *Marysienka*.

comme l'influence de Jean-Jacques sur les destinées de notre moderne littérature d'imagination a été prépondérante, il s'ensuit que le succès de l'*Astrée* s'est indirectement prolongé jusqu'à nos jours, et que Mme Sand par exemple, sans trop s'en douter, dérive quelque peu de d'Urfé. » Montégut a oublié l'abbé Prévost. M. Brunetière répare cette omission et ajoute : « C'est comme si l'on disait que le succès de l'*Astrée* a donné son orientation à tout un grand courant de notre littérature. »

L'influence sociale fut au moins égale à l'influence littéraire. Il n'est cependant pas de livre qui soit aujourd'hui plus délaissé, parmi tous ceux qui ont eu leur temps de gloire et de popularité. On ne lit plus l'*Astrée*, on ne le peut plus ; l'excès de l'ennui vient à bout des meilleures volontés. Il est devenu impossible de supporter les cinq mille pages de dissertations amoureuses des bergers du Lignon. C'est tout au plus si une pareille débauche de subtilité serait encore tolérable venant d'un écrivain de génie, et d'Urfé n'avait pas de génie ; il n'avait que du talent.

C'était un petit gentilhomme du Forez, à qui son âge — il était né en 1568 — avait permis d'entrevoir la société des Valois. On sait assez qu'il n'en fut guère de plus corrompue. Ceux qui l'avaient connue en avaient néanmoins gardé un éblouissement, et eux-mêmes passaient sous Louis XIII pour les survivants d'une civilisation supérieure, exquise de politesse et d'élégance. Les femmes de la cour d'Anne d'Autriche tenaient à grand honneur d'attirer l'attention de ces vieillards grâce auxquels « il y avait encore en France quelque reste de la politesse que Catherine de Médicis y avait apportée d'Italie[1] ». Leurs hommages étaient de ceux qui ne se refusaient point; Anne d'Autriche elle-même ne se crut pas le droit de rudoyer le vieux duc de Bellegarde, qui avait été l'un des tristes favoris de Henri III, mais en aurait remontré à Cathos et à Madelon pour l'horreur des mots grossiers. « La renommée en faisait encore tant de bruit, nous dit Mme de Motteville, que la Reine ne refusa point d'en recevoir de l'encens dont la fumée ne pouvait noircir sa réputation, et souffrit qu'il en usât avec elle à la mode du siècle où il avait vécu, qui avait été le règne de la galanterie et celui des dames. »

Le prestige de la cour des Valois vivait encore au milieu du XVIIe siècle. En 1646, parut à Paris un roman posthume, *Orasie*, qu'on attribuait à une fille d'honneur de Catherine de Médicis, Mlle de Senneterre. L'éditeur y mit une préface où on lit : « Bien que cet ouvrage porte le titre de roman,... c'est une véritable histoire toute pleine de très rares événements et qui n'a presque rien de supposé que les noms.... C'est un tableau de la plus magnifique et pompeuse Cour que l'on ait jamais vue, d'une Cour où régnaient les vraies civilités et la plus pure politesse; où les fausses galanteries et les bassesses ne s'étaient point introduites.... »

Quand les guerres civiles eurent anéanti ce monde

---

1. Motteville.

pourri, mais inoubliable, la cour de Henri IV parut bien rude en comparaison, bien soldatesque de ton et d'allure. Au retour de la paix, on sentit le besoin de rétablir une société polie, avec moins de cruauté et moins de vice que l'ancienne. Par malheur, l'imagination était malade. L'influence de la littérature espagnole, de ses romans de chevalerie, de ses pastorales et de son théâtre, avait inoculé le romantisme à la France, et l'on en voyait poindre de toutes parts les premiers symptômes. C'était l'un de ces âges de fermentation et d'attente où un peuple accueille avec transport l'homme qui lui apporte la parole nouvelle, bonne ou mauvaise, dont il sentait le besoin ou le désir sans venir à bout de se la formuler.

Le grand mérite d'Honoré d'Urfé a été de présenter à ses contemporains, dans l'*Astrée*, un miroir fidèle et, si j'ose ainsi parler, un miroir intelligent de leurs aspirations confuses. Il avait tout ce qui pouvait l'aider et l'encourager dans son entreprise, en premier lieu la vocation impérieuse sans laquelle on a vu qu'un gentilhomme n'osait pas toucher à un encrier. Personne, d'autre part, ne savait mieux que lui ce que la guerre remet de brutalité dans les mœurs; il avait été ardent ligueur, et l'un des derniers à se soumettre. Personne, non plus, n'était mieux placé pour se convaincre que l'esprit d'amour volait sur la France apaisée, cherchant où se poser, comme la colombe de l'arche; François de Sales était de ses amis, et dans une si parfaite communion d'esprit avec lui qu'on a pu dire sans paradoxe : « Il n'y a pas seulement analogie, il y a presque identité d'inspiration et de nature de talent entre l'*Introduction à la vie dévote* et l'*Astrée*[1]. » D'Urfé enfin, on l'a déjà vu, n'avait qu'à se souvenir de l'atmosphère d'esthétisme où s'était épanouie son adolescence pour comprendre l'ennui qui accablait les esprits devant l'inélégance intellectuelle et la rusticité de mœurs du nouveau règne.

C'était un homme sérieux et réfléchi. Il observa et médita plusieurs années avant de prendre la plume. Sa patience fut récompensée. De remarque en remarque, d'Urfé a fini par mettre dans son roman « presque toutes les aspirations de son temps.... De fait, cet obscur provincial, qui n'avait jamais de sa vie mis les pieds au Louvre, a composé une œuvre quasi universelle, qui résume toute la vie intellectuelle et sentimentale d'une époque, et telle qu'il n'en peut guère naître qu'une ou deux tout au plus dans un siècle[2]. » En même temps qu'il dégageait et éclairait l'idéal cherché jusqu'alors à tâtons, d'Urfé excitait ses contemporains à en poursuivre la réalisation, de sorte que le premier en date de nos romans psychologiques a été aussi le premier de nos romans à thèse.

Le sujet n'a rien de rare. C'est la brouille de deux amants qui se raccommoderont et s'épouseront au dénouement. La bergère Astrée accable des repro-

---

1. Montégut, *loc. cit.*
2. M. Paul Morillot, *loc. cit.*

ches d'une jalousie injuste le berger Céladon, qui ne veut pas y survivre et va se jeter dans le Lignon. Il adresse auparavant ses plaintes à un ruban et une bague qui lui sont restés dans les mains tandis qu'il essayait de retenir sa bergère : « Sois témoin, dit-il, ô cher cordon, que plutôt que de rompre un seul des nœuds de mon affection j'ai mieux aimé perdre la vie, afin que quand je serai mort et que cette cruelle te verra peut-être sur moi, tu l'assures qu'il n'y a rien eu au monde qui puisse être plus aimé que je l'aime, ni Aimant plus mal reconnu que je suis. » — Et lors se l'attachant au bras et baisant la bague : « Et toi, dit-il, symbole d'une entière et parfaite amitié, sois content de ne me point éloigner en ma mort, afin que ce gage pour le moins me demeure, de celle qui m'avait tant promis d'affection. » — A peine eut-il fini ces mots, que tournant les yeux du côté d'Astrée, il se jeta les bras croisés dans la rivière. »

Céladon est sauvé par les nymphes. Ses aventures romanesques servent de fil à l'action, continuellement interrompue par de longs épisodes. Plus de cent personnages enchevêtrent avec la sienne leurs intrigues galantes, devenues la grande affaire de ce peuple enrubanné qui a mis ses armes au croc et remplacé les arts de la guerre par les arts de la paix. Les héros d'Honoré d'Urfé se montrent plus jaloux de beaux sentiments que de grands coups d'épée, plus curieux de joli langage que de mouvement et d'action. Cela changeait singulièrement des lecteurs dont plus d'un avait vu la Saint-Barthélemy et combattu avec Henri de Guise, et qui se reconnaissaient dans les druides, les chevaliers et les bergers de l'*Astrée*. Ils se contemplèrent avec un plaisir extrême dans les nobles personnages qu'on leur montrait jouissant des douceurs de la paix, n'ayant plus à combattre que sur des points de casuistique amoureuse, et devisant sous de tranquilles ombrages, parmi les richesses d'une campagne rendue à la sécurité, avec de belles dames vêtues comme eux de déguisements champêtres ou mythologiques. C'était bien là le rêve qu'avait fait éclore tout au fond de leurs âmes la lassitude produite par la Ligue. C'était bien le repos réparateur dont la noblesse de province, décimée et ruinée par trente ans de guerres civiles et religieuses, nourrissait le désir dans le secret de son cœur, lorsqu'elle avait accepté, en reconnaissant Henri IV, la soumission à un principe d'autorité supérieur aux intérêts privés et aux ambitions particulières.

La haute noblesse en eut vite assez de l'ordre et de l'obéissance; elle n'a jamais été plus turbulente et plus indisciplinée que sous Louis XIII et pendant la minorité de Louis XIV. Il est à remarquer toutefois qu'elle n'apportait plus dans ses complots et ses soulèvements la belle sécurité de conscience du temps jadis. Il en existe de curieux témoignages. Les princes ou seigneurs révoltés refusent désormais avec indignation d'admettre qu'ils ont pris les armes contre le Roi. C'est invariablement « pour se rendre utiles à son service » qu'ils lui font la guerre, ainsi que l'écrivait Gaston d'Orléans en passant à l'étranger;

c'est pour l'obliger malgré qu'il en ait, en le délivrant d'une tyrannie humiliante ou d'une influence pernicieuse. Même pendant la Fronde, alors qu'ils changeaient de parti comme de gants ou de chapeau, ils ne cessent pas de protester de leur fidélité au Roi, parce qu'il n'est plus dans les idées de la France que personne mette son caprice ou ses intérêts au-dessus des lois et de l'État, et parce qu'eux-mêmes, les descendants des grands barons, commencent à ne plus être aussi sûrs d'en avoir le droit. L'*Astrée* avait contribué à des scrupules aussi neufs, par les réflexions qu'elle avait suggérées à tout ce qui, en France, savait lire ou simplement causer.

Les « flots de tendresse[1] » auxquels le livre a dû son influence sentimentale sont bien fatigants à la longue. Le premier en date de nos romanciers psychologiques, devinant, ici encore, ce qu'il nous fallait, ne s'est intéressé qu'à une seule passion, l'amour. Il nous en a donné l'étude certainement la plus développée, et peut-être la plus subtile, qui existe dans notre langue. Toutes les manières d'aimer y sont analysées avec minutie dans d'interminables conversations, toutes les raisons d'aimer ou de n'aimer pas, d'être inconstant ou fidèle, toutes les joies que l'amant trouve dans ses souffrances et toutes les souffrances que lui réservent ses joies, toutes les sensations intellectuelles (et quelques-unes des autres) de l'Aimant ou de l'Aimé, de l'Aimante ou de l'Aimée,

---

1. M. Paul Morillot, *loc. cit.*

tous les cas de conscience qui peuvent surgir dans la vie de gens n'ayant pas d'autre pensée, pas d'autre raison d'être, que de développer et d'exercer, chacun à sa mode, leur faculté d'aimer, d'aimer encore, d'aimer toujours.

D'Urfé concevait la passion à la façon antique, comme une fatalité contre laquelle il est vain de lutter. Vers le milieu du roman, le triste Céladon, inconsolable de la colère d'Astrée, est caché dans une caverne, où il se nourrit « d'herbes ». Le druide Adamas, qui le voit dépérir, essaie de le raisonner. Céladon lui répond : « Si le Ciel, comme vous dites, m'a laissé en ma puissance, pourquoi me demanderait-il compte de moi-même, puisque tout ainsi qu'il m'avait remis en ma propre conduite et disposition, de même me suis-je entièrement résigné entre les mains de celle à qui je me suis donné? et partant, s'il veut demander compte de Céladon, qu'il s'adresse à celle à qui Céladon est entièrement. Et quant à moi, c'est assez que je ne contrevienne en rien à la donation que j'en ai faite. *Le Ciel l'a voulu, car c'est par destin que je l'aime.* Le Ciel l'a su ; car dès que j'ai commencé d'avoir quelque volonté, je me suis donné à elle, et ai toujours continué depuis. Et bref, le Ciel l'a eu agréable : autrement je n'eusse pas été si heureux que je me suis vu par tant d'années. Que s'il l'a voulu, s'il l'a su, et l'a eu agréable, avec quelle justice me pourra-t-il punir, si je continue à cette heure, qu'il n'est pas même en ma puissance de faire autrement.... Que mes parents et amis se plaignent et aient telle opinion qu'ils voudront, ils doivent être tous satisfaits et contents de moi, quand je leur dirai pour toute raison que J'AIME. — Mais comment, répondit Adamas, voulez-vous toujours vivre de cette sorte ? — L'élection, répondit le Berger, ne dépend de celui qui n'a ni volonté ni entendement. »

La Grande Mademoiselle et le gros de ses contemporaines ont échappé sur ce point particulier à l'influence de l'*Astrée*. Elles n'acceptèrent pas, ou n'acceptèrent plus que l'homme fût sans « volonté ni entendement » en face de ses passions, et que ses sentiments dépendissent du « Destin ». Corneille avait passé par là, et remis en honneur l'asservissement du cœur à la volonté. — « L'amour d'un honnête homme, écrivait-il en 1634[1], doit être toujours volontaire : on ne doit jamais aimer en un point qu'on ne puisse n'aimer pas ; si on en vient jusque-là, c'est une tyrannie dont il faut secouer le joug. » Mlle de Montpensier a été dans sa jeunesse l'une des plus vraiment cornéliennes de sa génération, car elle a pratiqué ce que d'autres se contentaient de professer. La tyrannie de l'amour lui paraissait chose honteuse, et elle était si convaincue qu'il dépend de chacun de « secouer le joug », que les défaillances les plus honnêtes la trouvaient sans pitié ; elle chassa un jour une jeune femme de chambre, uniquement — c'est Mademoiselle elle-même qui le dit — « parce qu'elle s'était mariée par amour ». La honte grandissait avec

---

1. Dans la *Dédicace* de la *Place Royale*.

la « condition » des esclaves de leur passion; au-dessus d'un certain rang, il ne pouvait seulement pas être question de sentiment dans une affaire de mariage, et nous verrons notre princesse mettre sa conduite d'accord avec ses principes pendant toute la première moitié de sa vie. Le jansénisme et Racine, qui désabusèrent tant d'âmes plus humbles, ou plus imbues de doctrine chrétienne, de l'efficacité « de la volonté toute seule contre les tentations de la chair et du cœur[1] », n'eurent pas de prise sur la Grande Mademoiselle; il fallut Lauzun pour briser son orgueil.

Le dissentiment sur la liberté humaine est à peu près le seul grave qui se soit produit dans l'espace d'un demi-siècle entre d'Urfé et la société française. Pour tout le reste, et notamment dans les choses du goût, l'*Astrée* s'harmonisait avec le sentiment public. Il lui arrivait souvent de le dépasser, presque jamais de le heurter. Ainsi, elle est très en avance sur son époque par ses paysages, qui sont d'un écrivain aimant profondément la nature et possédant une imagination capable de « surprendre l'âme des lieux », selon l'expression de Montégut, qui avait été lire l'*Astrée* au bord du Lignon; mais la nature que d'Urfé sentait et admirait était néanmoins la même pour laquelle la France de Louis XIII avait des yeux, la nature arrangée, transformée par la main de l'homme en

---

1. M. Jules Lemaître. Discours prononcé à Port-Royal à l'occasion du centenaire de Racine.

paysage artificiel, en colifichet compliqué où la verdure n'est plus que l'un des éléments du tableau, et pas toujours le principal. C'était une mode venue d'Italie, où la Renaissance avait inventé le jardin-bibelot, dont il subsiste là-bas d'amusants spécimens, conservés par des propriétaires intelligents : « Fontaines, jets d'eau et cascades, dit M. Eugène Muntz [1], bocages, berceaux et haies, treilles et treillages, fleurs d'agrément et plantes médicinales, grottes et souterrains, volières et orgues hydrauliques, statues et groupes, obélisques, vases, pavillons et promenoirs couverts, salles de bains, tout y était réuni pour charmer le regard ou favoriser le recueillement. »

Les jardins de France offraient ce même aspect de magasins de bric-à-brac. Le promeneur devait y aller de surprise en surprise et s'y perdre dans toutes sortes de « dédales », combinés avec des trompe-l'œil ingénieux ; ainsi le voulait l'esthétique du genre, et les jardins les plus savamment machinés étaient réputés les plus beaux. Chez les Gondi, à Saint-Cloud, on admirait tout particulièrement, parmi plusieurs « raretés », des fontaines dont les eaux faisaient jouer des instruments invisibles. Chez le duc de Bellegarde, rue de Grenelle-Saint-Honoré, la merveille du jardin était « une grotte éclairée d'arcades, ornée de grotesques et de termes marins ; couverte d'une voûte incrustée de coquilles et de quantité de rocailles ; de plus, si pleine de tuyaux, de canaux, de jets d'eau et

---

[1]. *Histoire de l'art pendant la Renaissance.*

de robinets invisibles [1] » que le roi n'en avait pas davantage sur ses terrasses de Saint-Germain, ni le cardinal de Richelieu dans ses jardins de Rueil, où furent construites les premières cascades artificielles qu'on ait vues en France [2]. Au château d'Usson, chez la reine Marguerite, que d'Urfé a mise dans l'*Astrée* sous le nom de Galatée, le jardin était « agencé de toutes les raretés que le lieu pouvait permettre,... n'y ayant rien oublié de tout ce que l'artifice y pouvait ajouter », et l'on avait « embelli » les bois de « diverses grottes, si bien contrefaites au naturel, que l'œil trompait bien souvent le jugement [3] ». La plus célèbre était « l'antre de la vieille Mandragore, plein de tant de raretés et de tant de sortilèges, que d'heure à autre, il y arrivait toujours quelque chose de nouveau ». La voûte de l'entrée était soutenue par deux Termes, « qui étaient fort industrieusement revêtus de petites pierres de diverses couleurs; les cheveux, les sourcils, les moustaches, la barbe et les deux cornes de Pan étaient de coquilles de mer, si proprement mises que le ciment n'y paraissait point.... Le tour de la porte était par le dehors à la rustique, et pendaient des festons de coquille rattachés en quatre endroits, finissants auprès de la tête des deux Termes. Le dedans de la voûte était en pointe de rocher, qui semblait en plusieurs lieux dégoutter le salpêtre. » Les parois de l'antre étaient « enrichies

1. Sauval, *Les Antiquités de Paris*.
2. Dulaure, *Environs de Paris*.
3. L'*Astrée*.

d'un grand nombre de statues, qui, enfoncées dans leurs niches, faisaient diverses fontaines, et toutes représentaient quelque effet de la puissance de l'Amour ». Un tombeau « garni de tableaux » et d'ornements en marbre de couleur s'élevait au milieu de la grotte.

Autant que possible, les arbres étaient taillés et tordus pour leur faire représenter ceci ou cela. Les fleurs des parterres formaient de savants dessins de broderie. L'intervention constante et illimitée de l'homme avait abouti à une nature absolument factice, « précieuse » à la façon des « fausses Précieuses ». L'*Astrée* en avait consacré la mode par ses descriptions, empreintes d'une admiration sans réserves. Il fallut Le Nôtre pour ramener un peu de simplicité dans nos jardins et les débarrasser des inventions les plus saugrenues, et ce ne fut pas sans causer des regrets aux personnes qui avaient accoutumé de demander à un paysage le même genre de beauté et d'amusement qu'à un décor d'opéra. La Grande Mademoiselle trouvait Chenonceaux incomplet et comme inachevé, parce qu'on avait eu, par extraordinaire, le bon goût de respecter le cadre charmant fourni par la nature. Elle était en peine de s'expliquer la réputation de la Provence, qui lui paraissait « assez vilaine ». Elle séjourna un mois à l'entrée des Pyrénées sans avoir la curiosité d'y mettre le pied. Mais elle ne se lassa jamais d'admirer les joujoux prétentieux dont les architectes paysagistes de l'école italienne avaient encombré nos jardins et nos bois, et c'est d'Urfé qui en est responsable : il lui a manqué, parmi tant de goûts nobles et bienfaisants qui ont fait de l'*Astrée* « un livre de haute portée, presque un grand livre [1] », d'aimer le naturel et la simplicité.

Ce fut d'autant plus fâcheux, que les continuateurs de son œuvre sociale étaient destinés à accentuer ses défauts, ainsi qu'il arrive presque toujours. Les Précieuses, par exemple, même « les vraies », n'ont pas su séparer le bon grain de l'ivraie, en prendre et en laisser dans l'héritage de l'*Astrée*. Elles ont précipité la révolution dont Honoré d'Urfé avait été le prophète, et consommé la transformation des mœurs qu'il avait préparée au mieux de ses forces. Elles ont tenu pendant un demi-siècle école de politesse et de beau langage, faisant accepter leur férule par des personnes aussi indociles à l'ordinaire que la princesse dont j'ai entrepris de raconter l'histoire. Elles n'ont pas essayé, bien loin de là, de redresser ce qui avait été faussé dans l'esprit français et de ramener le goût public dans la bonne route; elles ont, au contraire, beaucoup poussé la France vers le tortillé et l'alambiqué.

Tout compte fait, leur influence a néanmoins été bienfaisante dans l'ensemble. La Grande Mademoiselle, aux allures brusques et cavalières, a dû à l'hôtel de Rambouillet de ne pas avoir été un mousquetaire en jupon, et elle ne lui marchandait pas la reconnaissance.

1. Montégut, *loc. cit.*

III

On s'est demandé[1] s'il fallait faire une part à l'influence de l'*Astrée* « dans la formation de la société précieuse ». Je le crois, avec cette réserve, déjà indiquée, que d'Urfé n'a pas eu la prétention de créer de nouveaux courants d'idées et de sentiments; il s'est borné à observer ceux qui se dessinaient au fond des âmes et à s'en faire l'apôtre, se sentant avec eux en complète harmonie. L'esprit de société serait né sans lui; il commençait de naître alors que parurent les premiers volumes de l'*Astrée*; mais son essor aurait été moins rapide si d'Urfé n'avait pas écrit.

Il a passé longtemps pour spirituel de se moquer des Précieuses. Maintenant que ce plaisir trop facile s'est émoussé par l'abus, il y a plus d'originalité à leur rendre justice : — « On n'a généralement retenu d'elles, dit M. Brunetière, que le souvenir de leurs ridicules, et il faut avouer qu'elles en ont eu beaucoup.... Ce qu'on pourrait surtout leur reprocher, ce serait d'avoir remis la littérature française à l'école de l'Espagne et de l'Italie,... supposé du moins qu'elles eussent pu l'éviter, dans une cour tout italienne, et dans un temps où l'influence espagnole rentrait chez nous par toutes nos frontières. Mais elles nous ont,

---

[1]. M. F. Brunetière, *Manuel de l'Histoire de la littérature française.*

après cela, rendu de grands services, et des services qu'on ne saurait oublier, méconnaître ou négliger, sans fausser vingt ou trente ans de l'histoire des mœurs et de la littérature. C'est ainsi qu'étant femmes, et du monde, elles ont affranchi la littérature de ce pédantisme dont elle est encore tout embarbouillée dans Ronsard ou dans Montaigne même,... elles ont obligé l'écrivain à secouer la poussière de sa bibliothèque ou de sa « librairie »; elles lui ont imposé quelques-unes des exigences de leur sexe; et, par là même, une littérature jusqu'alors presque purement érudite est devenue déjà mondaine. — Elle l'est également devenue, et presque en même temps, grâce à elles, par un air de décence et de politesse qui lui manquait encore.... Les Précieuses ont exigé des hommes qu'ils leur rendissent les respects auxquels toute femme a droit, comme femme, dans une société civilisée, et elles l'ont obtenu.... On comptera désormais avec elles, on ménagera leurs pudeurs.... » Elles ont épuré le langage et, par cela seul qu'elles obligeaient « l'honnête homme » à choisir ses mots, elles l'ont accoutumé à discerner les nuances de la pensée, à « anatomiser » l'idée à traduire. — « A la faveur de la préciosité, la propriété de l'expression et la finesse de l'analyse s'introduisent donc ensemble dans le discours. »

Voilà bien des services, et bien éminents. On n'en mesure toute l'étendue qu'en examinant de près les mœurs qu'il fallait adoucir et policer. L'élégance des costumes et des attitudes cachait une rudesse et une grossièreté dont les preuves foisonnent dans les écrits du temps. La Grande Mademoiselle, qui est déjà de la seconde génération des Précieuses et qui a mérité par son amour du bel esprit de figurer dans leur livre d'or[1], avait encore, sitôt qu'elle s'animait, un verbe et des gestes de pandour. Elle faisait « mille imprécations[2] », et elle menaça un jour le maréchal de l'Hôpital de lui arracher la barbe de ses propres mains. Le maréchal eut peur et fila doux. Plusieurs femmes de qualité étaient connues pour avoir la main leste et lourde, le pied à l'avenant : leurs gens et leurs galants en savaient quelque chose. Mme de Vervins, qui appartenait à la Cour, où elle avait assisté avec Mademoiselle aux fêtes en l'honneur de Mlle de Hautefort, fouettait elle-même ses laquais et ses servantes et n'y allait pas de main morte ; l'une de ses suivantes en mourut, dit-on, et fut vengée par le peuple de Paris, qui mit la maison à sac.

> On brisa vitre, on rompit porte....
> Bref, si fort s'accrut le tumulte,
> Que, de peur de plus grande insulte,
> Cette dame s'enfuit exprès
> Et se sauva par les marais[3].

Les hommes ne se gênaient pas pour riposter ; au besoin, ils commençaient. Le comte de Brégis, ayant reçu un soufflet de sa danseuse, la décoiffa au milieu du bal. A un souper, le marquis de la Case saisit un

1. *Dictionnaire des Précieuses*, de Somaize.
2. *Mémoires* de Conrart.
3. *Gazette de Loret*, lettre du 13 août 1651.

gigot et en frappa sa voisine au visage, la couvrant de jus; elle, bonne personne, « en rit de tout son cœur[1] ». Malherbe avouait à Mme de Rambouillet avoir soufflété jusqu'à la faire crier au secours la vicomtesse d'Auchy, dont il était jaloux. Battre sa femme était chose qui s'avouait.

Les plaisanteries ignobles, les saletés qu'il est impossible de raconter, étaient acceptées par les deux sexes. Le père du grand Condé, président à un jeu de société où la règle obligeait les autres joueurs à faire tout ce qu'il faisait, mangea le premier et fit manger à l'assistance — je n'ose dire quoi, et n'essayez pas de deviner, vous ne le pourriez pas. Louis XIII, le timide et pudique Louis XIII, ne laissait pas, quand il s'y mettait, de donner à sa Cour des exemples peu ragoûtants. On lit dans un livre d'édification de 1658 que le feu roi, ayant remarqué dans la foule admise à le voir dîner une demoiselle assez décolletée, « la dernière fois qu'il but, il retint une gorgée de vin en la bouche, qu'il lança dans le sein découvert de cette demoiselle[2] ».

La tradition aristocratique exigeait qu'on battît les inférieurs au moindre manquement de leur part. Richelieu rossait ses gens, il rossait les officiers de sa garde, il rossait, disait-on, ses ministres. Le célèbre duc d'Épernon, le dernier des grands seigneurs d'après Saint-Simon, discutant un jour avec

---

1. Tallemant.
2. *Lettres de Pauline et d'Alexis à diverses personnes, pour des sujets bien importants*, par le P. Barry.

l'archevêque de Bordeaux, lui « bailla trois coups de poing » dans la figure et la poitrine, et « lui donnant plusieurs fois du bout de son bâton dans l'estomac, lui dit que sans le respect de son caractère, il le renverserait sur le carreau [1] ». En Bourgogne, le marquis de Mauny, outré de ce que des paysans avaient fait attendre du beurre et des œufs à ses gens, sort de chez lui comme un furieux, se jette sur les premiers qu'il rencontre, et à coups d'épée, à coups de pistolet, en blesse deux mortellement. En Anjou, le comte de Montsoreau fabrique de la fausse monnaie dans les bois, rançonne les voyageurs, pille et tyrannise les campagnes, à la tête de vingt brigands de son espèce.

Les duels entretenaient le mépris de la vie humaine. A trente ans, le chevalier d'Andrieux avait déjà tué en duel soixante-douze hommes. Les édits n'y faisaient rien ; il fallait que le changement vînt des mœurs. Neuf ans après la mort de Louis XIII, le maréchal de Gramont disait dans une de ses lettres : « De compte fait, il y a, depuis la régence, neuf cent quarante gentilshommes tués en duel. » C'était le chiffre officiel, « sans compter ceux dont la mort fut attribuée à d'autres causes, bien qu'ils eussent réellement péri dans des rencontres [2] ».

On n'y mettait pas les mêmes cérémonies et les mêmes précautions que de nos jours. Un duel était

---

1. *Mémoires de Richelieu.*
2. Vicomte d'Avenel, *Richelieu et la monarchie absolue.*

un combat de sauvages, où l'on se frappait n'importe comment et avec n'importe quoi, tous les moyens étant jugés bons, quoique plus ou moins « courtois », pour « bien tuer ». En 1612, Balagny et Puymorin descendirent de cheval et tirèrent l'épée dans la rue des Petits-Champs. Pendant qu'ils se battaient, un valet blessa Balagny par derrière d'un coup de fourche, dont il mourut. Puymorin était déjà blessé, et mourut aussi. Ce fut encore un laquais qui tua Villepreau traîtreusement, pour le compte de Saint-Germain Beaupré, dans le duel qu'ils eurent ensemble rue Saint-Antoine. Le jeune Louvigny[1], se battant avec d'Hocquincourt, lui dit : « Otons nos éperons », — et comme l'autre se fut baissé, il lui donna un grand coup d'épée qui passait d'outre en outre et le mit à la mort. » Tallemant des Réaux qualifie cette action d' « épouvantable »; cependant elle n'eut pas de suites pour Louvigny. Le maréchal de Marillac, qui fut décapité en 1632, tua son adversaire « avant que l'autre eût eu le loisir de mettre l'épée à la main[2] ». Nous appellerions cela des assassinats. Nos pères n'y voyaient point de mal; ils ne méprisaient que les pacifiques.

La vie de salon fut ce qui vint à bout de ces restes de barbarie. Elle forme à la politesse, qui ne permet pas de faire donner des coups de fourche dans le dos de son adversaire, ni de faire manger des ordures aux

1. Tué en duel, en 1629, à un peu plus de vingt ans.
2. Tallemant.

dames en jouant aux jeux innocents. Les bonnes manières sont une partie de la morale; soyons reconnaissants aux Précieuses d'avoir « façonné » les hommes pour le monde, et à Mme de Rambouillet entre toutes les autres, car c'est elle qui a rendu possible l'œuvre générale, en la commençant par le commencement.

Son génie de maîtresse de maison lui avait soufflé que l'ordonnance des vieux hôtels parisiens, imaginée pour d'autres temps et d'autres mœurs, ne valait plus rien et devait être abandonnée. L'ancienne distribution ne comportait pas de salon; c'est une pièce qui n'existait pas, de sorte qu'il manquait un cadre pour cette vie de société qui demandait à naître. « On ne savait, dit Tallemant, que faire une salle à un côté, une chambre à l'autre, et un escalier au milieu. » La salle était une pièce de parade où l'on ne se tenait point d'habitude. On recevait ses visiteurs « dans n'importe quelle pièce de l'hôtel, selon l'heure, la saison ou le hasard. Ce que nous nommons salle à manger n'existait pas davantage…. On dînait dans sa salle, dans son antichambre ou dans sa chambre. Chaque jour on dressait la table, ou bien on l'apportait toute servie, dans une pièce choisie sans règle fixe, selon le nombre des convives[1]. » L'esprit de conversation est une plante trop délicate pour fleurir dans ces conditions, au hasard et à l'abandon. Pour avoir des causeurs, il faut avant tout avoir un endroit

---

[1]. Vicomte d'Avenel, *Richelieu et la monarchie absolue*.

où causer. Tout le monde le sait, à présent, ou devrait le savoir; personne n'a plus le droit d'ignorer l'influence du lieu où l'on se tient, et qu'il suffit d'une table mal placée pour empêcher les sympathies de se grouper, le courant de s'établir entre les esprits. Il y a trois cents ans, ce fut la découverte de Mme de Rambouillet. Ses réflexions l'amenèrent à inventer l'appartement moderne, favorable aux réunions intimes et aux joutes d'esprit. C'est une date dans l'histoire de la société française.

Mme de Rambouillet possédait un hôtel délabré, situé entre les Tuileries et la cour du Louvre, vers l'endroit où est maintenant le pavillon de Rohan[1]. Elle voulut le rebâtir, et ne trouva personne qui sût lui faire un plan à son idée. Elle prit le parti d'être son propre architecte : « Un soir, après y avoir bien rêvé, elle se mit à crier : — Vite, du papier; j'ai trouvé le moyen de faire ce que je voulais. — Sur l'heure elle fit le dessin[2]. » La disposition qu'elle venait d'inventer était si heureuse qu'elle fut imitée par toute la France. « C'est d'elle qu'on a appris à mettre les escaliers à côté[3] pour avoir une grande suite de chambres, à exhausser les planchers, et à faire des portes et des fenêtres hautes et larges et vis-à-vis les unes des autres. Et cela est si vrai, que la Reine mère, quand elle fit bâtir le Luxembourg,

---

1. Cf. le plan de Gomboust, *Paris en 1652*.
2. Tallemant.
3. Dans un des angles du fond de la cour (note de Tallemant).

ordonna aux architectes d'aller voir l'hôtel de Rambouillet, et ce soin ne leur fut pas inutile. C'est la première qui s'est avisée de peindre une chambre d'autre couleur que de rouge ou de tanné; et c'est ce qui a donné à sa grand'chambre le nom de *Chambre bleue.* »

Cette chambre fameuse, où le xviie siècle vint prendre « le ton juste de la conversation[1] », était disposée avec une science déjà consommée des exigences de sa destination. Le jour y était mesuré, les sièges comptés — dix-huit, pas un de plus, — les groupements facilités par des paravents. Des fleurs parfumaient l'air, des objets d'art caressaient le regard, l'ensemble avait un air de sanctuaire si caractérisé, que les habitués en parlent toujours comme d'un « temple », y compris la Grande Mademoiselle qui retenait ses grands gestes garçonniers et ravalait ses « imprécations » en passant le seuil de la Chambre bleue. Elle n'échappait pas à l'influence apaisante de la maison, et en acceptait la discipline avec la même soumission que le reste du monde. Mme de Rambouillet était à ses yeux « une chose adorable ». — « Je la crois voir, écrivait Mademoiselle[2] en 1659, dans un enfoncement où le soleil ne pénètre point, et d'où la lumière n'est pas tout à fait bannie; cet antre est entouré de grands vases de cristal pleins des plus

---

1. M. Bourciez, *L'Hôtel de Rambouillet, etc.* Dans la publication Petit de Julleville.
2. Dans *La Princesse de Paphlagonie*, où Mme de Rambouillet s'appelle la *déesse d'Athènes.*

belles fleurs du printemps, qui durent toujours dans les jardins qui sont auprès de son temple, pour lui produire ce qui lui est agréable; autour d'elle il y a force tableaux de toutes les personnes qu'elle aime; ses regards sur ces portraits portent toute bénédiction aux originaux : il y a encore force livres sur des tablettes qui sont dans cette grotte; on peut juger qu'ils ne traitent de rien de commun. On n'entre dans ce lieu que deux ou trois à la fois, la confusion lui déplaisant, et le bruit étant contraire à la divinité dont la voix n'est d'ordinaire éclatante que dans son courroux lorsqu'elle lance les tonnerres. Celle-ci n'en a jamais; c'est la douceur même. »

La reconstruction de l'hôtel de Rambouillet date de 1618, d'après l'inscription d'une pierre conservée au musée de Cluny. Il fallut une dizaine d'années à la maîtresse de maison pour former son « salon », au sens social ou mondain du mot, et pour en parachever l'éducation. Elle le conserva ensuite dans tout son éclat jusqu'à la Fronde, qui vint troubler la vie de l'esprit. La belle période de l'hôtel de Rambouillet coïncide donc exactement avec la première jeunesse de la Grande Mademoiselle, qui était née en 1627, et avec celle de Mme de Sévigné, qui avait un an de plus.

La grande nouveauté des débuts fut l'espèce d'avancement accordé aux gens de lettres, qui furent reçus dans la Chambre bleue sur le pied de gens du monde. Cela ne s'était jamais vu. On avait toujours recherché les « beaux esprits », mais on les traitait comme méritaient de l'être, après tout, de pauvres hères qui vivaient presque tous la main tendue et l'échine ployée, faisant assaut de complaisances équivoques et de dédicaces écœurantes pour obtenir un sac d'écus ou s'assurer une place au bas bout de la table. Pour un Balzac ou un d'Urfé, qui vivaient sur leurs terres, combien de Sarrazin et de Costar, combien de parasites-nés, sous peine de crever de faim! Ils auraient eu dix fois plus de talent que ce n'était le cas, qu'il leur aurait tout de même été impossible de mettre de la dignité dans leur existence. Les journaux et les revues n'existaient pas. Il n'y avait ni propriété littéraire ni droits d'auteur au théâtre. Comment gagner son pain, si ce n'est par des voies détournées et des moyens bas? Comment acquérir la fierté, le respect de sa profession et de soi-même, quand le premier hobereau venu vous faisait bâtonner aux applaudissements de la galerie? Comment ne pas rester pédant jusqu'aux moelles quand c'était la seule chose qui rapportât dans le métier, quand on n'était logé et pensionné que pour être « bel esprit » de la tête aux pieds et sans une heure de relâche, dans son costume, dans ses manières, dans chaque mot qu'on disait, afin que le maître en eût pour son argent et apparût aux yeux de tous en protecteur des lettres? Aujourd'hui que les écrivains sont au pinacle, qu'on en est même venu à s'exagérer les mérites de leur profession — puisque enfin il n'y a rien d'admirable en soi à mettre du noir sur du blanc, et qu'un bon cordonnier est un citoyen plus utile qu'un méchant écrivain, — aujourd'hui il nous paraît presque inconcevable qu'il y a trois siècles, dans les conditions que je viens d'exposer, d'honnêtes garçons qui auraient pu vendre de la chandelle se soient faits auteurs de gaieté de cœur. C'est bien la preuve que la vocation littéraire est irrésistible.

L'hôtel de Rambouillet tendit à modifier l'échelle des valeurs sociales et à diminuer la distance entre la science ou le talent et la naissance, entre l'intellectuel et l'homme de qualité. Les gens de lettres goûtèrent, pour la première fois, les douceurs de la considération. Ils ne furent pas dispensés d'avoir de l'esprit, bien au contraire, mais ils furent incités à l'avoir moins rébarbatif, moins dissemblable de ce qu'on appelait l'esprit de cour, qui passait pour très supérieur, et avec justice : il n'y a pas de comparaison à faire entre les mots jaillissants et drus du grand Condé, qui était, lui aussi, l'élève de Mme de Rambouillet, et les facéties laborieuses de Voiture ou de l'académicien Jacques Esprit, déjà en progrès, cependant, sur leurs prédécesseurs. Traités en égaux, les gens de lettres quittèrent peu à peu le ton du pitre ou du pédagogue avec les aimables femmes qui leur faisaient cette grâce et leur rendaient ce service. La métamorphose fut lente — Trissotin en est la preuve, — et la reconnaissance des « pédants » onéreuse, car ils déteignirent un peu sur les bienfaitrices. Il suffit toutefois de regarder Racine ou Boileau : on aperçoit d'un coup d'œil l'immensité du chemin parcouru depuis le jour où « l'incomparable Arthénice » décida d'inviter les gens pour leur mérite personnel, à l'exclusion de tout autre motif tiré de la naissance ou de la fortune. Ce fut la première phase de l'évolution démocratique qui en est arrivée maintenant, sous nos yeux, à rendre le mérite personnel suspect, parce qu'il choque l'idée d'égalité.

La Chambre bleue vit défiler le « tout Paris » d'alors. Du côté des lettres, Malherbe fut un des fidèles de la première heure, et il demeura le poète attitré du « rond », ainsi qu'on disait entre initiés, jusqu'à sa mort, survenue en 1628. Il était pourtant « rustre et incivil », d'après Tallemant et bien d'autres ; sa « conversation était brusque » ; mais il faisait de bons vers et « ne disait mot qui ne portât ». C'était une recrue précieuse, un panache pour le salon. D'ailleurs il se surveillait à l'hôtel de Rambouillet, il faisait l'aimable, avec sa barbe grise, et rimait des chansons en l'honneur d'Arthénice ; mais il était trop vieux pour se changer et ne réussissait qu'à se rendre ridicule, dans son rôle de galantin édenté, toujours crachotant. — Malherbe avait été aux gages de M. de Bellegarde, qui « lui donnait 1 000 livres d'appointement avec sa table et lui entretenait un laquais et un cheval ». Il eut dans la suite 500 écus de pension de Marie de Médicis, et de nombreuses gratifications, quémandées à la sueur de son front : « Malherbe, écrivait Huet, l'évêque d'Avranches, n'épargnait point sa veine pour se faire une meilleure fortune, et sa poésie, toute noble qu'elle est, n'est pas toujours employée noblement. De sorte que M. des Yveteaux disait qu'il demandait l'aumône le sonnet à la main. »

Il avait eu pour rival à l'hôtel de Rambouillet un Italien brillant et complimenteur, dont toutes ces femmes s'étaient engouées parce qu'on s'engoue toujours en France des écrivains étrangers, quand ils le méritent et même quand ils ne le méritent pas. Marini — on l'appelait à Paris le cavalier Marin, — qui, « les jours où il était simple, appelait la rose « l'œil du printemps[1] », travaillait alors à son *Adonis*, poème en quarante-cinq mille vers où chaque mot est à effet, et il ne parlait non plus que par pointes et antithèses. Le « rond » se pâmait d'admiration devant ce prétentieux personnage, au grand dégoût de Malherbe, qui en était confirmé dans son antipathie pour la littérature italienne. L'influence de Marini a été déplorable pour le premier salon de France : — « Il partit, mais il laissait en germe la préciosité[2]. »

Chapelain était fils d'un notaire de Paris et avait commencé par être précepteur. Il vécut ensuite de pensions : 2 000 livres de M. de Longueville, qui furent portées à 3 000 à l'apparition de *la Pucelle*, 1 000 livres de Richelieu, 500 écus de Mazarin. Il s'était fait donner plusieurs petits bénéfices à force de « courir après », ne fussent-ils que « de cent francs ». Il avait, chose alors très rare, un bon traité avec son libraire : *la Pucelle* lui fut payée 3 000 livres. Chapelain était dans l'aisance. — C'était l'un des hommes de Paris les

1. M. Bourciez, *loc. cit.*
2. *Ibid.*

plus râpés, fripés, crasseux, minables, les plus
« fagotés en auteur », les plus caricature de la tête
aux pieds. Le jour où il fut présenté à Mme de Rambouillet (en 1627), elle resta abasourdie, bien qu'elle
eût déjà l'habitude des gens de lettres. Elle vit un
laid petit homme en habit de satin gorge-de-pigeon,
dans un temps où l'on n'en portait point, et couvert
de passementeries bariolées. Il avait des bottes
étranges, une vieille perruque, un vieux chapeau,
l'air de revenir de la Courtille. Mme de Rambouillet
se garda de le condamner sur la mine, et elle s'en
trouva bien. Chapelain méritait l'estime et l'amitié. Il
était plein de cœur, extrêmement instruit, et passionné
pour les choses de l'intelligence. Un sens critique très
aiguisé lui avait valu une autorité universelle; il
« entretenait une correspondance immense avec toute
l'Europe savante, et... était consulté par tous comme
un oracle.... Chapelain s'intéresse à tout; il a l'esprit
singulièrement ouvert, et des curiosités qui lui font
honneur et qui nous étonnent[1]. » Il fut l'un des piliers
du salon Rambouillet, irremplaçable pour les conversations sérieuses et les discussions littéraires. Son extérieur s'était amendé dans une certaine mesure; il s'était
vêtu de noir, comme Vadius et Trissotin au Théâtre-Français; mais la transformation s'était accomplie
sans qu'il eût cessé un seul jour d'être râpé : « Je pense
qu'il n'a jamais rien eu de neuf », disait Tallemant.

Ménage, de la bonne bourgeoisie de province,

---

1. M. Petit de Julleville, *Fondation de l'Académie française*, loc. cit.

n'était pas seulement un grand pédant, il était le Pédant, l'homme qui sue l'encre et crève de vanité, le sot qui fait éternellement la roue et qui a des colères de dindon quand on ne l'admire pas. C'est de lui que descendent les gens de lettres — car il en existe encore — qui vous font passer des examens sur ce qu'ils ont écrit. Il demandait à propos de tout, avec son sourire avantageux : « Vous souvient-il du mot que je dis sur cela? » On ne se souvenait pas, et alors il vous criait du haut de sa tête des choses piquantes et des grossièretés. Au surplus, tout le monde le connaît; il est l'original de Vadius, et Molière l'avait fait criant de ressemblance. Il fallait bien aimer la littérature pour le supporter : « Je l'ai vu, dit Tallemant, dans l'alcôve de Mme de Rambouillet se nettoyer les dents, par dedans, avec un mouchoir fort sale, et cela pendant toute une visite. » Avec ces belles manières-là, il se croyait irrésistible, poursuivait Mme de Rambouillet de ses déclarations et laissait entendre qu'il était au mieux avec des femmes comme Mme de Lafayette et Mme de Sévigné. Cette dernière ne lui laissa pas porter ses vanteries en Paradis. Elle l'invita un jour à monter tête à tête dans son carrosse, disant « qu'elle ne craignait point que personne en parlât ». Outré d'un pareil mépris, Ménage se répandait en reproches : « Mettez-vous dans mon carrosse, lui dit-elle; si vous me fâchez, je vous irai voir chez vous[1]. »

---

1. Bussy-Rabutin, *Histoire amoureuse des Gaules.*

On le supportait à cause de son vaste savoir et du vif sentiment de la justice qui lui faisait oublier ses griefs et ses inimitiés toutes les fois que Mazarin ou Colbert lui demandaient la liste des gens de lettres à récompenser. Il avait du bon, sous ses dehors de cuistre, était capable de dévouement, et il a rendu toute sa vie d'innombrables services. — Ménage avait du bien. Il se donna néanmoins à Retz, qui le logeait, le nourrissait, lui entretenait un laquais, et endura pendant dix ans ses colères et ses criailleries. Il fallut enfin se séparer. Ménage obtint par ailleurs un bon bénéfice et fonda chez lui une succursale de la Chambre bleue. Ses réceptions étaient très recherchées. Elles avaient lieu le mercredi, et on les appelait « l'académie de M. Ménage ».

Tout autre était le petit Voiture, un malheureux « pygmée » qui passa les cinquante années de sa vie à se mourir. Très jeune encore, il écrivait à Mme de Rambouillet : « (Nancy.) Depuis que je n'ai eu l'honneur de vous voir, j'ai eu des maux qui ne se peuvent dire.... En passant par Épernay, je fus voir de votre part Monsieur le maréchal Strozzi : et son tombeau me sembla si magnifique que, voyant en quel état j'étais, et me trouvant là tout porté, j'eus envie de me faire enterrer avec lui. Mais on en fit quelque difficulté, pour ce que l'on trouva que j'avais encore quelque chaleur. Je me résolus donc de faire porter mon corps jusqu'à Nancy; où enfin, Madame, il est arrivé si maigre et si défait, que je vous assure que l'on en met en terre qui ne le sont pas tant. » Dix ans plus tard, il faisait son portrait en ces termes : « J'ai la tête assez belle, avec beaucoup de cheveux gris : les yeux doux, mais un peu égarés, et le visage assez niais. En récompense... je suis le meilleur garçon du monde. » Pas si bon garçon que cela. Le « roi nain » était un charmant causeur, une manière de précurseur du Parisien du XVIIIe siècle, par son esprit ailé et sa gaieté mousseuse. Il était le boute-en-train de l'hôtel de Rambouillet qu'il désempesait après le départ de ses confrères, lui apprenant le rire léger qui sied aux jolis riens. Mais il avait ses défauts, qui faisaient dire à Condé : « Si Voiture était de notre condition, il n'y aurait pas moyen de le souffrir. »

Il était petit badin avec indiscrétion. Il prenait à chaque instant des familiarités qui obligeaient de le remettre à sa place, comme le jour où il voulut baiser le bras de l'une des filles de la maison. On lui donnait sur les doigts, il demandait pardon, mais ne se corrigeait point ; la vanité l'en empêchait. C'était aussi la vanité qui le rendait jaloux et colère. Chose plus grave, il était mal sûr, d'après Mlle de Scudéry, qui n'est point mauvaise langue. Sa littérature lui ressemble ; tout ce qu'il a écrit est petit et coquet, délicat souvent et plein de grâce, mais presque toujours puéril, et, quant à son goût, ce fut lui qui se chargea d'aller dire à Corneille, après la lecture de *Polyeucte* à l'hôtel de Rambouillet, qu'il ferait bien de garder sa pièce dans un tiroir. Sur la fin de sa vie, Voiture se teignit la barbe et les cheveux, tourna un peu au pitre pour n'avoir pas su vieillir, et devint fatigant par son caractère irritable. Il n'en fut pas moins jusqu'à son dernier jour l'enfant gâté de Mme de Rambouillet et de toute sa société, parce qu'il n'avait pas le gourmé et le compassé des autres. Plus de trente ans après sa mort, Mme de Sévigné rappelait avec délices son « esprit libre, badin et charmant », et ajoutait : « Tant pis pour ceux qui ne l'entendent pas. » — Voiture aurait pu se dispenser d'être un solliciteur et un obligé ; son père avait fait de bonnes affaires dans les vins. L'usage s'en mêlant, il crut qu'il y allait de sa gloire d'avoir sa part du gâteau, et profita de ses belles relations pour se faire donner de toutes mains pensions, charges et bénéfices. Ses revenus devinrent considérables. Mme de Rambouillet le nourrissait.

Valentin Conrart, le premier secrétaire perpétuel de l'Académie française, fut le plus utile, sinon le plus brillant, des membres du « rond ». Il était le bon sens de la maison, l'ami sage et discret à qui l'on s'en remettait avec la même confiance du soin de garder un secret délicat ou de donner la bonne prononciation d'un mot. Un peu pédagogue, inévitablement, à force de corriger les ouvrages des autres, la jeunesse le trouvait quelquefois bien sérieux. Conrart me fait l'effet de n'avoir jamais oublié qu'il était protestant, de s'en être souvenu en parlant, en marchant, en dormant, en rimant de petits vers à *Alphise* ou à *Lycoris*, parce que ce n'était pas une chose qu'il fût alors permis d'oublier ; tout vous le rappelait à tout instant : « C'est un si grand désavantage selon le monde que d'être huguenot », écrivait-il en 1647 à un coreligionnaire[1]. — On sait que les réunions de lettrés d'où est sortie l'Académie française se tenaient chez Conrart. L'Académie ne pouvait pas avoir un berceau plus honorable. Il y a plaisir à considérer cet intérieur de bourgeois à l'aise et indépendant, hospitalier avec simplicité, ne demandant rien à personne et ayant facilement la main ouverte. Sa femme est une excellente et digne créature, qui ne croyait pas qu'on dût faire des embarras parce qu'on recevait à dîner des duchesses et des marquises. Elle n'avait d'amour-propre que pour ses liqueurs de ménage, ses pastilles et autres friandises, dont elle faisait des présents aux amis de son mari.

Vaugelas était un timide et un naïf, qui n'avait eu que de mauvaises chances dans la vie. Il s'était attaché à Gaston, y avait perdu sans compensation sa pension du roi, et s'était endetté à n'en plus jamais sortir. Mme de Carignan l'avait pris pour être gouverneur de ses deux fils : il se trouva que l'un était sourd-muet, l'autre bègue. L'hôtel de Rambouillet essaya de le mettre en relief et y échoua; c'était un écouteur obstiné, qu'il était impossible de sortir de sa grammaire et qui ne pensait qu'à attraper au vol les tours de phrase des « gens de qualité »; bref, une non-valeur pour un salon. J'ai bien peur qu'il n'en faille dire autant de Corneille, qui ne fut pas brillant,

---

1. *Valentin Conrart*, par MM. René Kerviler et Ed. de Barthélemy.

le sentit et cessa de venir, sauf les jours où il lisait ses pièces. Ce ne sont pas toujours les grands génies qui font le mieux dans les salons; Corneille dans le monde était toujours « le bonhomme Corneille », marguillier de sa paroisse de Rouen, et pas amusant, de l'aveu de La Bruyère : — « Un autre est simple, timide, d'une ennuyeuse conversation; il prend un mot pour un autre, et il ne juge de la bonté de sa pièce que par l'argent qui lui en revient; il ne sait pas la réciter, ni lire son écriture ». Pour un cercle de jolies femmes, dix Corneille ne vaudront jamais un Antoine Godeau, minuscule dans ses vers comme dans sa personne, mais toujours en verve et toujours amoureux : « Quand il était en philosophie, tous les Allemands de sa pension ne pouvaient vivre sans lui ; il chantait, il rimait, il buvait, et avait toujours le mot pour rire. Il était fort enclin à l'amour, et comme il était naturellement volage, il a aimé en plusieurs lieux[1]. » Présenté tout jeune « au rond », il fit pâlir l'étoile de Voiture, à qui Mlle de Rambouillet eut la cruauté d'écrire : « Il y a ici un homme plus petit que vous d'une coudée, et je vous jure mille fois plus galant ». Godeau eut tous les succès; il fut même un bon évêque, à la surprise générale, et tout en restant, dit Sainte-Beuve, « l'évêque dameret de ce monde-là ».

L'hôtel de Rambouillet ne demandait aux gens de lettres d'autre passeport que l'esprit. Il caressait

---

1. Tallemant.

Sarrazin, malgré ses bassesses et ses friponneries, ses mariages ignobles et sa tournure ridicule, parce qu'il avait la repartie plaisante dans une conversation générale. Il protégeait l'encombrant Georges de Scudéry, espèce de capitan à la cervelle brouillée de vanité, qui fanfaronnait du matin au soir, « la tête dans les nues », vous rebattant les oreilles de ses ancêtres, de sa gloire, de ses tragi-comédies, de son poème épique sur *Alaric*, et croyant tout de bon avoir fait rentrer dans le néant Corneille et son théâtre. Il souffrait Colletet, Colletet le bon ivrogne, qui avait épousé successivement ses trois servantes, et n'avait même pas de talent pour se faire pardonner sa crasse et sa bohème populacière. On ne crée rien, même un salon, sans faire des sacrifices à son œuvre.

Il est impossible de tout nommer; tous y passèrent, sauf Balzac, qu'on y place d'ordinaire et qui ne pouvait pas y être; il vivait au bord de la Charente et ne connaissait Arthénice que par lettres [1]. Dans cette foule aux doigts barbouillés d'encre, que peut-être, aujourd'hui, l'on passerait au crible, aucun du moins n'était le premier venu, et Mme de Rambouillet les mettait aux prises avec la fine fleur de la Cour et de la Ville en naissance et en mérite, avec tout ce qui était spirituel et gai, curieux et intelligent, obligeant les uns à s'accoutumer aux idées sérieuses, et à en parler sérieusement, les autres à jeter aux orties, avec leur défroque spéciale « d'autheur », leur lan-

---

[1]. Cf. M. Bourciez, *loc. cit.*, p. 91.

gage spécial et pesant de pédant pédantisant. La présence dans le « rond » de nombreuses jeunes filles complétait la révolution, en imposant aux causeurs le ton de la décence et de la bonne compagnie. Je ne compte point parmi les jeunes filles la belle Paulet, surnommée « la lionne » à cause du blond ardent de sa chevelure, personne extraordinairement aimable, mais d'un peu trop d'expérience, l'un des sauvetages de Mme de Rambouillet, qui l'avait repêchée, catéchisée, rendue à la régularité et à la considération. Je n'y range pas davantage, à aucun âge, la bonne Scudéry : « C'est une grande personne maigre et noire, et qui a le visage fort long. Elle est prolixe en ses discours, et a un ton de voix de magister qui n'est nullement agréable. » Le portrait n'est pas chargé, bien qu'il soit de Tallemant ; il est vraiment impossible de se représenter Mlle de Scudéry en ingénue. Je pense aux filles de la maison, par qui viendront l'excès de délicatesse, la préciosité et la décadence : à Julie d'Angennes, pour qui fut faite *la Guirlande de Julie* et qui devint Mme de Montausier ; à Angélique de Rambouillet, qui fut la première des trois femmes de M. de Grignan. Je pense à toutes leurs amies, Mlle de Bourbon en tête : c'était la future Mme de Longueville.

Il ne faut pas se figurer une réception à l'hôtel de Rambouillet avec l'aspect austère d'une séance de l'Institut. Ce n'aurait pas été la peine d'avoir là une Sévigné, une Sablé, une La Fayette, une Paulet, pour prendre des airs d'être en classe, même en discutant s'il fallait dire *avoine* et *sarge* avec la Cour, ou *aveine* et *serge* avec les halles et le port au Foin, même en assistant aux assauts d'éloquence des beaux esprits, à propos du livre nouveau ou de la pièce en vogue. Les conversations grammaticales ou littéraires étaient pourtant l'écueil; elles dégénéraient d'un rien en exercices de collège. On reste aujourd'hui confondu de la solennité avec laquelle Conrart parle à Balzac, dans une lettre de 1639, d'un « tournois » entre Voiture et Chapelain, à l'hôtel de Rambouillet, au sujet d'une comédie de l'Arioste, et des « Arrêts » en forme rendus sur ce différend par l'ermite de l'Angoumois[1]. Il était urgent que les gens du monde s'en mêlassent, pour empêcher de prendre au sérieux tant de choses qui n'en valaient vraiment pas la peine.

Les écrivains venaient lire leurs œuvres inédites chez Arthénice; tous les chefs-d'œuvre de Corneille y passèrent[2], ânonnés par leur illustre auteur, et si le « rond » se trompa pour *Polyeucte*, il vit juste pour *le Cid*, qu'il soutint contre Richelieu. On lisait aussi les lettres des absents, on improvisait des vers, on jouait la comédie, on raffinait en paroles sur l'amour, on faisait à tous ces jeux d'esprit des progrès en vivacité, et l'on devenait brillants en attendant de devenir entortillés. C'était la première période du règne des Précieuses, la bonne, celle dont La Bruyère

---

1. MM. R. Kerviler et Ed. de Barthélemy, *loc. cit.*
2. Cf. M. Bourciez, *loc. cit.*

a écrit d'après les récits des vieillards de son temps :
— « Voiture et Sarrazin étaient nés pour leur siècle, et ils ont paru dans un temps où il semble qu'ils étaient attendus. S'ils s'étaient moins pressés de venir, ils arrivaient trop tard; et j'ose douter qu'ils fussent tels aujourd'hui qu'ils ont été alors. Les conversations légères, les cercles, la fine plaisanterie, les lettres enjouées et familières, les petites parties où l'on était admis seulement avec de l'esprit, tout a disparu. » Il y avait eu un moment unique, rapide comme un sourire, et que l'esprit français n'a plus retrouvé qu'au xviiie siècle. Le souvenir en était resté si vif que Saint-Simon écrivait : « L'hôtel de Rambouillet était..... le rendez-vous de tout ce qui avait le plus d'esprit et de connaissance, et un tribunal de jugement redoutable au monde et à la Cour[1]. »

On n'y boudait pas les plaisirs mondains. La jeunesse dansait pour l'amour du mouvement, riait pour rire, se déguisait en personnages de l'*Astrée* ou en « petits métiers de Paris », organisait des parties de campagne et jouait aux invités des tours de collégiens en vacances. Un soir, au château de Rambouillet, le comte de Guiche avait mangé force champignons. On fit rétrécir ses habits pendant la nuit. Le matin, impossible de s'habiller. L'inquiétude le prit : — « Suis-je enflé? Serait-ce d'avoir mangé trop de champignons? » Un compère répondait : — « Cela

---

1. *Écrits inédits,* éd. Faugère (Hachette).

pourrait bien être.... Vous en mangeâtes hier au soir à crever. » Il se regardait dans les glaces, se trouvait livide. Il fallut cesser la plaisanterie, qui devenait cruelle. Mme de Rambouillet elle-même inventait des surprises, mais elles étaient plus galantes. Un jour — c'était encore au château de Rambouillet, — elle proposa à l'évêque de Lisieux de s'aller promener dans une certaine prairie où se trouvait un cercle de rochers naturels et de grands arbres. L'évêque accepta : — « Quand il fut assez près de ces roches pour entrevoir à travers les feuilles des arbres, il aperçut en divers endroits je ne sais quoi de brillant. Étant plus proche, il lui sembla qu'il discernait des femmes, et qu'elles étaient vêtues en nymphes. La marquise, au commencement, ne faisait pas semblant de rien voir de ce qu'il voyait. Enfin, étant parvenus jusqu'aux roches, ils trouvèrent Mlle de Rambouillet et toutes les demoiselles de la maison, vêtues effectivement en nymphes, qui, assises sur les roches, faisaient le plus agréable spectacle du monde. Le bonhomme en fut si charmé que depuis il ne voyait jamais la marquise sans lui parler des roches de Rambouillet[1]. » M. de Lisieux était un fort bon prêtre. Les bienséances ne s'opposaient point à ce qu'on fît des surprises de cette sorte à un évêque; le frère de Richelieu, qui était archevêque de Lyon, se déguisa lui-même en berger, un jour que les dames s'étaient déguisées en bergères.

1. Tallemant.

L'une des lettres les plus agréables de Voiture, adressée à un cardinal[1], contient le récit d'une partie de campagne faite en compagnie de Mlles de Rambouillet et de Bourbon, de Mme la Princesse, mère du grand Condé, de Mlle Paulet et de quelques autres personnes : « ... Nous partîmes de Paris, sur les six heures du soir, pour aller à la Barre[2], où Mme du Vigean devait donner la collation à Madame la Princesse.... Nous arrivâmes à la Barre, et entrâmes dans une salle où l'on ne marchait que sur des roses et de la fleur d'orange. Madame la Princesse, après avoir admiré cette magnificence, voulut aller voir les promenoirs, en attendant l'heure du souper. Le soleil se couchait dans une nuée d'or et d'azur et ne donnait de ses rayons qu'autant qu'il en faut pour faire une lumière douce et agréable, l'air était sans vent et sans chaleur, et il semblait que la terre et le ciel, à l'envi de Mme du Vigean, voulaient festoyer la plus belle princesse du monde. Après avoir passé un grand parterre et de grands jardins tous pleins d'orangers, elle arriva en un bois, où il y avait plus de cent ans que le jour n'était entré, qu'à cette heure-là, qu'il y entra avec elle. Au bout d'une allée grande à perte de vue, nous trouvâmes une fontaine, qui jetait toute seule plus d'eau que toutes celles de Tivoli. A l'entour étaient rangés vingt-quatre violons, qui avaient de la peine à surmonter le bruit qu'elle faisait en tombant.

1. Au cardinal de La Valette.
2. Près d'Enghien.

Quand nous nous en fûmes approchés, nous découvrîmes dans une niche qui était dans une palissade une Diane à l'âge de onze ou douze ans, et plus belle que les forêts de Grèce et de Thessalie ne l'avaient jamais vue. Elle portait son arc et ses flèches dans ses yeux, et avait tous les rayons de son frère à l'entour d'elle. Dans une autre niche auprès était une de ses Nymphes, assez belle et assez gentille pour être de sa suite. Ceux qui ne croient pas les fables crurent que c'était Mlle de Bourbon [1] et la Pucelle Priande. Et à la vérité elles leur ressemblaient extrêmement. Tout le monde était sans proférer une parole, en admiration de tant d'objets, qui étonnaient en même temps les yeux et les oreilles : quand tout à coup la déesse sauta de sa niche et, avec une grâce qui ne peut se représenter, commença un bal qui dura quelque temps à l'entour de la fontaine. »

Ici le petit Voiture, qui avait des obligations à son correspondant, le cardinal de La Valette, se représente pleurant son absence et communiquant sa douleur à toute la compagnie. « Et cela eût duré trop longtemps, poursuit-il, si les violons n'eussent vitement sonné une sarabande si gaie, que tout le monde se leva, aussi joyeux que si de rien n'eût été. Et ainsi sautant, dansant, voltigeant, pirouettant, cabriolant, nous arrivâmes au logis, où nous trouvâmes une table qui semblait avoir été servie par les fées. Ceci, Monseigneur, est un endroit de l'aventure qui

---

1. La lettre est donc de l'été de 1630 ou 1631.

ne se peut décrire. Et certes, il n'y a point de couleurs ni de figures en la rhétorique qui puissent représenter six potages, qui d'abord se présentèrent à nos yeux.... Et entre autres choses, il y eut douze sortes de viandes, et de déguisements dont personne n'a encore jamais ouï parler et dont on ne sait pas encore le nom.... Au sortir de table, le bruit des violons fit monter tout le monde en haut, où l'on trouva une chambre si bien éclairée, qu'il semblait que le jour qui n'était plus dessus la terre s'y fût retiré tout entier. Là, le bal commença, en meilleur ordre et plus beau qu'il n'avait été autour de la fontaine. Et la plus magnifique chose qui y fut, c'est, Monseigneur, que j'y dansai. Mlle de Bourbon jugea qu'à la vérité je dansais mal, mais que je tirais bien des armes, pour ce qu'à la fin de toutes les cadences il semblait que je me misse en garde. » La fête se termina par un feu d'artifice, après lequel « on reprit le chemin de Paris à la lueur de vingt flambeaux » et en chantant des ponts-neufs. Au village de la Villette on rattrapa les violons, et une enragée proposa de les faire jouer. Il était entre deux et trois heures du matin et Voiture n'en pouvait plus. Il bénit le ciel en apprenant que les violons avaient laissé leurs instruments à la Barre. — « Enfin nous arrivâmes à Paris.... Nous vîmes qu'une grande obscurité couvrait toute la ville : et, au lieu que nous l'avions laissée, il n'y avait que sept heures, pleine de bruit, d'hommes, de chevaux et de carrosses, nous trouvâmes un grand silence et une effroyable solitude partout, et les rues tellement dépeuplées, que nous n'y rencontrâmes pas un homme, et vîmes seulement quelques animaux qui, à la lueur des flambeaux, se cachaient. » La lettre est un peu longue, même en y faisant de larges coupures; mais c'est comme si l'on avait passé une soirée avec eux.

Il ne manqua point de contrefaçons de l'hôtel de Rambouillet, à Paris et jusqu'au fond des provinces. La vie de salon s'implanta de proche en proche dans toute la France, avec des conséquences littéraires qui ont été souvent étudiées, et des conséquences politiques qui ont moins retenu l'attention. Ce fut le commencement de la domestication de la noblesse. Les anciens passe-temps du gentilhomme en sa gentilhommière ne prenaient pas sur son indépendance; on pouvait aimer de tout son cœur à chasser, à batailler avec ses voisins, et demeurer un être insociable, ce qui est le seul moyen d'être un homme libre. Les nouveaux divertissements exigèrent des sacrifices continuels aux convenances d'autrui[1], chose excellente en soi, et qui a cependant mal tourné pour l'aristocratie française; le jour où il convint à Louis XIV, qui avait ses raisons, de transformer ses ducs et pairs en courtisans et en grands barons de l'antichambre, il n'y trouva pas assez de difficulté. « L'incomparable Arthénice » lui avait trop bien

---

[1]. Sur le refoulement de l'esprit d'individualisme et d'indiscipline au xvii° siècle, voir le *Manuel de l'Histoire de la Littérature française*, par M. Brunetière, ch. ii: *La Nationalisation de la Littérature.*

mâché la besogne, sans y penser, lorsqu'elle avait donné le goût des jeux innocents et des belles conversations aux plus remuants, y compris la Grande Mademoiselle elle-même.

Il nous reste à examiner ce que notre princesse et toute la Fronde ont dû de faux grands sentiments et de fausses grandes ambitions au théâtre de leur temps. Nous connaîtrons alors les principaux éléments — sauf un, l'élément religieux, qui viendra à son heure — dont s'était formée la société idéalisée par Corneille, et que Mademoiselle a fidèlement représentée jusqu'au seuil de la vieillesse.

CHAPITRE III

I. Influence du théâtre à ses débuts. — II. Mademoiselle à l'école de Corneille. — III. Premiers projets de mariage. — IV. L'affaire Cinq-Mars. — V. Fin de règne.

I

La Grande Mademoiselle et ses contemporains ont eu la passion du théâtre. Il n'y avait pas alors de bonne fête sans comédie. Les grands faisaient venir les comédiens chez eux et ne s'en lassaient jamais. Même à la campagne, même en voyage, il leur fallait ce divertissement, qui les ravissait quel que fût le répertoire, quels que fussent les acteurs, grâce à l'attrait de la nouveauté. En effet, c'est tout à la fin du xvi° siècle que les « joueurs de mystères » ont été remplacés en France par des troupes de comédiens [1] qui firent bientôt fureur. Dès le début du règne de Louis XIII, la cour ne pouvait plus se passer de spectacle. En 1614, elle partit de Paris au mois de

---

[1]. Cf. *Le théâtre au XVII° siècle avant Corneille*, par M. E. Rigal, dans l'*Histoire de la langue et de la Littérature française*, éd. par M. Petit de Julleville.

juillet et mit six semaines à se rendre à Nantes. Le roi n'avait pas treize ans. Nous savons néanmoins par le Journal d'Hérouard, son médecin, qu'on le régala, tout le long de la route, de représentations. A Tours, il « alla à l'abbaye Saint-Julien ouïr la comédie française donnée par M. de Courtenvaut qui y logeait ». A Poitiers, il se rendit « au Palais avec la reine voir jouer la comédie par les écoliers des Jésuites ». A Loudun, « le roi eut en son logis la comédie française ». A la Flèche, il assista à trois représentations dans la même journée : « Va à la messe, puis au collège des Jésuites, où il vit réciter une pastorale. Après dîner, retourne au collège des Jésuites, où, en la grande salle, fut représentée la tragédie de *Godefroy de Bouillon*. En la grande allée du parc, à quatre heures, devant la Reine, la comédie de *Clorinde*. »

Quand Gaston d'Orléans, aussitôt après son mariage, mena sa jeune femme à Chantilly, il manda une troupe de comédiens au château, « avec la musique et les violons », rendant ainsi, rapporte un contemporain [1], « ce petit voyage fort divertissant ». Quand ce même prince, dans les circonstances qui ont été rapportées, se fit conduire sa fille à Tours pour lui présenter Louison Roger, il eut soin de ne pas laisser manquer de spectacle une princesse de dix ans : « Monsieur fit venir les comédiens, écrit Mademoiselle, et nous avions la comédie presque

---

1. *Mémoires* de Gaston d'Orléans.

tous les jours. » Monsieur retourne en son château de Blois : sa troupe le suit. Mademoiselle rentre aux Tuileries (nov. 1637) : elle trouve le divertissement du théâtre dans toutes les maisons où elle fréquente.

Au Louvre, la scène ne chômait jamais, entre la comédie française, la comédie italienne ou espagnole, ou même anglaise [1], et les ballets dansés par la cour. A « l'hôtel de Richelieu », aujourd'hui le Palais-Royal, il y avait deux salles de spectacle, une petite et une grande, montées avec un luxe de décors et de costumes qui faisait murmurer les contribuables d'alors. *La Gazette de France* de 1636 et 1637, qui accorde à peine de loin en loin un entrefilet à « la comédie du Louvre », ne tarit pas sur les splendeurs offertes à ses invités par le tout-puissant ministre. Le 2 février 1636, Anne d'Autriche va voir jouer « la *Clorise*, excellente comédie du sieur Baro », à l'hôtel de Richelieu. « Après laquelle comédie, poursuit *la Gazette*, il y eut ballet, entrelacé d'une double collation : l'une, des plus beaux et plus rares fruits; l'autre, de confitures que dix-huit pages dansants présentèrent en de petits paniers tous chargés de rubans d'Angleterre, tissus d'or et d'argent, aux seigneurs, qui les distribuèrent aux dames. » Mademoiselle est nommée parmi les invités de marque présents à cette fête.

1. En 1604, une troupe anglaise joua du Shakespeare devant le futur Louis XIII, qui était alors âgé de trois ans. Cf. *Shakespeare en France sous l'ancien régime*, par M. J.-J. Jusserand.

Trois jours après, la Cour retourne à l'hôtel de Richelieu pour voir une autre pièce du même Baro, l'ancien secrétaire d'Honoré d'Urfé et le continuateur de l'*Astrée* : « L'ornement du théâtre, rapporte *la Gazette*, la gentillesse de l'invention et la bonté des vers ;... le concert ravissant des luths, clavecins et autres instruments ; l'élocution, le geste et l'habit des acteurs, mirent l'honneur de la scène en compromis entre tous les siècles passés et le nôtre. » Le théâtre de Baro nous paraît aujourd'hui insipide ; il eut un vif succès dans son temps.

Le 19 février, gala chez Richelieu en l'honneur du duc de Parme. On donna d'abord une « fort belle comédie », avec « changement de théâtre » et intermèdes de luth, épinettes, violes et violons. Il y eut ensuite, toujours d'après *la Gazette de France*, un ballet, puis un souper où l'on vit le « beau buffet d'argent tout blanc » que le cardinal offrit au roi quelques années plus tard. Même en 1636, cela faisait beaucoup de danse et beaucoup de comédie pour un prêtre, en l'espace de moins de trois semaines. La suite de l'article montre que Richelieu en avait conscience, et qu'il ne dédaignait pas de se justifier : « On peut dire, sans flatter Son Éminence, que tout ce qui se passe par son ordre est toujours conforme à la raison ; et que jamais les devoirs qu'il rend à l'État ne choquent ceux que tout chrétien, et lui particulièrement, doivent à l'Église. »

Mademoiselle assistait à toutes ces fêtes, et elle n'avait pas neuf ans. Elle-même donnait le bal et la

comédie à la reine dans son palais des Tuileries.
Les enfants des grands étaient encore dans les bras
de leur nourrice qu'on les menait déjà au spectacle.
Une gravure du temps représente la famille royale
au théâtre, chez le cardinal de Richelieu. La salle a
la forme d'un immense salon beaucoup plus long que
large. A l'un des bouts se trouve la scène, exhaussée
de cinq marches. Le long des murs, deux rangs de
galeries contiennent les invités, les femmes en bas,
les hommes au-dessus. Quelques sièges ont été
apportés au milieu de la salle, pour Louis XIII et sa
famille. Monsieur est assis à la gauche du roi. A la
droite d'Anne d'Autriche, sur un petit fauteuil d'enfant, on aperçoit le dauphin, qui ne pouvait pas avoir
plus de trois ou quatre ans. Plus à droite encore, une
femme debout tient un gros poupon, le petit frère du
dauphin.

Cette assiduité des enfants de haute naissance au
théâtre, dès le maillot et quel que fût le spectacle,
assurait à « la comédie » un grand rôle dans l'éducation. La jeunesse aristocratique buvait des yeux et
des oreilles, si j'ose m'exprimer ainsi, et à un âge où
la raison ne vient pas encore corriger nos impressions, l'un des répertoires dramatiques les plus romanesques que nous ayons jamais eus en France, l'un
des plus propres à jeter une génération dans le faux
et le chimérique. Il y avait là une aberration, qui
tenait peut-être à ce que le théâtre était un plaisir
nouveau, dont les inconvénients, à pareille dose et
pour des esprits aussi tendres, n'avaient pas encore

été reconnus. J'imagine, en tout cas, que la présence habituelle des enfants dans les salles de spectacle a été pour quelque chose dans la condamnation de « la comédie », au nom de la religion et des bonnes mœurs, par beaucoup de moralistes et de prédicateurs du xviie siècle. Ceux qui en dénonçaient les dangers, avec une sévérité dont l'excès nous étonne d'abord, en parlaient le plus souvent par expérience. Le prince de Conti, frère du grand Condé, n'avait qu'à se souvenir, lorsqu'il écrivit, au sortir d'une jeunesse peu édifiante, son *Traité de la comédie et des spectacles*[1], destiné « particulièrement » aux étourdis qui ne croyaient point faire de mal en fréquentant le théâtre. « J'espère leur prouver, dit le prince au début de son ouvrage, que la comédie, en l'état qu'elle est aujourd'hui, n'est pas un divertissement innocent comme ils se l'imaginent, et qu'un chrétien est obligé de le regarder comme un mal. »

Quelques pages plus loin, il précise ses accusations, et c'est, au fond, de l'*Astrée* qu'il fait le procès, lorsqu'il se plaint que rien n'intéresse plus, à la scène, en dehors de l'amour et des amoureux : « L'amour, dit-il, est présentement la passion qu'il y faut traiter le plus à fond ; et, quelque belle que soit une pièce de théâtre, si l'amour n'y est conduit d'une manière délicate, tendre et passionnée, elle n'aura d'autre succès que celui de dégoûter les spectateurs et de ruiner les comédiens. Les différentes beautés des pièces consistent

---

1. Publié en 1666.

aujourd'hui aux diverses manières de traiter l'amour ; soit qu'on le fasse servir à quelque autre passion, ou bien qu'on le représente comme la passion qui domine dans le cœur. » Le prince oppose à cette « corruption » les graves leçons offertes à la foule par les tragiques grecs, et il se lamente d'un changement dont l'origine était facile à démêler. « Pendant plus de quarante ans, écrivait Segrais, on a tiré presque tous les sujets des pièces de théâtre de l'*Astrée*, et les poètes se contentaient ordinairement de mettre en vers ce que d'Urfé y fait dire en prose aux personnages de son roman. » Segrais exagère ; l'*Astrée* n'a pas fourni [1] « presque tous les sujets des pièces de théâtre » ; mais c'est bien par elle qu'est venue à l'amour et aux amoureux leur importance extraordinaire sur les planches, c'est elle, encore une fois, qui a fait croire à la société française, malgré la réaction passagère due à Corneille, qu'il n'y avait que cela de pathétique dans le monde. Ni nos romanciers, ni nos dramaturges ne sont encore parvenus, sauf de trop rares exceptions, à se dégager d'une erreur qui limite singulièrement leur art.

Tout le monde ne pouvait pas être invité au Louvre ou chez les grands. Il existait à Paris deux théâtres payants, analogues aux nôtres : l'hôtel de Bourgogne, situé rue Mauconseil, entre la rue Montmartre et la rue Saint-Denis, et le théâtre du Marais, établi Vieille-Rue du Temple, dans un quartier excentrique assez

1. Cf. *Le théâtre au XVIIe siècle avant Corneille*, par M. E. Rigal (Coll. Petit de Julleville).

dangereux la nuit. Si je n'en ai point parlé plus tôt, c'est qu'il fut longtemps presque impossible à la société polie de les fréquenter ; il n'y fallait même pas songer pour les femmes, sauf les jours de gala où la cour de France daignait se transporter « chez les comédiens ». En temps ordinaire, l'hôtel de Bourgogne, le plus relevé des deux, n'était ni un bon lieu, ni un lieu sûr. La forme et la disposition de la salle étaient les mêmes que chez Richelieu : deux rangs de galeries le long des murs, formant les loges, « et, au-dessous, le parterre, un vaste espace où l'on se tient debout[1] ». Une heure ou deux avant la représentation, cet espace se remplissait de tout ce que Paris contenait de plus turbulent et de plus mal embouché en pages, laquais, écoliers, soudards, artisans, populace et voleurs de profession. On y jouait, on y mangeait, on y buvait, on s'y battait à coups de pierres ou à coups d'épée, on y était sans cesse occupé à défendre sa bourse ou son manteau contre les filous. Avec quel vacarme tout cela se passait, quels cris, quelles chansons, quelles apostrophes obscènes, les contemporains ne se sont pas fait faute de le raconter. Le charivari continuait pendant la représentation : « Dans leur plus parfait repos, rapporte un témoin oculaire[2], ils ne cessent... de parler, de siffler, et de crier... et ils ne se soucient guère d'entendre ce que

---

1. Eugène Rigal, *Alexandre Hardy et le théâtre français*.
2. Sorel, *La Maison des jeux*. Le livre est de 1642, mais les plaintes qu'on vient de lire se rapportent, dit M. E. Rigal, à une époque antérieure.

disent les comédiens. » Ils s'en souciaient encore trop, car c'était pour plaire à cette racaille qu'on jouait dans les théâtres payants des farces d'une abominable grossièreté.

La tragédie n'était goûtée que dans les hautes classes : « — Nous voyons dans la cour de France, dit un autre témoin oculaire, l'abbé d'Aubignac[1], les tragédies mieux reçues que les comédies, et que, parmi le petit peuple, les comédies et même les farces et vilaines bouffonneries de nos théâtres sont tenues plus divertissantes que les tragédies. » Le même d'Aubignac écrivait vers 1666 : « Il y a cinquante ans, une honnête femme n'osait pas aller au théâtre. » Ce n'était pas, au moins, que l'envie en manquât aux honnêtes femmes. Entre leur ardent désir de jouir du plaisir à la mode et les efforts de Richelieu pour rendre la scène moins licencieuse, il se produisit simultanément, aux environs de 1630, une épuration de la salle par l'effet d'un répertoire plus choisi, et une épuration du répertoire sous l'influence d'un public plus délicat. Une fois en train, le mouvement alla s'accélérant. « Au temps du *Cid*[2] ce n'est plus le peuple qui domine au théâtre : il s'en va aux foires Saint-Laurent ou Saint-Germain, sur le Pont-Neuf ou sur la place Dauphine, se presser autour des tréteaux, des charlatans et des farceurs ; ceux qu'on voit

1. *La Pratique du théâtre.*
2. *Le théâtre au temps de Corneille,* par M. Gustave Reynier, dans Petit de Julleville, *loc. cit.* Nous rappelons que la première du *Cid* eut lieu en décembre 1636 ou en janvier 1637.

maintenant remplir le parterre et les loges, ce sont les bourgeois, le monde de plus en plus nombreux des gens de lettres, les gentilshommes, et surtout les femmes, les femmes qui, vers 1620, « n'osaient pas aller à la comédie », et qui, en 1636, « se montraient à l'Hôtel de Bourgogne avec aussi peu de scrupules qu'à celui du Luxembourg[1] ». Le beau monde avait aussi appris le chemin du théâtre du Marais depuis que Corneille y avait donné « la merveille du *Cid* ». Il ne manquait pas d'occasions de voir *le Cid* à la cour ou chez les grands : « Les comédiens, dit M. Lanson, furent appelés trois fois au Louvre pour le jouer, et deux fois à l'Hôtel de Richelieu[2] » ; mais on était trop impatient pour attendre une occasion ; chacun voulait voir, et tout de suite, la pièce qui soulevait un si prodigieux enthousiasme, et la foule se précipita Vieille-Rue du Temple. L'acteur Mondory, qui faisait Rodrigue, écrivait à Balzac le 18 janvier (1637) : « On a vu seoir en corps aux bancs de nos loges ceux qu'on ne voit d'ordinaire que dans la Chambre dorée et sur le siège des fleurs de lis. La foule a été si grande à nos portes, et notre lieu s'est trouvé si petit, que les recoins du théâtre qui servaient les autres fois comme de niches aux pages, ont été des places de faveur pour des cordons bleus, et la scène y a été d'ordinaire parée de chevaliers de l'ordre[3]. »

---

1. Mairet. Épître dédicatoire des *Galanteries du duc d'Ossonne*, comédie jouée en 1632 et imprimée en 1636.
2. *Corneille.* (Coll. des *Grands Écrivains français*, Hachette.)
3. « On ne pourrait affirmer, dit M. Rigal, que l'usage de

Il n'y eut donc plus de femmes qui n'allassent à la comédie quand elles le voulaient, et elles le voulaient presque toutes avec passion. Celles qui la voyaient à la Cour ou chez les particuliers ne s'en donnaient pas moins le ragoût des théâtres payants, car ce n'était pas la même chose ; malgré l'épuration du public, on y avait double spectacle, celui de la scène et celui de la salle. Les femmes des différentes classes abusèrent, comme les enfants des grands et avec des résultats analogues, d'un divertissement qui peut fausser l'esprit, lorsque rien n'y fait contrepoids. On n'a pas oublié que la plupart d'entre elles n'avaient jamais rien appris, qu'elles ne lisaient que des romans, et du genre fabuleux ; Honoré d'Urfé était un réaliste auprès de ses successeurs, les Gomberville et les La Calprenède. Le théâtre eut une action profonde sur ces esprits neufs. De plus en plus, tout était pour l'imagination, rien pour la raison, dans le développement intellectuel des femmes. Ce défaut d'équilibre se retrouva dans leur conduite, ainsi qu'il fallait s'y attendre. Il contribua à en faire des personnes auxquelles il fallait à tout prix des aventures, et, plus encore, des sensations rares ; c'est une curiosité que les décadents n'ont pas inventée ; l'écrivain Pierre Costar « se fit durer » six mois une fièvre tierce par « volupté », pour jouir des rêves maladifs accompa-

placer des spectateurs sur le théâtre ait commencé pour la première fois aux représentations du *Cid*. Du moins est-ce à une représentation du *Cid* que se rapporte la première mention de cet usage. »

gnant l'accès. De notre temps, Pierre Costar aurait été mangeur d'opium ou morphinomane.

La Grande Mademoiselle dut en grande partie sa tournure d'esprit au répertoire dramatique de sa jeunesse. Je doute qu'elle ait jamais eu, jusqu'à plus de vingt-cinq ans qu'elle prit le goût de la lecture, d'autres leçons d'histoire que les tragédies qu'elle voyait jouer. Réfractaire comme elle l'était à la sentimentalité de l'*Astrée*, on peut dire que Corneille fut son professeur universel, et qu'aucun personnage du temps n'a dû autant, et de façon aussi évidente, à l'action puissante qu'il exerçait sur les âmes. Un mélange de bien et de mal sortit de cette éducation. On est contraint de reconnaître, lorsqu'on suit Mademoiselle dans la vie, que les idées propagées par Corneille, pour hautes et nobles qu'elles fussent, n'étaient pas toujours sans inconvénient pour un public trop inexpérimenté ou trop impressionnable.

II

L'action de ce grand génie sur la société française a été capitale dans les années qui suivirent *le Cid*. Corneille avait trouvé la scène française sous l'influence d'Honoré d'Urfé. Nous n'avons pas à nous occuper ici des farces immondes qui faisaient la joie des crocheteurs de Paris; elles n'ont rien à voir avec la littérature, et elles avaient d'ailleurs suivi la canaille dans son exode vers les tréteaux du Pont-Neuf, lors de l'invasion des théâtres payants par la bonne compagnie. Les pastorales, en revanche, méritent qu'on s'y arrête. Elles étaient en grande faveur auprès de la société polie, et c'est contre leur influence que Corneille a réagi. L'amour y prenait possession de la scène, ainsi qu'il avait été annoncé dans la pièce qui a fixé le genre et servi de modèle par tous pays, l'*Aminta* du Tasse[1]. Le fils de Vénus y apparaît, au prologue, sous un déguisement de berger, et tient aux autres bergers un discours qui est devenu peu à peu le programme de notre littérature d'imagination : « Aujourd'hui, on entendra ces forêts parler d'amour dans un style nouveau.... J'inspirerai à des cœurs grossiers de nobles sentiments ; j'adoucirai leur langage et le son de leur voix ; car, en quelque lieu que je sois, je suis l'Amour, dans les bergers comme dans les héros ; j'établis, quand il me plaît, l'égalité entre les conditions les plus inégales ; et ma gloire suprême et le grand miracle de ma puissance est de rendre les musettes rustiques rivales des plus savantes lyres. » Nos poètes et nos romanciers modernes se sont plu à insister sur l'égalité de l'homme devant la passion, comme devant la mort ou la souffrance. Le XIXe siècle y a cru ; George Sand est sincère dans *la Petite Fadette*, M. Pouvillon dans *les Antibel*. Les contemporains de Louis XIII n'y

---

1. L'*Aminta* fut jouée en 1573, mais elle ne fut imprimée qu'en 1581, et c'est alors seulement qu'on la connut hors de l'Italie.

croyaient pas; l'amour d'un manant n'existait pas pour eux, pas plus que sa souffrance; mais ils savaient que les bergers qu'on leur montrait sur la scène étaient des gentilshommes travestis, et ils accordèrent à leurs « soupirs » une grande part de l'intérêt qu'on avait réservé jusque-là aux sentiments et aux actions du genre héroïque. L'amour serait devenu dès cette époque le pivot dramatique par excellence, sans le théâtre de Corneille, qui remit en honneur les passions mâles.

Ce ne fut pas, toutefois, dès ses premières pièces. Corneille fit d'abord comme les autres. Il avait débuté par des comédies en vers : « Nous entrons, dit à ce propos M. Jules Lemaître[1], dans un monde qui... reste artificiel en ceci, que l'unique occupation, l'unique plaisir, l'unique souffrance, l'unique intérêt y est l'amour; et que tout le demeurant de la vie sociale en est soigneusement éliminé.... Jamais il ne s'agit d'autre chose que d'aimer ou d'être aimé; et cela est vraiment accablant à la longue. » Dans ce monde, qui reste artificiel parce qu'il est impossible, on se dispute les cœurs, on les perd, on les retrouve, on se les vole, on se les rend, on se les renvoie pendant cinq actes comme des volants, le lecteur s'embrouille dans ces chassés-croisés, et il lui en reste une impression de fadeur et de fatigue. Cependant Corneille est déjà cornélien dans

1. Corneille a fait jouer avant *le Cid*, de 1629 à 1636, six comédies, une tragédie-comédie médiocre, *Clitandre, ou l'Innocence délivrée*, et une tragédie, *Médée* (1635).

ces essais où il subit la mode du jour[1]. Ses héros ont des manières à eux d'être amoureux, des manières qui ne ressemblent en rien à la fatalité et à la possession que d'Urfé avait dépeintes et que l'on retrouvera bientôt dans Racine. Au milieu des intrigues les plus actives, ils prétendent rester maîtres d'eux-mêmes et avoir les sentiments qu'il leur plaît. C'est déjà le « culte de la volonté », qui ne va pas tarder à devenir le principe directeur de l'œuvre de Corneille. Dans *la Place royale*, Alidor dit à Cléandre :

> Je veux la liberté dans le milieu des fers,
> Il ne faut point servir d'objet qui nous possède,
> Il ne faut point nourrir d'amour qui ne nous cède,
> Je le hais s'il me force, et, quand j'aime, je veux
> Que de ma volonté dépendent tous mes vœux,
> Que mon feu m'obéisse au lieu de me contraindre,
> Que je puisse, à mon gré, l'enflammer ou l'éteindre,
> Et toujours en état de disposer de moi,
> Donner quand il me plaît et retirer ma foi.

Les jeunes filles de Corneille sont élevées dans l'idée que l'on aime effectivement où l'on veut, et elles mettent leur amour-propre à rester maîtresses de leurs affections. Le bonhomme Pleirante s'est aperçu que sa fille Célidée en tient pour Lysandre. Il lui laisse entrevoir qu'il l'a devinée et qu'il approuve son choix. Célidée repart fièrement :

> Monsieur, il est tout vrai, son ardeur légitime
> A tant gagné sur moi que j'en fais de l'estime....
> J'aime son entretien, je chéris sa présence;
> Mais cela n'est enfin qu'un peu de complaisance,
> Qu'un mouvement léger qui passe en moins d'un jour :
> Vos seuls commandements produiront mon amour.
> *(Galerie du Palais.)*

1. Cf. *Pierre Corneille*, dans Petit de Julleville, *loc. cit.*

Une autre ingénue, Doris, répond d'un ton offensé à sa mère, qui la croit éprise d'Alcidon, qu'elle reconnaît avoir mis les apparences contre elle :

> Mais mon cœur se conserve au point où je le veux,
> Toujours libre, et qui garde une amitié sincère
> A celui que voudra me prescrire une mère....
> Votre vouloir du mien absolument dispose.
> (*La Veuve*.)

Le public approuvait ce langage ; il convenait à des gens qui mariaient le plus souvent leurs filles sans les consulter de se dire que l'on commande à son cœur. Après tout, c'était peut-être vrai, ou presque vrai, au temps où l'on y croyait ; la foi, jointe à la nécessité, engendre des miracles, et les mœurs en réclamaient à tout instant. On ne parlait qu'amour dans le monde, comme dans les comédies de Corneille ; chacun était épris ou feignait de l'être ; mais ce joli gazouillement se taisait au seul mot de mariage, car il ne venait pas à l'esprit de fonder un foyer sur un sentiment aussi personnel et aussi éphémère que l'amour. Il était entendu que l'on appartenait à la famille et au corps social avant de s'appartenir à soi-même, au rebours de l'opinion qui l'emporte de nos jours, et que l'individu doit se soumettre, pour les actes essentiels de la vie privée, à une espèce de discipline publique, fondée sur les intérêts de la communauté. Le mariage n'échappait pas à cette loi ou, si l'on veut, cette tyrannie sociale. C'était au point que le Parlement s'en mêlait pour faire la police ; il défendit à la vieille Mme de Pibrac de se remarier une septième fois, à cause du ridicule de la chose, et à Mme de Limoges, à cause du mauvais exemple, de faire faire à sa fille, pour des raisons purement romanesques, un mariage honorable sans doute, mais désapprouvé par son tuteur. Nos arrière-grand'mères, chose frappante, ne gardaient pas rancune à leur destinée. Elles étaient véritablement cornéliennes par la conviction que la volonté contraint les sentiments dans une âme bien née, et elles mariaient leurs filles, sans scrupule et sans inquiétude, comme on les avait mariées elles-mêmes. La religion était là pour panser les jeunes cœurs meurtris par les exigences sociales et l'égoïsme des familles.

Corneille et son public s'entendaient donc au mieux, quand l'idée vint au poète, en quête de ce que nous appelons l'actualité[1], de flatter le goût du jour en écrivant une pièce espagnole. Il fit *le Cid*, dont l'immense succès ne put étouffer les nombreuses protestations soulevées par l'exotisme des sentiments et de la morale. La pièce se heurta aux mêmes résistances qui ont accueilli chez nous, il y a quelques années, la *Maison de poupée*, d'Ibsen. « On sait, dit M. Jules Lemaître, que l'enthousiasme du public fut prodigieux, mais que les critiques furent acharnées. Toutes n'étaient peut-être pas inspirées par une basse envie. Je crois à la bonne foi de l'Académie. Ses *Sentiments sur le Cid* ne parurent sans doute pas

---

1. Sur l'actualité dans le théâtre de Corneille, cf. le *Manuel de l'histoire de la littérature française* de M. Brunetière, et le *Corneille* de M. Lanson.

partiaux, ni injustes, à tout le monde.... Le succès du *Cid* fut, en partie, un succès de scandale. Il est vraisemblable que beaucoup d'honnêtes gens pensaient, sur cette pièce, comme la majorité de l'Académie, comme le cardinal de Richelieu [1].... » Ces lignes sont la vérité même. *Le Cid* parut à une foule d'honnêtes gens une pièce immorale, parce qu'elle était l'apothéose de l'amour-passion, dont elle proclamait les droits aux dépens des devoirs les plus impérieux. Il y avait de quoi choquer une société où le contraire demeurait la règle, en dépit de la licence des mœurs. L'Académie n'était que l'écho d'un groupe considérable, lorsqu'elle reprochait à Chimène d'être « amante trop sensible, et fille trop dénaturée », et elle se montrait moins exigeante que ne l'avait été jusqu'au *Cid* Corneille lui-même. Elle ne demandait pas aux amants de commander à leurs sentiments et d'aimer ou de n'aimer plus à volonté, sur un mot de leur famille ou de son notaire; elle n'exigeait d'eux que de gouverner leurs actions, fût-ce à l'encontre de leur cœur. C'est déjà beaucoup d'indulgence; au delà, il ne reste plus qu'à supprimer la morale.

« Nous n'entendons pas, disent les *Sentiments sur le Cid*,... condamner Chimène de ce qu'elle aime le meurtrier de son père, puisque son engagement avec Rodrigue avait précédé la mort du comte, *et qu'il n'est pas en la puissance d'une personne de cesser d'aimer quand il lui plaît*. Nous la blâmons seulement

---

1. *Pierre Corneille*. Coll. Petit de Julleville.

de ce que son amour l'emporte sur son devoir, et qu'en même temps qu'elle poursuit Rodrigue, elle fait des vœux en sa faveur.... C'est trop clairement trahir ses obligations naturelles en faveur de sa passion ; c'est trop ouvertement chercher une couverture à ses désirs ; et c'est faire bien moins le personnage de fille que d'amante. » L'exemple paraissait d'autant plus pernicieux que le génie de l'auteur l'avait rendu plus séduisant, et que le rôle de Chimène soulevait plus sûrement les acclamations de la salle.

On sait que Corneille fut très sensible aux critiques de l'Académie. Celles qui s'adressaient à la forme n'entrent point dans mon sujet. Soit que les autres eussent porté leurs fruits, soit plutôt que le poète, au fond de son âme, fût de l'avis des « honnêtes gens », on ne le reprit jamais à célébrer « le triomphe de la nature sur une convention sociale.... L'amour-passion ne réapparaîtra plus que dans *Horace* (Camille), et pour y être sévèrement traité. Il est très permis de penser que, si le poète avait rencontré le sujet du *Cid* quinze ou vingt ans plus tard, jamais il n'eût accordé à Chimène et à Rodrigue la licence de s'épouser[1]. »

Il y a plus. Corneille commença dès lors à dédaigner l'amour, et à le croire indigne d'occuper une grande place dans la tragédie, ainsi qu'il l'a écrit plus tard : « Sa dignité — il parle de la tragédie — demande quelque grand intérêt d'État ou quelque passion plus

---

1. Jules Lemaître, *loc. cit.*

noble et plus mâle que l'amour, telles que sont l'ambition ou la vengeance, et veut donner à craindre des malheurs plus grands que la perte d'une maîtresse. Il est à propos d'y mêler l'amour, parce qu'il a toujours beaucoup d'agrément, et peut servir de fondement à ces intérêts et à ces autres passions dont je parle; mais il faut qu'il se contente du second rang dans le poème, et leur laisse le premier[1]. » Il lui rogna en effet sa part, et de plus en plus. « L'amour triomphait dans *le Cid*, dit encore M. Jules Lemaître; il luttait dans *Horace*; il était vaincu dans *Polyeucte*, mais non sans résistance. A partir de *Pompée* (et, auparavant, dans *Cinna*), il ne résiste plus guère, tout en parlant beaucoup. Presque plus une femme qui mérite ce nom. Des femmes d'une virilité démesurée :

Un peu de dureté sied bien aux grandes âmes.

« Ce ne sera plus qu'ambition emphatique, orgueil du sang, soif du pouvoir, fureur de vengeance. Plus d'amour-passion, partant plus d'obstacles aux passions « mâles.... » Presque tous les personnages.... seront des monstres de volonté. »...

Ces « monstres » ont reparu, sous un autre nom, dans la littérature de notre siècle. Le culte de la volonté, inauguré par Corneille, a été relevé tout récemment par Nietzsche, dont le fameux « surhomme » a de grands airs de famille avec les héros cornéliens. « La vie, a dit Nietzsche, est ce qui doit

1. *Premier discours sur le poème dramatique.*

toujours se dépasser soi-même. » Les personnages de Corneille tendent tous les ressorts de leur volonté pour arriver à « se dépasser » eux-mêmes, et, le jour où cela devient impossible, ils font bon marché d'une vie désormais sans objet. Horace veut mourir, au cinquième acte, parce qu'il craint, après ce qu'il a fait, de devoir renoncer à « se dépasser ».

> Votre Majesté, Sire, a vu mes trois combats ;
> Il est bien malaisé qu'un pareil les seconde,
> Qu'une autre occasion à celle-ci réponde,
> Et que tout mon courage, après de si grands coups,
> Parvienne à des succès qui n'aillent au-dessous ;
> Si bien que pour laisser une illustre mémoire,
> La mort seule aujourd'hui peut conserver ma gloire.

L'analogie entre le surhomme et le héros cornélien ne s'est pas arrêtée là ; la logique ne le permettait pas. Rien ne désarme aussi sûrement une volonté que le sentiment de la pitié. Corneille et Nietzsche en ont également affranchi leur humanité idéale. Le premier fait dire à Horace qu'il n'y a pas grand mérite à s'exposer soi-même. L'homme « hors de l'ordre commun » se reconnaît à ce qu'il n'hésite pas, quand il le faut, à attirer les plus grandes souffrances sur les êtres qui lui sont le plus chers.

> Combattre un ennemi pour le salut de tous,
> Et contre un inconnu s'exposer seul aux coups,
> D'une simple vertu c'est l'effet ordinaire....
> Mais vouloir au public immoler ce qu'on aime,
> S'attacher au combat contre un autre soi-même...
> Une telle vertu n'appartenait qu'à nous.

Les lignes que voici de Nietzsche semblent une paraphrase du discours d'Horace : « Savoir souffrir est peu de chose; de faibles femmes, même des esclaves, passent maîtres en cet art. Mais ne pas succomber aux assauts de la détresse interne et du doute troublant, quand on inflige une grande douleur, voilà qui est grand, voilà qui est une condition de toute grandeur. »

Le mépris de la pitié n'était pas plus particulier à Corneille que les idées sur le mariage exprimées dans ses premières comédies. Les seigneurs qu'il avait connus à l'hôtel de Rambouillet auraient eu grand' honte d'éprouver de la compassion. Ils laissaient les attendrissements aux petites gens, convaincus qu'on peut et qu'on doit être juste et généreux par des motifs plus virils et plus nobles que l'émotion involontaire où nous savons aujourd'hui reconnaître un ébranlement nerveux. « Je suis peu sensible à la pitié, écrivait La Rochefoucauld, et je voudrais ne l'y être point du tout. Cependant, il n'est rien que je ne fisse pour le soulagement d'une personne affligée; et je crois effectivement que l'on doit tout faire, jusqu'à lui témoigner même beaucoup de compassion de son mal; car les misérables sont si sots que cela leur fait le plus grand bien du monde. Mais je crois aussi qu'il faut se contenter d'en témoigner et se garder soigneusement d'en avoir. C'est une passion qui n'est bonne à rien au dedans d'une âme bien faite, qui ne sert qu'à affaiblir le cœur, et qu'on doit laisser au peuple, qui, n'exécutant jamais rien par raison, a besoin de passions pour le porter à faire les choses. »

Le héros des tragédies de Corneille, ou de ses

comédies héroïques, ne s'abaisse pas à penser comme le peuple. Il est « de la Cour » par tous ses sentiments et préjugés. Il croit aussi fermement que la Grande Mademoiselle, ce qui n'est pas peu dire, qu'il existe une différence de nature entre l'homme de qualité et l'autre : le premier ayant les vertus généreuses dans le sang, tandis que l'homme de petite naissance porte dans ses veines des inclinations plus basses. Au-dessus de ces deux variétés de l'espèce humaine, la Providence a mis les princes, d'essence à part et quasi divine. Il crève les yeux qu'ils ne sont pas faits de la même pâte que le reste des mortels. Dans *Don Sanche d'Aragon*, Carlos a beau soutenir qu'il est fils d'un pêcheur, l'éclat de sa valeur lui donne un démenti. Il ne peut pas être sorti d'un « sang que le Ciel n'a formé que de boue », et don Lope lui affirme qu'il se trompe :

> Non, le fils d'un pêcheur ne parle point ainsi....
> Je le soutiens, Carlos, vous n'êtes point son fils,
> La justice du Ciel ne peut l'avoir permis,
> Les tendresses du sang vous font une imposture,
> Et je démens pour vous la voix de la nature.

Il se découvre, en effet, que Carlos est fils d'un roi d'Aragon. Son mérite extraordinaire s'explique et la vraisemblance est satisfaite.

En somme, Corneille n'a fait que développer des maximes et idéaliser des modèles qui s'offraient de toutes parts à son observation. On peut en dire autant de l'intrigue dans les pièces de son grand répertoire. Ses sujets lui ont été suggérés par les événements de l'histoire contemporaine ; *Cinna* n'aurait pas existé sans Mme de Chevreuse et les conjurations contre Richelieu, ni peut-être *Polyeucte* sans le jansénisme [1]. Corneille, à la vérité, entendait, « l'actualité » autrement que de nos jours. « Sa tragédie n'est jamais un reportage, c'est évident. Mais la vie contemporaine l'enveloppe, l'assiège, le pénètre : elle dépose en lui mille impressions qui se retrouvent lorsqu'il aborde un sujet, qui, à son insu, dirigent son choix, et, dans quelques lignes indifférentes d'un médiocre historien, lui font découvrir une tragédie puissante. Elle lui fournit la représentation précise qui réalise dans son esprit les vagues et abstraites données de l'histoire. Il pense le passé dans les formes et les conditions du présent [2]. »

Ce contact incessant avec le monde de son temps favorisait son action sur ses auditeurs. C'était leurs propres passions, leurs façons de penser et de sentir, de comprendre le devoir social, la politique, le rôle d'une aristocratie, c'était le besoin de faire grand, de faire extraordinaire, d'être « admirable en tout [3] », c'était ce qu'ils rêvaient d'être, ce qu'ils étaient en puissance et en désir, sinon en réalité, qu'il leur était donné de contempler sur la scène, à travers la vision d'un poète grandiose et retentissant. Il y eut quelque chose de plus que de l'admiration littéraire dans

---

1. M. F. Brunetière, *Manuel de l'histoire de la littérature française*.
2. M. A. Lanson, *Corneille*.
3. M. Ed. Rostand, *Cyrano de Bergerac*.

leurs transports devant ces miroirs grossissants d'un idéal ardemment caressé. La salle avait des frémissements analogues à ceux d'une foule d'aujourd'hui sur qui éclate *la Marseillaise*. On a reproché aux vieux cornéliens de ne pas avoir compris Racine. Mais Racine était d'une autre génération, peu sympathique à sa devancière, selon une règle qui s'est vérifiée dans tous les temps. Il est absurde de reprocher à Mme de Sévigné son fameux jugement sur *Bajazet* : « Il y a pourtant des choses agréables, et rien de parfaitement beau, rien qui enlève, point de ces tirades de Corneille qui font frissonner. Ma fille, gardons-nous bien de lui comparer Racine, faisons-en la différence (16 mars 1672). » Mme de Sévigné n'était plus à l'unisson des héros de Racine, tandis qu'elle ne put jamais entendre des vers de Corneille sans le tressaillement que nous éprouvons tous à ce qui nous rappelle les généreuses chimères de nos jeunes années.

On a supposé que Corneille avait pensé à Mlle de Montpensier en écrivant *Pulchérie* (1672), comédie héroïque où une impératrice fait taire son cœur pour n'écouter que sa « gloire » :

Le trône met une âme au-dessus des tendresses.

Il n'y a là rien d'impossible. La Grande Mademoiselle était un modèle tout indiqué pour Corneille. Un jour que son poltron de père lui reprochait avec aigreur de les compromettre pour le plaisir de « faire l'héroïne », elle lui répondit avec autant de vérité que de hauteur : « Je ne sais ce que c'est que d'être héroïne :

je suis d'une naissance à ne jamais rien faire que de grandeur et de hauteur en tout ce que je me mêlerai de faire, et l'on appellera cela comme l'on voudra ; pour moi, j'appelle cela suivre mon inclination et suivre mon chemin ; je suis née à n'en pas prendre d'autre. » Avec de pareilles dispositions, et ne bougeant du Louvre, où la reine Anne faisait jouer à tout instant du Corneille, Mademoiselle s'accoutuma à trouver naturels des sentiments à ce point « non communs », des actions à ce point « illustres », qu'on courait grand risque, à les vouloir imiter, de perdre à jamais la juste notion des proportions des choses. Elle la perdit en effet, et ne fut pas la seule, parmi les enfants de qualité qui abusaient si étrangement du théâtre. Grâce à cette mode imprudente, l'honnête Corneille, qui enseignait « l'héroïsme du devoir, la poésie du sacrifice et le prix de la volonté[1] », n'a pas été complètement innocent des erreurs de jugement et de sens moral qui ont rendu possibles les guerres de la Fronde. A force de vouloir hausser l'âme française au-dessus d'elle-même, il avait faussé quelque chose dans les cerveaux trop tendres.

III

Mademoiselle grandissait beaucoup, se désengonçait, et était trouvée jolie, en attendant que le type

1. M. F. Brunetière, *Études critiques sur l'histoire de la littérature française*. — *Pierre Corneille*.

bourbonien devînt trop accusé ; mais elle restait naïve et puérile, dans un monde où les marmots parlaient politique et donnaient leur opinion sur le dernier soulèvement. Toutefois, à côté des enfantillages qui formaient le tissu de sa vie quotidienne, deux préoccupations sérieuses l'accompagnaient depuis le berceau : l'une était son mariage, l'autre, l'honneur de sa maison. Au fond, les deux n'en faisaient qu'une, dans un temps où les princesses savaient encore leur métier de princesses et en acceptaient sans murmure les servitudes, dont la plus pénible, sans contredit, était de ne compter pour rien dans leur propre mariage et de ne jamais réclamer leur part de bonheur domestique. Elles avaient consenti une fois pour toutes à boire ce calice, sentant bien qu'il y allait de l'existence même de leur caste, et nombreuses furent celles qui marchèrent à l'autel avec les sentiments de l'Iphigénie de Racine allant au sacrifice. C'est dans notre siècle que les princesses ont inventé qu'elles avaient le droit d'être des femmes comme les autres, de s'appartenir, de vivre pour elles-mêmes sur les marches d'un trône et jusque sur le trône. Le jour où ces idées bourgeoises ont germé dans leur cerveau a été une date dans l'histoire de la royauté; il n'y a peut-être pas eu de signe plus certain de l'affaiblissement de l'idée monarchique dans l'Europe contemporaine.

La Grande Mademoiselle était dans la vieille tradition, et plus encore qu'il n'eût été nécessaire. Elle était par trop résignée à ce que son futur époux ne vît en elle que son titre de petite-fille de France et ses beaux duchés, et elle le lui rendait d'avance avec trop de sérénité. Qu'un prétendant fût beau ou laid, vieux et podagre ou encore dans les langes, que ce fût « un brutal » ou « un honnête homme », c'étaient autant de détails sans importance, indignes de l'attention d'une « grande princesse ». L'époux de Mlle de Montpensier, nièce du roi de France, serait-il Majesté, Altesse, ou seulement Monseigneur? Quelles femmes auraient le droit de s'asseoir devant son épouse, et serait-ce sur des sièges à bras ou de simples pliants? Toute la question était là. Nous n'avons plus la force d'admirer un détachement aussi complet; nous aimerions qu'il en eût coûté un peu à Mademoiselle d'être réduite par « sa condition » à oublier que le mariage, quelque princier qu'il soit, comporte néanmoins un mari; mais il en faut prendre notre parti. Mademoiselle trouvait les choses très bien arrangées ainsi.

Le premier qui amusa son imagination fut un ancien soupirant de sa mère, le comte de Soissons, brillant soldat et esprit médiocre. « M. le Comte » avait autrefois recherché la main de sa cousine Marie, duchesse de Montpensier, et assez vivement pour faire craindre un enlèvement. Le dépit d'avoir été supplanté le brouilla avec Gaston; la mort inattendue de Madame les réconcilia. Une année ne s'était pas écoulée que Monsieur restait veuf avec une fille unique, héritière des grands biens de sa mère. La situation se retrouvait intacte. M. le Comte se posa en prétendant de la nouvelle duchesse de Montpensier et fut agréé par Monsieur, à qui sa conduite sembla très naturelle; il en aurait fait autant à sa place. Aussi loin que la Grande Mademoiselle remontait dans ses souvenirs, elle y retrouvait les « soins assidus » de ce cousin déjà mûr, qui la régalait de dragées par l'intermédiaire d'un gentilhomme nommé Campion, chargé de rendre son maître agréable à la petite princesse des Tuileries. Lui-même n'avait presque jamais été à Paris, en aucun temps, et il avait dû s'éloigner définitivement de la Cour à la suite d'une affaire d'assassinat entreprise de compte à demi avec son futur beau-père.

Cela s'était passé en 1636. Gaston vivait alors très obscurément. Il était censé habiter son château de Blois. En fait, il était sans cesse à Paris, toléré par le roi, qui daignait répéter avec lui des pas de ballet, et traité par Richelieu avec le mépris qui lui était dû. Le cardinal lui changeait ses domestiques sans le consulter et mettait ses amis à la Bastille, ou bien il lui donnait des « gratifications », pour le faire réfléchir à l'avantage d'être en bons termes avec la Cour. Richelieu aurait voulu le résoudre à rompre son mariage clandestin avec Marguerite de Lorraine, qu'il ne lui avait pas permis de ramener en France. Il faut rendre cette justice à Monsieur — car c'est, je crois, la seule bonne action qu'on lui connaisse, — qu'il ne consentit jamais à abandonner sa femme; mais il y a manière de faire les choses les plus louables, et la sienne ne fut pas reluisante. Rien n'avait pu le corriger de sa passion malheureuse pour les complots. Il en avait toujours quelqu'un sur la planche, et toujours cela tournait mal pour qui s'était fié à lui. En 1636, dans son ardent désir d'être délivré du cardinal, Monsieur s'efforça de lui faire accroire qu'il avait devant lui un Gaston nouveau, contrit et repenti, soumis et sincère, et cependant lia partie avec le comte de Soissons pour le faire assassiner. La France entière s'imaginait qu'une fois Richelieu mort, chacun ferait tout ce qu'il lui plairait.

Les conjurés choisirent le moment où le roi et son ministre se trouvaient au siège de Corbie. La période française de la guerre de Trente Ans était ouverte depuis dix-huit mois, avec les premiers résultats que l'on sait : la France envahie, Paris menacé et affolé, tout le monde aux frontières, y compris le duc d'Orléans et M. le Comte, à qui l'on n'avait pu refuser des commandements. Ces derniers convinrent de profiter d'un conseil de guerre pour faire leur coup. M. le Comte devait accompagner Richelieu à la sortie et détourner son attention ; le duc d'Orléans se chargeait de donner le signal aux assassins. L'arrangement était imprudent. Monsieur n'avait pas appris à maîtriser ses nerfs depuis le temps où il dénonçait Chalais ; il était resté un impulsif aux paniques insurmontables. La peur le prit à l'apparition du cardinal, qui passait, hautain et tranquille, pour monter dans son carrosse. Monsieur s'élança dans un escalier, emportant l'un de ses complices, qui s'était pendu à son manteau pour l'arrêter. Ils arrivèrent au premier palier « avec une promptitude qui ne se peut imaginer¹ », et de là dans une salle où Monsieur demeura « éperdu », ne sachant où il était ni ce qu'il faisait et ne prononçant que des paroles incohérentes. En bas, devant la porte, le comte de Soissons causait avec tant de naturel, que le cardinal s'éloigna sans avoir rien remarqué. Les conjurés se hâtèrent néanmoins de prendre le large avant d'avoir la police de Richelieu à leurs trousses, et Monsieur s'enfuit à Blois, M. le Comte à Sedan.

Le mariage de Mademoiselle se trouva compliqué par cette aventure. Il n'y avait plus d'apparence que Richelieu y donnât les mains, et l'enfant des Tuileries devenait grande fille pendant que son cousin grisonnait à Sedan. Lorsqu'elle eut quatorze ans, le comte de Soissons pensa qu'il fallait aboutir à tout prix. Il n'avait plus de ménagements à garder; il venait de se joindre ouvertement à nos ennemis et d'envahir la France avec l'armée des ducs de Bouillon et de Guise. Son premier soin fut de charger l'une de ses anciennes maîtresses, Mme de Montbazon, d'achever l'ouvrage de Campion. Elle s'y prêta de bon cœur : « Je prenais grande part, raconte Mademoiselle, aux affaires de M. le comte de Soissons, qui empiraient tous les jours. Le roi alla en Champagne pour lui faire la guerre; et durant ce voyage Mme de Montbazon, qui aimait fort le comte et qui en était fort aimée, me venait voir régulièrement tous les jours, me parlait de lui avec beaucoup d'affection, me disait qu'elle aurait une

---

1. *Mémoires* de Montrésor. Cf. Montglat, *Mémoires*.

extrême joie quand je l'aurais épousé, qu'on ne s'ennuierait point alors à l'hôtel de Soissons, qu'on ne penserait qu'à m'y donner le bal et la comédie, qu'on irait aux promenades, qu'il aurait du respect pour moi et des tendresses non pareilles. Elle ménageait tout ce qui pouvait rendre heureuse cette condition et tout ce qui, selon mon âge, pouvait m'y faire incliner. Je l'écoutais avec plaisir, et je n'avais point d'aversion pour la personne de M. le Comte.... Hors la disproportion de mon âge avec le sien, mon mariage avec lui était très faisable : c'était un fort honnête homme, doué de grandes qualités, et qui, pour être cadet de sa maison, n'avait pas laissé d'être accordé avec la reine d'Angleterre[1]. »

N'ayant pu enlever la mère, M. le Comte se proposait d'enlever la fille : « Il avait envoyé M. le comte de Fiesque à Monsieur, poursuit Mademoiselle, pour le faire souvenir de la promesse qu'il lui avait faite à mon égard, et que la chose était en état de se pouvoir terminer : il le suppliait très humblement de trouver bon qu'il m'enlevât, comme le seul moyen par lequel ce mariage pouvait s'exécuter. Monsieur ne voulut point consentir à cet expédient, de sorte que la réponse que porta M. le comte de Fiesque toucha sensiblement M. le Comte. » Ce dernier fut tué peu après à la Marfée (6 juillet 1641), et Mademoiselle

---

1. Madame Henriette, troisième fille de Henri IV, lequel l'avait en effet « accordée », quelques mois après sa naissance, avec le comte de Soissons, âgé alors de cinq ou six ans. Marie de Médicis n'en tint compte et maria sa fille à Charles Ier (1625).

comprit qu'ils n'étaient « pas nés l'un pour l'autre. Je ne laissai pas de bien pleurer sa mort; et, quand j'allai voir madame sa mère à Bagnolet, M. et Mlle de Longueville et toute la maison ne firent que témoigner leur douleur par leurs cris continuels. » Mademoiselle avait eu réellement envie de devenir comtesse de Soissons, sans qu'on puisse deviner ce qui la tentait, sinon qu'à son âge, on se fait des romans de tout.

M. le Comte pleuré et enterré, le sentiment n'eut plus absolument rien à voir dans les rêves d'établissement de Mademoiselle. Sa pensée planait sur l'Europe et fondait sur les princes non mariés ou veufs, ou ayant des chances de devenir veufs; on la vit, et à plus d'une reprise, suivre la maladie d'une princesse et abandonner ou reprendre ses projets selon les nouvelles. La plupart de ceux sur qui elle jeta successivement son dévolu ne l'avaient jamais vue; plusieurs ne pensèrent jamais à elle. Mademoiselle allait son train, inaccessible au découragement, permettant, quand elle ne les provoquait pas, des démarches indiscrètes, et se voyant déjà Impératrice, ou bien reine de France, d'Espagne ou de Hongrie.

La Grande Mademoiselle n'était pas impunément la fille d'un dégénéré; il y avait des sujets sur lesquels elle déraisonnait. Elle dépassait Corneille, son professeur d'orgueil et de volonté, pour la foi aux vertus mystiques du sang; elle en était arrivée à soutenir qu'on doit envisager les desseins des princes dans le même esprit que les mystères de la religion. « Il faut, disait-elle, que les intentions des grands soient comme les mystères de la Foi. Il n'appartient pas aux hommes d'y pénétrer; on doit les révérer, et croire qu'elles ne sont jamais que pour le bien et le salut de la patrie. » Elle dépassait aussi le Corneille des tragédies en dédain pour l'amour. Corneille s'était contenté de reléguer l'amour au second rang, après les passions « mâles », l'ambition, la vengeance, l'orgueil du sang, la « gloire ». Son élève le bannissait complètement entre époux d'un certain rang; elle le laissait aux petites gens :

> Le trône met une âme au-dessus des tendresses.
> (*Pulchérie.*)

Chose bizarre à première vue, elle admettait les amours illégitimes, tout en étant pour sa part d'une honnêteté irréprochable. C'était en ménage qu'elle ne pouvait souffrir les amoureux, à cause du mauvais exemple, des idées fausses que cela pouvait donner aux princesses à marier et aux filles de qualité. En y réfléchissant, on comprend sa pensée; elle est d'une personne qui savait mesurer le danger de l'intervention du cœur dans les mariages des grandes maisons.

L'année 1641 n'avait pas achevé son cours, que Mademoiselle portait déjà le deuil d'un second prétendant, qui m'a tout l'air de n'avoir été qu'une vision, la première de la série. Du temps où son parrain le cardinal la grondait de jouer au mari et à la femme avec un dauphin au maillot, Anne d'Autriche avait eu pitié des yeux rouges de sa nièce et lui avait dit pour la consoler : « Il est vrai que mon fils est trop petit; tu épouseras mon frère. » La reine « voulait parler du cardinal-infant[1], qui était en Flandre pour lors capitaine général du pays et qui y commandait les armées du roi d'Espagne. » Ce prince était archevêque de Tolède; toutefois il n'avait pas reçu l'ordre de prêtrise, qui n'était pas alors indispensable pour parvenir à l'épiscopat. « On percevait les revenus, dit un écrivain ecclésiastique, et l'on déléguait des vicaires généraux pour les actes de juridiction et des évêques quand le pouvoir d'ordre était nécessaire. » Il y avait de nombreux exemples de prélats qui n'étaient pas prêtres. Henri de Lorraine II, duc de Guise, né en 1614, avait quinze ans lorsqu'on lui conféra l'archevêché de Reims, et il ne reçut jamais les ordres. Il présentait dans ses vêtements un mélange du cavalier et de l'ecclésiastique, et vivait en laïque qui vivrait mal. A vingt-sept ans, il rencontra une belle veuve, Mme de Bossut, « l'épousa du soir au matin, et, parce qu'il y avait quelque formalité omise, le mariage fut confirmé par l'archevêque de Malines[2] ». L'Église n'avait donc vu aucun empêchement à ce qu'il se mariât. De même, Nicolas-François de Lorraine, évêque de Toul et cardinal « sans être engagé dans les ordres », devint duc de Lorraine en 1634, par l'abdication de son frère Charles, et eut alors des raisons politiques d'épouser sans retard sa cousine Claude. Il se heurta à un obs-

---

1. Ferdinand, troisième fils de Philippe III.
2. Tallemant.

tacle qui ne provenait point de son caractère d'évêque : Claude était sa parente à un degré prohibé, exigeant des dispenses de Rome. François vint trouver sa cousine et, dans la même soirée, il la demanda en mariage, reprit son caractère d'évêque pour se dispenser des bans et se promettre, au nom du pape, la dispense de parenté, quitta définitivement son caractère d'évêque et reçut la bénédiction nuptiale [1].

Il n'y avait pas alors un abîme entre l'Église et le monde, tout au plus un petit fossé, que ces grands seigneurs passaient et repassaient à leur caprice, ou au gré de leurs intérêts. Leurs portraits rendent cette espèce de flottement très sensible. On voit au Louvre un tableau des frères Le Nain qui s'appelle *Procession dans l'intérieur d'une église*. La partie de la procession qui passe devant le spectateur se compose de membres du clergé, revêtus de leurs ornements sacerdotaux. Les costumes, superbes, sont superbement portés par des hommes de mine fière et libre, n'ayant absolument rien de la réserve et du recueillement auxquels nous a accoutumés le clergé du xixe siècle. Deux surtout sont caractéristiques, les deux beaux blonds qui viennent en tête et fixent sur l'observateur un regard droit et assuré. Leurs moustaches en crocs, leur barbe en pointe ou frisée, leur démarche hardie sous leur dalmatique brodée, ne permettent pas de s'y tromper un seul instant : ce sont des gens du monde, des cavaliers qui vont

---

1. *Mémoires* de Richelieu.

reprendre tout à l'heure, avec le pourpoint et l'épée, les manières et les idées qui seyent au costume laïque. Quels que soient leur titre et leur rang dans l'Église romaine, c'est le hasard de la naissance qui les a mis de cette procession. Ils subissent les conséquences d'arrangements de famille conclus en dehors d'eux et par lesquels ils ne se tiennent pas pour engagés sans appel. Ce qui a été fait devant leur berceau pourra être défait par leur volonté d'homme; ils le savent, ne cherchent pas à se donner l'air ecclésiastique, et il est impossible en effet de l'avoir moins.

Le cardinal-infant, archevêque de Tolède, était simple diacre; il n'y avait donc rien d'extraordinaire à ce qu'on parlât de le marier. Je ne puis affirmer qu'il ait songé à Mademoiselle; je n'en ai pas trouvé la preuve. Il est certain seulement que Mademoiselle n'en a jamais douté. Voici son récit, dans son incohérence, et un peu abrégé seulement : « Le cardinal-infant mourut d'une fièvre tierce (le 9 novembre 1641) qui ne l'avait pas empêché d'être toute la campagne à l'armée…. Sa maladie ne paraissait pas par là fort dangereuse; néanmoins, quand il fut retourné à Bruxelles, il y mourut en fort peu de jours : ce qui a fait accuser les Espagnols de l'avoir empoisonné, dans la crainte qu'ils eurent qu'il ne se rendît maître de la Flandre par une alliance avec la France[1]. Tel

---

1. « Le cardinal-infant, dit M. A. Bazin dans son *Histoire de France sous Louis XIII*, avait été forcé de quitter son camp pour aller se faire soigner à Bruxelles. Il y mourut bientôt, plus aimé, dit-on, des Flamands qu'il ne convenait au roi d'Espagne. »

était véritablement son dessein. La reine m'a dit qu'elle avait trouvé dans la cassette du roi, après sa mort, des mémoires où elle avait vu que mon mariage était résolu avec ce prince; elle ne me dit que cela.... Quand cette perte arriva, le roi dit fort rudement à la reine : « Votre frère est mort. » Cette nouvelle si sèchement annoncée lui fut un surcroît de douleur.... En mon particulier, lorsque je fis réflexion sur mes intérêts, j'en fus très fâchée, parce que c'était l'établissement du monde le plus agréable pour moi, à cause de la beauté du pays, de sa proximité à celui-ci, et par la manière d'y vivre, qui n'est point éloignée de celle de France. Pour les qualités de la personne, quoique je l'estimasse beaucoup, c'était à quoi je pensais le moins. »

La disparition du cardinal-infant fut suivie d'événements tragiques, et trop sensibles à Mademoiselle pour ne pas la distraire de sa chasse au mari. Malgré sa grande jeunesse, l'affaire Cinq-Mars la contraignit à juger son père. Le coup fut terrible pour cette enfant qui n'avait rien d'aussi cher que l'honneur.

IV

La mort de Cinq-Mars fut le dénouement d'un grand drame passionnel. Henry d'Effiat, marquis de Cinq-Mars, était un bel adolescent aux yeux caressants, d'une « grâce merveilleuse en tout ce qu'il faisait¹ », quand les volontés d'une mère ambitieuse et d'un ministre aux vues compliquées se mirent d'accord pour faire cadeau de cette jolie fleur au roi, auquel il fallait toujours un « joujou », selon l'expression de Richelieu. La victime résista longtemps avant de se laisser faire, près de deux ans, car l'on savait par l'exemple des favoris précédents que les vieux enfants cassent aussi leurs joujoux, et la faveur de Louis XIII était devenue un épouvantail. Cinq-Mars aimait le monde et le plaisir; il était perpétuellement amoureux, et il avait compté faire son chemin dans l'armée. L'idée d'aller s'enfermer à Saint-Germain avec ce valétudinaire grognon, d'un ennui auquel personne ne résistait, lui était odieuse. A la longue, il céda, l'énergie n'étant pas son fait; le charmant Cinq-Mars était un nerveux, de peu de volonté, bien qu'il fût sujet à des accès de violence. En 1638, à dix-huit ans, on le voit maître de la garde-robe du roi, occupé à lui commander des habits que Louis XIII refusait avec humeur, les trouvant trop élégants. Le monarque parlait alors le moins possible au jeune d'Effiat, qui lui déplaisait.

La vie était vraiment lugubre à Saint-Germain. Louis XIII s'enfonçait, l'âme ulcérée, dans la nuit et le néant, en face de l'astre resplendissant de son ministre. Depuis longtemps, Richelieu était comme un autre monarque. « Dès l'année 1629, dit Ranke,

---

1. *Mémoires* de Michel de Marolles, abbé de Villeloin. Cf. *La Conjuration de Cinq-Mars*, par Mlle J. P. Basserie.

qui s'est beaucoup servi [1] des relations des ambassadeurs étrangers, on nous représente la foule des solliciteurs et des gens empressés remplissant sa maison et les portes de ses appartements ; s'il passe dans sa litière, on le salue de loin avec respect; l'un s'agenouille, l'autre présente un placet; un troisième cherche à baiser son vêtement; chacun s'estime heureux s'il a pu obtenir de lui un regard. C'est que toutes les affaires étaient déjà dans sa main; il s'était fait revêtir des plus hautes charges que peut exercer un sujet.... » Le temps et le succès le rendirent « encore plus puissant et surtout plus redoutable. Il vivait à Rueil dans une profonde retraite.... Richelieu était peu abordable; il fallait, pour arriver à lui, que les ambassadeurs étrangers eussent quelque chose d'essentiel à lui communiquer; toutes les affaires d'État relevaient de lui ; il en était le centre : le roi vint souvent de Saint-Germain assister au conseil. Si Richelieu se rendait lui-même chez le roi, il était environné d'une garde, qui était à lui et qu'il soldait lui-même; car, dans la maison même du roi il ne voulait pas avoir à craindre ses ennemis; un nombre de jeunes nobles des premières familles s'attachèrent à lui et faisaient le service de sa personne. Il avait une écurie parfaitement tenue, une maison plus brillante, une table mieux servie que celle du roi. »

A Paris, il menait un train royal au milieu des tré-

---

1. *Histoire de France, principalement pendant le XVIe et le XVIIe siècle*, par Léopold Ranke.

sors en tous genres du Palais-Cardinal, aujourd'hui le Palais-Royal. Ce n'était pas le Louvre, habitation du roi, qui symbolisait le luxe et les arts de la France aux yeux de la foule et des pays étrangers, c'était la fastueuse demeure appelée dans le langage courant l'Hôtel de Richelieu. Il s'y trouvait des cabinets de travail et des boudoirs, des salles de bal et des collections d'objets d'art, une chapelle et deux théâtres. La bibliothèque avait eu pour noyau la bibliothèque de la Rochelle, enlevée à la ville après le siège. La chapelle était l'une des principales curiosités de Paris; tous les objets servant au culte étaient en or massif et enrichis de gros diamants. « On remarquait[1], parmi ces précieux objets, deux chandeliers d'église entièrement en or, émaillés, enrichis de 2516 diamants.... On comptait sur les burettes, pareillement d'or émaillé, 1262 diamants. La croix, de 20 pouces 9 lignes de hauteur, portait un Christ en or massif, dont la couronne et la draperie étaient garnies de diamants. Les *Heures* du cardinal de Richelieu faisaient partie de sa chapelle.... La couverture, en maroquin, était entourée de lames d'or; sur une de ses faces, on voyait un médaillon en or émaillé, offrant la figure de ce cardinal qui, à l'instar des empereurs, tenait en main le globe du monde. Quatre anges venaient, des quatre coins, poser des couronnes de fleurs sur sa tête. » Au-dessous, une inscription latine : *Cadat*. La grande galerie du palais,

1. Dulaure, *Histoire de Paris*.

détruite sous Louis XIV, avait un plafond de Philippe de Champagne, représentant « les glorieux exploits du cardinal ». Une autre galerie, dite « des hommes illustres », renfermait les portraits en pied de vingt-cinq grands Français, choisis par le cardinal. Au bas de chaque cadre, une rangée de tableautins représentaient les « principales actions » du personnage, ainsi que l'avait fait Giotto pour saint François d'Assise, ou Fra Angelico pour saint Dominique. Richelieu s'était mis sans fausse honte parmi les vingt-cinq grands Français.

L'entasseur de ces richesses et de ces monuments d'orgueil était arrivé au pouvoir avec 25 000 livres de rentes. Sur la fin de sa vie, il « jouissait d'un budget personnel de près de *trois millions* de livres par an, qui correspondent à *dix-huit millions* de francs aujourd'hui, — la liste civile d'un grand souverain[1] ». Richelieu n'était pas thésauriseur comme Mazarin. Il jetait l'argent à pleines mains, cependant que son maître faisait du filet dans un coin ou s'adonnait à d'autres plaisirs économiques. Le roi, écrit Mme de Motteville, « se vit réduit à la vie la plus mélancolique et la plus misérable du monde, sans suite, sans cour, sans pouvoir et, par conséquent, sans plaisir et sans honneur. Ainsi se sont passées quelques années de sa vie à Saint-Germain, où il vivait comme un particulier; et, pendant que ses

---

1. Voir *Richelieu et la Monarchie absolue*, par M. le vicomte G. d'Avenel.

armées prenaient des villes et gagnaient des batailles, il s'amusait à prendre des oiseaux. Ce prince était malheureux de toutes manières, car il n'aimait point la reine.... Jaloux de la grandeur de son ministre,... il commença de le haïr dès qu'il vit l'extrême autorité qu'il avait dans son royaume, et ne pouvant être heureux sans lui ni avec lui, il ne put jamais l'être. » Le roi se trouvait dans ses humeurs les plus noires, quand il remarqua une figure nouvelle qui tournait sans cesse autour de lui. C'était Cinq-Mars, qui vaquait aux devoirs de sa charge. Louis XIII en fut d'abord agacé; dans son état d'esprit, tout l'agaçait. Un beau jour, il lui parla sans y être forcé. Le lendemain, il lui parla davantage, et, tout d'un coup, il « l'aima violemment », comme autrefois le jeune Baradas.

La Cour était habituée aux brusques passions du roi. Celle-ci étonna pourtant; elle dépassait toutes les autres. C'était une affection exigeante et jalouse, extraordinairement orageuse, féconde en larmes et en querelles. Louis XIII excédait son favori de témoignages de tendresse. Il aurait voulu ne jamais le perdre de vue; toute absence de Cinq-Mars lui paraissait une infidélité, et il le faisait espionner pour savoir où il allait. Il ne pouvait s'en passer pour apprendre son nouveau métier de menuisier. Il en avait besoin pour l'accabler de dissertations sur les chiens ou sur le dressage des oiseaux. Il l'emmenait « fouiller des renards dans les terriers, et prendre des merles par la neige avec des éperviers, au milieu d'une douzaine de chasseurs, gens de peu, et de fort méchante compagnie[1] ». Au retour, le roi soupait, allait se coucher presque au sortir de table, et Cinq-Mars, exaspéré d'ennui, ne songeait qu'à s'évader du château pour voir autre chose que cette longue figure jaune, entendre autre chose que des histoires de chasse. Il gagnait Paris à cheval, y passait la nuit à s'amuser, et se retrouvait de grand matin au lever du roi, éreinté, la mine défaite et les nerfs malades. Deux fois sur trois, Louis XIII savait tout par ses espions. Il faisait une scène; l'autre, énervé, répondait insolemment; on se brouillait avec des cris et des pleurs, le favori avait une attaque de nerfs, et le roi allait se plaindre de « M. le Grand[2] » au cardinal de Richelieu, confident en titre et chargé des raccommodements. Il lui écrivait le 27 novembre 1639 : « ... Vous verrez par le certificat que je vous envoie en quel état est le raccommodement que vous fîtes hier. Quand vous vous mêlez d'une affaire, elle ne peut pas mal aller. Je vous donne le bonjour. » Le « certificat » était en ces termes : « Nous ci-dessous signés, certifions à qui il appartiendra être très contents et satisfaits l'un de l'autre, et de n'avoir jamais été en si parfaite intelligence que nous sommes à présent. En foi de quoi nous avons signé le présent certificat. Signé Louis, et par mon commandement, Effiat de Cinq-Mars. »

Ces replâtrages ne tenaient guère. Les mois qui

---

1. *Mémoires* de Montglat.
2. Cinq-Mars avait été nommé grand écuyer.

suivirent le « certificat » ne furent qu'une longue tempête. Louis XIII était particulièrement jaloux d'une société de jeunes gens qu'on appelait *Messieurs du Marais*, parce qu'ils se réunissaient tous les soirs place Royale, chez Mme de Rohan. Il ne pouvait s'en taire. Le 5 janvier 1640, il récrit au cardinal : « Je suis bien marri de vous importuner sur les mauvaises humeurs de M. le Grand. A son retour de Rueil, il m'a baillé le paquet que vous lui avez donné. Je l'ai ouvert, et l'ai lu. Je lui ait dit : Monsieur le cardinal me mande que vous lui avez témoigné avoir grande envie de me complaire en toutes choses, et cependant vous ne le faites pas sur un chapitre de quoi je l'ai prié de vous parler, qui est sur votre paresse. — Il m'a répondu que vous lui en aviez parlé, mais que, pour ce chapitre-là, il ne pouvait se changer, et qu'il ne ferait pas mieux que ce qu'il avait fait. — Ce discours m'a fâché. Je lui ai dit qu'un homme de sa condition devait songer à se rendre digne de commander les armées, comme il m'en avait témoigné le dessein, et que la paresse y était du tout contraire. — Il m'a répondu brusquement qu'il n'avait jamais eu cette pensée et n'y avait pas prétendu. — Je lui ai répondu que si, et n'ai pas voulu enfoncer ce discours. Vous savez bien ce qui en est. — J'ai repris ensuite le discours sur la paresse, lui disant que ce vice rendait un homme incapable de toutes bonnes choses, et qu'il n'était bon qu'à ceux du Marais, où il avait été nourri, qui étaient du tout adonnés à leurs plaisirs, et que, s'il voulait continuer cette vie, il fallait qu'il y retournât. — Il m'a répondu arrogamment qu'il était tout prêt. — Je lui ai répondu : Si je n'étais plus sage que vous, je sais bien ce que j'aurais à répondre là-dessus. — Ensuite de cela je lui ai dit que, m'ayant les obligations qu'il m'a, il ne devait pas me parler de la façon. — Il m'a répondu son discours ordinaire, qu'il n'avait que faire de mon bien, qu'il s'en passerait fort, et serait aussi content d'être Cinq-Mars que M. le Grand, et que, pour changer de façon et de vivre, il ne le pouvait. — Et ensuite est venu, toujours me picotant et moi lui, jusque dans la cour du château, où je lui ai dit qu'étant en l'humeur où il était, il me ferait plaisir de ne me point voir. — Il m'a témoigné qu'il le ferait volontiers. Je ne l'ai pas vu depuis. Tout ce que dessus a été en la présence de Gordes. — Signé Louis. » En post-scriptum : « J'ai montré à Gordes ce mémoire avant que de vous l'envoyer, qui m'a dit n'avoir rien lu que de véritable. »

Cinq-Mars boudait, le roi boudait, ils étaient plusieurs jours sans se parler, Richelieu se dérangeait pour venir mettre la paix dans ce « ménage d'amis », et Louis XIII, tout à la joie, ne savait rien refuser à son favori, lequel en abusait de son mieux. Le marquis d'Effiat voulait être duc et pair, épouser une princesse, assister au conseil du roi, commander les armées ; mais il trouvait alors le cardinal en travers de sa route. Richelieu le remettait rudement à sa place. Il le « gourmandait comme un valet, le traitant de petit insolent, et le menaçant de le mettre plus bas qu'il ne l'avait élevé[1] ». Au cours d'une de ces semonces, il lui apprit qu'il l'avait mis auprès de Louis XIII pour être son espion, et le somma de s'acquitter de ses fonctions. L'humiliation causée à Cinq-Mars par une semblable révélation contribua plus que tout à en faire un conspirateur. Il en conçut une haine farouche contre le cardinal.

Jamais le ministre n'avait paru plus inattaquable. Sa politique triomphait au dedans et au dehors. Il faut laisser parler un étranger, non suspect de partialité, sur la situation que nous avions prise en Europe sous son ministère : « Quelle différence entre l'état où Richelieu avait reçu le gouvernement du royaume et celui où son administration l'avait élevé! Avant lui, les Espagnols, en progrès sur toutes les frontières, non plus par des attaques impétueuses, mais par un envahissement mesuré et systématique, étaient sur le point d'isoler la France de toutes parts : maintenant, ils étaient partout refoulés. Avant Richelieu, les forces unies de l'Empire, de la ligue catholique et des armées espagnoles tenaient sous leur dépendance la rive gauche du Rhin et le fleuve lui-même, cette grande artère centrale de la vie européenne; maintenant, les Français dominaient en Lorraine, en Alsace, dans la plus grande partie de la contrée du Rhin; leurs armées combattaient au centre de l'Allemagne. Auparavant, la Méditerranée, les passages de l'Italie leur étaient à peu près fermés :

1. Montglat, *Mémoires*.

maintenant, ils occupaient un grand territoire dans la haute Italie, non pas à la suite d'une invasion passagère, mais après plusieurs grandes campagnes habilement conduites ; leurs flottes étaient victorieuses dans la mer Ligurienne, et menaçaient les portes de l'Espagne. Cette péninsule même, dont les forces unies avaient si longtemps fait la loi aux puissances européennes, était déchirée par la révolte de deux grandes provinces, dont une s'érigeait en royaume; les avant-postes français n'étaient plus qu'à soixante lieues de Madrid. Richelieu avait assuré à la monarchie des Bourbons sa grande position dans le monde. L'âge de l'Espagne était passé, celui de la France était venu[1]. »

Une fête célèbre marqua cet apogée de puissance et de gloire. Richelieu était l'homme des ambitions multiples. Il ne lui avait pas suffi de protéger les gens de lettres et de fonder l'Académie française, ni même de faire travailler Corneille et Rotrou sur des canevas de sa façon. Le pédant qui se réveillait parfois en ce grand politique s'avisa de collaborer avec Desmarets, auteur d'un poème épique sur *Clovis*, à une tragicomédie appelée *Mirame*, dont la première représentation fut un événement parisien. Aucune des armées du roi n'avait été « montée » avec autant de sollicitude et de prodigalité. C'est pour *Mirame* que fut bâtie la grande salle de spectacle du Palais-Cardinal, celle qui contenait trois mille spectateurs. Les trucs

---

1. Ranke, *loc. cit.*

avaient été commandés en Italie par le « sieur Mazarini », ancien nonce du pape à Paris. Richelieu avait choisi lui-même les décors et les costumes. Il dirigea les répétitions et fit dresser sous ses yeux la liste des invitations. La pièce fut prête à passer dans les premiers jours de 1641.

Il y eut d'abord une répétition générale pour la critique, représentée par des gens de lettres et des comédiens. La première eut lieu le 14 janvier, devant la cour de France et le Tout-Paris. Les invités étaient placés par l'évêque de Chartres et un président au Parlement. La nouvelle salle plut beaucoup, dans sa magnificence trop neuve. Quand le rideau se leva, peu s'en fallut qu'il n'y eût un cri d'admiration. La scène était bordée à droite et à gauche de palais splendides, entre lesquels se voyaient « de fort délicieux jardins ornés de grottes, de statues, de fontaines, de grands parterres en terrasse sur la mer, avec des agitations qui semblaient naturelles aux vagues de ce vaste élément, et deux grandes flottes, dont l'une paraissait éloignée de deux lieues, qui passèrent toutes deux à la vue des spectateurs ». Le même décor servait pour les cinq actes, sauf la toile du ciel, qui changeait à chaque acte avec l'éclairage, de façon à donner la sensation de la fuite des heures. La pièce était composée selon les formules alors en usage et n'était ni meilleure, ni pire, que beaucoup d'autres. On s'y battait, on s'y empoisonnait, on y ressuscitait, on s'y disputait une belle princesse, et, tandis que ces inventions un peu grosses se déroulaient sur les planches, le maître du lieu faisait l'office de chef de claque et travaillait à enlever la salle : « Tantôt il se levait et se tirait à moitié du corps hors de sa loge, pour se montrer à l'assemblée, tantôt il imposait silence pour faire entendre des endroits encore plus beaux [1] ». Quand le rideau tomba sur le dénouement, une toile représentant des nuages s'abaissa sur la scène et un pont doré vint rouler jusqu'aux pieds d'Anne d'Autriche. La reine trouva au bout une magnifique salle de bal. Elle y « dansa un grand branle » avec les princes et princesses, après quoi l'évêque de Chartres, en habit court et le bâton à la main, « comme aurait fait un maître d'hôtel [2] », lui amena une superbe collation. Cet évêque serviable fut fait archevêque de Reims dans le courant de l'année.

Il en fut de *Mirame* comme de la *Vie de César*, de Napoléon III, sous le second Empire. La politique s'en mêla. L'opposition n'eut garde de laisser échapper une si belle occasion d'être désagréable à l'auteur. Elle soutint que la pièce ne valait rien et prétendit y avoir remarqué des allusions inconvenantes au vieux roman d'Anne d'Autriche avec Buckingham. D'autre part, le roi se déclara scandalisé de la composition mêlée de la salle. Ravi « de pincer le cardinal [3] », il lui en fit l'observation devant Monsieur, qui prit la balle au bond et dit avoir aperçu en effet « la petite

---

1. Fontenelle, *Vie de Pierre Corneille*.
2. Tallemant.
3. *Ibid.*

Saint-Amour ». Richelieu demeura interdit; il n'y comprenait rien, étant sûr de ne pas avoir invité la petite Saint-Amour. Le coupable se trouva être l'abbé commis aux invitations, qui ne savait rien refuser aux dames. On l'expédia dans sa province, mais l'austère Louis XIII resta scandalisé, au grand chagrin de son ministre. Richelieu garda ainsi un souvenir mélangé d'une soirée qui avait dû, dans sa pensée, être la plus belle de sa vie.

Nonobstant ces contrariétés, *Mirame* avait fait mesurer aux foules la grandeur du premier ministre. M. le Grand savait à quoi s'en tenir, puisque, toujours sur les talons du roi, il voyait mieux que personne toute l'étendue de sa docilité. La « conjuration Cinq-Mars » prit néanmoins figure dans les mois qui suivirent *Mirame*. On en trouvera le détail dans toutes les histoires. Je dirai seulement qu'il ne faut pas chercher à expliquer raisonnablement une entreprise qui reposait sur des sentiments : la passion du roi pour son grand écuyer et la haine générale contre Richelieu. Au début, le roi Louis XIII, dans son aigreur envers l'un et sa tendresse pour l'autre, joua inconsciemment le rôle d'agent provocateur. Il excitait son « cher ami » à se moquer du cardinal. Cela soulageait le monarque, de rire aux dépens de son tyran. Cinq-Mars y fut pris, tout le monde y fut pris. La sage Mme de Motteville écrit que cette conjuration a été « une des plus grandes et en même temps des plus extraordinaires que nous puissions lire dans les histoires. *Car le Roi en était tacitement le chef.* »

Monsieur s'en était mis avec empressement et était accouru dire les noms des conjurés à la Reine, « désirant qu'elle eût part à ce dessein, qui était alors bien innocent, puisque le Roi était de la partie [1] ». Richelieu commençait à ne plus être tranquille. Tout à coup, au mois de juin 1642, Louis XIII étant malade à Narbonne et son ministre malade à Tarascon, M. le Grand fut arrêté et livré au cardinal pour crime de haute trahison. Il le méritait; il avait amené Monsieur à traiter avec l'Espagne. Cependant la vraie cause de sa mort, sinon de sa disgrâce, fut de ne pas avoir voulu comprendre qu'il ne devait plus faire fond sur le roi : « Le Roi ne l'aimait plus », dit un contemporain. Cela s'était fait brusquement, en un instant, et le roi, comme s'éveillant d'un songe, se remémora tous les services de Richelieu avec une telle vivacité, qu'il se transporta à Tarascon pour lui demander pardon de « l'avoir voulu perdre ». Honteux de lui-même, « ce prince, voulant faire amende honorable quoique malade, se fit porter dans sa chambre auprès de lui, où ils passèrent plusieurs heures ensemble », chacun dans leur lit. « Là se fit une réconciliation en apparence tout entière, mais dans le cœur elle fut feinte. On ne saurait oublier de telles offenses, et celui qui les a faites doit savoir qu'elles ne sauraient s'effacer du souvenir de celui qui les a reçues [2]. » Louis XIII fit l'impossible pour

1. Motteville.
2. *Ibid.*

« effacer ». Il s'humilia et « abandonna tout », en première ligne « cet aimable criminel qu'il accablait de caresses deux jours auparavant »; mais nous savons que ce sacrifice-là ne lui coûta point. Il y a du monstre dans Louis XIII, souverain dévoué à ses devoirs jusqu'à l'héroïsme et au martyre; il serait incompréhensible, s'il n'avait pas été un malade.

Monsieur se surpassa lui-même pendant cette crise. Il fut trembleur et pleurnicheur, menteur et dénonciateur avec une telle abjection, que les éclats de sa honte remplirent la France et pénétrèrent dans les Tuileries, mettant Mademoiselle au désespoir. Son père dérangeait ses idées théologiques sur les princes du sang. Comment expliquer qu'un être participant de la divinité pût être aussi parfaitement méprisable? La Grande Mademoiselle restait accablée devant l'énigme douloureuse que lui présentait son père.

V

La fin du règne de Louis XIII ressemble à ces tragédies où tout le monde meurt au cinquième acte. Les principaux personnages de la pièce disparurent en l'espace de quelques mois. Marie de Médicis partit la première. Elle mourut à Cologne le 3 juillet 1642, non point dans un galetas, comme on l'a répété, mais dans l'ancienne maison de Rubens et entourée d'un nombreux domestique : quatre-vingts personnes au moins, d'après les legs énumérés dans son testament. Il est exact qu'elle devait à ses fournisseurs et que plusieurs de ses gens avaient fait des avances pour les dépenses de la maison; mais c'est ce que nous voyons tous les jours autour de nous, dans les intérieurs où il n'y a pas d'ordre. La vieille reine avait encore sa vaisselle d'argent, qu'elle aurait certainement vendue si sa situation avait été ce qu'on a raconté. Marie de Médicis n'a donc pas terminé sa vie dans la misère; elle n'en était qu'aux expédients.

Cette grosse femme à scènes, qui jadis essayait de battre son mari, le roi Henri IV, n'avait manqué à personne en France. Sa mort y aurait passé inaperçue, si la Cour n'avait dû prendre le deuil selon les rites compliqués et barbares de l'ancienne monarchie. Mademoiselle fut obligée de s'enfermer dans les ténèbres d'une chambre tendue de noir et aux fenêtres aveuglées. Il lui en coûta moins qu'il ne lui en eût coûté en tout autre moment. Elle était alors très affectée de l'affaire Cinq-Mars, et abandonnée de tous à cause de la nouvelle disgrâce de son père. Le deuil lui fut un voile commode. « J'observai cette retraite, disent ses *Mémoires*, dans toute la régularité possible. Je n'eus pas de peine à me priver de recevoir des visites; il m'arriva tout ce qu'éprouvent tous les malheureux : personne ne me vint chercher. »

Trois mois plus tard, le 12 septembre, Cinq-Mars fut décapité à Lyon avec son ami de Thou. Leur attitude devant la mort excita l'admiration universelle. Elle avait donc été belle au goût du temps, preuve que la mesure et la simplicité n'étaient pas plus de mode dans la conduite des hommes qu'en littérature ou pour l'architecture des jardins. En sortant du tribunal pour aller au supplice, Cinq-Mars et de Thou rencontrèrent les juges qui venaient de les condamner. Ils les embrassèrent et leur « firent chacun un beau compliment ». Une grande foule s'était assemblée devant le Palais : « ils la saluèrent de tous côtés profondément, avec une grâce non pareille », et montèrent en voiture dans un état d'exaltation. Ils se baisaient joyeusement, se donnaient rendez-vous au Paradis et saluaient le peuple comme des triomphateurs. De Thou battit des mains en apercevant l'échafaud. Cinq-Mars y monta le premier. « Il fit un tour sur l'échafaud, comme s'il eût fait une démarche de bonne grâce sur un théâtre ; puis il s'arrêta et salua tous ceux qui étaient à sa vue d'un visage riant. Après, s'étant couvert, il se mit en une fort belle posture, ayant avancé un pied et mis la main au côté ; il considéra haut et bas toute cette grande assemblée d'un visage assuré et qui ne témoignait aucune peur, et fit encore deux ou trois belles démarches [1]. »

La mode est maintenant de mourir sans tant d'apparat ; cependant, les révolutions du goût ne doivent pas nous empêcher de rendre justice à ces jeunes gens, qui montrèrent véritablement un grand cou-

---

1. Cf. *Procès de MM. de Cinq-Mars et de Thou* (collection Danjou) et la *Relation* de Fontrailles.

rage. Leurs louanges partout répétées vinrent raviver la honte et le chagrin de Mademoiselle. Elle écrit au sujet de leur procès : « Dont j'eus beaucoup de regret, et par la considération de leur personne, et parce que Monsieur était malheureusement mêlé dans l'affaire qui les fit périr, jusque-là même que l'on a cru que la seule déposition qu'il fit à M. le Chancelier fut ce qui les chargea le plus, et ce qui fut cause de leur mort. Ce souvenir me renouvelle trop de douleur pour que j'en puisse dire davantage. » Mademoiselle s'attendait naïvement à trouver à son père, lorsqu'elle le reverrait, un visage triste et embarrassé. C'était mal le connaître. Dans l'hiver qui suivit la mort de Cinq-Mars, il reparut devant elle la face rayonnante, et tout à la joie de rentrer à Paris : « Il vint descendre chez moi, rapporte sa fille.... Il soupa chez moi, où étaient les vingt-quatre violons, il y fut aussi gai que si MM. de Cinq-Mars et de Thou ne fussent pas demeurés par les chemins. J'avoue que je ne le pus voir sans penser à eux, et que, dans ma joie (de le voir), je sentis que la sienne me donnait du chagrin. » Vers le même temps, elle éprouva une première fois à ses dépens combien son père était peu sûr, et le reste de ses illusions filiales y passa.

Ce fut ensuite à Richelieu à disparaître de la scène. Il était malade depuis longtemps, paralysé, le corps pourri d'abcès et d'ulcères. Son maître et lui se guettaient « à qui mourrait le premier[1] », chacun formant

. Motteville.

de vastes projets pour le moment où il serait débarrassé de l'autre. En cet état, le cardinal offrit aux Français un dernier spectacle, qui fut le plus original et le plus impressionnant de tous. Il était reparti de Lyon pour Paris le jour du procès Cinq-Mars. Le voyage lui prit six semaines. La foule accourue sur son passage voyait d'abord paraître des chariots traînant les matériaux d'un large plan incliné. A quelque distance suivait un petit corps d'armée qui escortait une chambre portative, chargée sur les épaules de vingt-quatre gardes du corps, tête nue sous la pluie et le soleil. On apercevait dans cette chambre une table, une chaise, et « un lit magnifique » où gisait l'homme, très intéressant pour le peuple, qui abattait comme des noix les têtes de ces beaux seigneurs que paysans et ouvriers sentaient si prodigieusement loin au-dessus d'eux. La chaise et la table étaient pour les audiences, ou pour le secrétaire auquel Richelieu dictait pendant la route ses ordres aux armées et ses dépêches diplomatiques. En arrivant à l'étape, la maison où il devait loger avait été éventrée à l'étage de sa chambre, tout ce qui en aurait gêné les approches était abattu ou nivelé, et « le rampant » appliqué contre la façade. La lourde machine le gravissait jusqu'à la brèche, d'où elle s'engouffrait sans secousse dans la maison. Quand les circonstances s'y prêtaient, on embarquait cet attirail sur un bateau. Le cardinal entra ainsi par eau dans Paris. Il vint débarquer en face de son palais, au Port au foin, et fut porté chez lui à travers une foule qui s'écrasait « pour voir cette espèce de triomphe d'un cardinal et d'un ministre couché dans son lit, qui retournait avec pompe après avoir vaincu ses ennemis [1] ». Cependant les regards de Richelieu fouillaient à droite et à gauche la cohue « prosternée ». Il y reconnut une personne compromise dans l'affaire Cinq-Mars et lui fit dire séance tenante de venir s'expliquer au Palais-Cardinal.

Les semaines qui suivirent furent pénibles. Depuis le dernier complot, Richelieu était en « défiance » du monde entier, le roi compris, et rêvait d'assassins jusque dans la chambre royale. Il voulut forcer le monarque à chasser plusieurs officiers de sa garde. Louis XIII se révolta. Après des discussions violentes, des récriminations mutuelles, le cardinal eut recours aux grands moyens. Il s'enferma chez lui, refusa de recevoir les ambassadeurs et menaça de donner sa démission. Une fois de plus, le roi céda. Ces deux moribonds se retrouvèrent ensuite d'accord pour prendre des précautions contre Gaston d'Orléans. Le Parlement reçut la *Déclaration du roi contre Monsieur*, à laquelle Mademoiselle fait allusion dans ses *Mémoires*. Louis XIII y exposait à ses sujets les complots et les trahisons de son frère, et ajoutait qu'au moment de lui pardonner pour la sixième fois, il commençait par lui ôter les moyens de nuire, « supprimant ses compagnies de gendarmes et de chevau-légers, et le privant présentement du gouvernement d'Auvergne dont nous l'avions gratifié, et, pour l'avenir, de toute

---

1. Pontis, *Mémoires*.

sorte d'administration en cet État... ». La *Déclaration* fut envoyée à Mathieu Molé le 1ᵉʳ décembre 1642. Le jour même, le cardinal eut une crise violente, et, le lendemain, il était perdu. Il se prépara à la mort avec fermeté, ainsi qu'il convenait à un homme de sa trempe. Son confesseur lui ayant demandé « s'il ne pardonnait pas à ses ennemis, il répondit qu'il n'en avait point, que ceux de l'État[1] ». Il y a une part de vérité dans cette parole et c'est le grand titre de gloire de Richelieu. Au dehors ou au dedans, quiconque en voulait à la France ou à son gouvernement s'en prenait au cardinal, « toutes les hostilités étaient dirigées contre sa personne », car il était l'obstacle. Sa politique avait été dominée par deux idées immuables, qui devinrent toujours plus arrêtées et plus volontaires. Elles consistaient à soumettre toutes les volontés particulières à l'autorité royale et à développer l'influence française en Europe. On a déjà vu la place que notre pays avait prise dans le monde sous son ministère. Richelieu avait accompli non moins victorieusement son œuvre à l'intérieur : « L'idée de la puissance monarchique, dit Ranke, était devenue comme un dogme religieux; quiconque le rejetait devait être poursuivi avec la même rigueur et presque avec les mêmes formes que les hérétiques. » Louis XIV pouvait venir; la monarchie absolue allait trouver son lit tout fait.

Richelieu rendit l'esprit le 4 décembre 1642. La

1. Montglat.

nouvelle en fut aussitôt portée au roi, qui se contenta de dire : « Il est mort un grand politique[1] ». A l'étranger, nos ennemis eurent « grand contentement », et nos alliés « grand déplaisir », parce qu'ils eurent également la pensée « que tout irait de travers et serait sens dessus dessous[2] ». En France, le soulagement fut universel. Personne ne doutait que la mort du cardinal ne fût le signal d'une révolution. Les bannis s'attendaient à être rappelés, les prisonniers à être délivrés. L'opposition comptait entrer au pouvoir et les grands rêvaient d'une abbaye de Thélème. Quant à la masse des Français, elle a toujours aimé le changement pour le changement. L'espoir de voir un bel enterrement agissait aussi sur le populaire parisien, et, de ce côté-là, l'attente ne fut point trompée. Il y eut d'abord exposition publique du corps en costume de cardinal. La queue des curieux était si longue, qu'on mettait un jour et une nuit à arriver devant le lit de parade. Cela dura près d'une semaine. Le 13 décembre eut lieu l'enterrement, dont les badauds se déclarèrent satisfaits; le char à six chevaux était tout à fait remarquable. Mais la révolution ne venait pas. La Grande Mademoiselle fut la première à s'apercevoir que Louis XIII préparait une déception à son royaume. Elle avait, malgré tout, de l'affection pour son père, qu'il lui était d'ailleurs impossible de séparer de « la gloire » de sa maison.

1. Pontis, *Mémoires*.
2. Montglat, *Mémoires*.

Elle courut au Louvre en apprenant la mort de Richelieu : « Aussitôt que je le sus, j'allai trouver le roi pour le supplier d'avoir quelque bonté pour Monsieur. Je croyais prendre une occasion très favorable pour le toucher : il me refusa, et alla le lendemain[1] au Parlement faire enregistrer contre lui la déclaration dont on sait le sujet, sans que je l'explique ici. Je voulus me jeter à ses pieds lorsqu'il entrerait au Parlement, pour le supplier de n'en pas venir à cette extrémité ; il en fut averti, et me l'envoya défendre ; rien ne put le détourner de son injurieux dessein. » Le 4, après la visite de sa nièce, Louis XIII avait appelé Mazarin à continuer l'œuvre de Richelieu. Le 5, il avait envoyé aux parlements et aux gouverneurs des provinces une circulaire leur annonçant la mort du premier ministre et coupant court aux bruits de crise gouvernementale. Le roi, disait ce document, « était résolu de conserver et d'entretenir tous les établissements ordonnés durant son ministère, de suivre tous les projets arrêtés avec lui pour les affaires du dehors et de l'intérieur, en sorte qu'il n'y aurait aucun changement ». L'immense fortune amassée par le cardinal passa à ses héritiers sans enquête indiscrète, et Louis XIII y ajouta une distribution de places. L'ombre du mort continuait de régner. — « Tous les malheurs du cardinal subsistèrent », s'écrie Mademoiselle. Montglat rapporte qu'on

---

1. Mademoiselle se trompe de date. La *Déclaration contre Monsieur* fut enregistrée le 9 décembre.

osait à peine se communiquer la nouvelle de sa mort, comme si on eût craint le retour de son âme. Le roi même l'avait tellement respecté de son vivant, qu'il l'appréhendait encore après sa mort. »

La débâcle se fit pourtant en sourdine au bout de quelques semaines. Le 13 janvier 1643, Monsieur eut la permission de venir saluer le roi à Saint-Germain et en fut bien reçu. Le 19, Bassompierre et deux autres seigneurs sortirent de la Bastille. En février, les Vendôme revinrent d'exil. La vieille Mme de Guise, grand'mère de Mademoiselle, reprit aussi la route de France, où sa petite-fille lui fit fête. Louis XIII devenait chaque jour plus facile au pardon. La raison en était simple : il allait mourir et le sentait. Il montrait à ses familiers ses membres de squelette, couverts de larges taches blanches, et leur contait qu'il avait été réduit en cet état par ses « bourreaux » de médecins, et par « la tyrannie du cardinal », qui ne lui faisait « jamais faire les choses que par la contrainte [1] », de sorte qu'il avait succombé sous « les peines ». Il avait rempli ses devoirs religieux avec de grandes démonstrations de piété. Les députés du Parlement étaient venus ouïr devant son lit la Déclaration qui donnait le titre de régente à Anne d'Autriche et la réalité du pouvoir à un conseil nommé d'avance. Le roi Louis XIII n'avait plus rien à faire dans ce monde, où sa maladie était accompagnée de tout ce qui peut donner envie d'en finir,

1. *Journal* d'Olivier Lefèvre d'Ormesson.

douleurs cruelles, misères dégoûtantes, puanteurs abominables, et le reste du cortège des lentes agonies. Le malheureux mit plusieurs mois à mourir, avec des hauts et bas inattendus qui dérangeaient les intrigues de la Cour et produisaient de grandes agitations à Saint-Germain.

Le roi habitait le château neuf, bâti par son père, et dont il ne reste plus que le pavillon Henri IV. Anne d'Autriche était demeurée avec la Cour au vieux château, que connaissent tous les Parisiens. Dans les bons jours, cet arrangement assurait au malade un repos relatif. Dans les mauvais, Louis XIII n'échappait pas aux supplices inventés par l'étiquette. La foule du vieux château venait assiéger ses appartements pour assister à son agonie. Elle s'y rencontrait avec le flot accouru de Paris, et c'était un piétinement, un entassement, un bruit, une chaleur affreusement pénibles pour le roi, qui demandait en grâce qu'on s'écartât de son lit pour lui laisser un peu d'air. Une rumeur montait de la cour et s'accompagnait d'explosions de sifflets ou d'applaudissements au passage des hommes politiques. Les laquais et les pages étaient alors en possession de représenter l'opinion publique, comme, de nos jours, les camelots et les marmitons, et ils manifestaient en attendant leurs maîtres. La crise passée, courtisans et parlementaires s'envolaient vers Paris, où les appelaient des musiques de danse et la lumière des fêtes : « Il n'y eut jamais tant de bals que cette année-là, dit Mademoiselle. Je me trouvai à tous. »

La crise finale survint le 14 mai. Dès que le roi eut rendu le dernier soupir, la reine se retira avec toute la Cour et chacun fut prendre ses mesures pour partir le lendemain de bon matin. Le déménagement eut la prestesse d'une levée de camp. De longues files de chariots chargés de meubles et de bagages commencèrent avec le jour à dévaler la colline de Saint-Germain. Elles ne tardèrent pas à se mélanger de carrosses à six chevaux et de groupes de cavaliers. Un grondement accompagnait ce défilé, qui ne s'interrompit qu'à onze heures, pour laisser passer un corps d'armée où s'encadrait la famille royale, escortée des maréchaux de France, des ducs et pairs, de toute la noblesse, tous à cheval. Après le dernier bataillon reprenaient les chariots et les carrosses, noyés dans le flot de valetaille et de gens de tous métiers que traînaient à leur suite toutes les grandes maisons. Saint-Germain finit pourtant par se vider. Le dernier « galopin » parti, le bruit de foule en marche s'éloigna et s'assoupit. Le château neuf s'enveloppa de silence et le rideau tomba sur le cinquième acte du règne de Louis XIII. Il n'était resté sur la scène qu'un cadavre léger comme une plume, auprès duquel veillaient un lieutenant et quelques soldats.

CHAPITRE IV

I. La régence. Le roman d'Anne d'Autriche et de Mazarin. La seconde femme de Gaston. — II. Nouveaux projets de mariage de Mademoiselle. — III. Elle veut se faire carmélite. La renaissance catholique sous Louis XIII et la régence. — IV. Entrée des femmes dans la politique. Rivalité des deux branches cadettes. Suite du roman royal.

I

LE lendemain de la mort de Louis XIII, Paris fut dans une agitation extraordinaire. On attendait le nouveau roi, le petit Louis XIV, âgé de moins de cinq ans. La cour ayant annoncé qu'elle arriverait par le Roule et le faubourg Saint-Honoré, la moitié de la population se porta au-devant d'elle sur la route de Saint-Germain, le reste s'entassa dans les rues que devait suivre le cortège. A neuf heures du matin, et malgré un vent insupportable, chacun était à son poste dans la ville, ou en marche vers le pont de Neuilly. « Jamais tant de carrosses et tant de peuple ne sortirent de Paris », dit Olivier d'Ormesson, qui passa la journée, avec sa famille, à une fenêtre du faubourg Saint-Honoré. On voulait voir qui suivrait la reine Anne d'Autriche et qui ne la suivrait point. On voulait essayer de lire sur le visage des courtisans. La France attendait de la régente le changement de gouvernement qu'on avait espéré en vain à la mort de Richelieu, et Paris s'était chargé de l'en remercier d'avance par une ovation. Personne ne connaissait les idées d'Anne d'Autriche ; mais il y avait cependant une chose dont on se croyait sûr, et qui suffisait pour la rendre populaire : la veuve de Louis XIII n'aurait jamais de premier ministre ; elle avait trop souffert de la tyrannie de Richelieu.

Le flot des Parisiens rencontra le cortège royal à Nanterre et embarrassa considérablement sa marche. « Depuis Nanterre jusqu'aux portes de cette grande ville, dit Mme de Motteville, toute la campagne était remplie de carrosses, et ce n'était partout qu'applaudissements et bénédictions. » A l'entrée du Roule, il fallut écouter un premier discours officiel, du prévôt des marchands, auquel la régente répondit brièvement « qu'elle ferait instruire son fils de la bienveillance qu'il devait avoir pour ses sujets [1] ». La foule devenait compacte et les acclamations assourdissantes. On avançait si lentement qu'il était six heures du soir quand Anne d'Autriche monta l'escalier du Louvre en faisant dire qu'elle n'en pouvait plus, et qu'elle remettait les réceptions au lendemain.

Le samedi 16 fut en effet consacré aux harangues et révérences. Le lundi suivant, la reine mena son fils

---

1. *Registres de l'Hôtel de Ville.* — Collection Danjou.

au Parlement, où elle fut déclarée régente « avec pleine, entière et absolue autorité », contrairement aux volontés exprimées par Louis XIII dans son testament. Le soir de cette séance mémorable, une foule radieuse s'étouffait dans les appartements du Louvre; les grands se voyaient déjà les maîtres de la France. Tout à coup, une nouvelle extraordinaire se murmura dans un coin, courut, vola, fit le tour des salons : à peine rentrée du Parlement, la reine s'était servie de son nouveau pouvoir pour nommer le cardinal Mazarin chef de son conseil. On se regarda, les uns atterrés, les autres ayant peine à réprimer un sourire. Les grands avaient aidé Anne d'Autriche à saisir l'autorité parce qu'ils la croyaient incapable d'en user, et elle avait l'air de se révéler femme d'initiative et d'énergie. En réalité, elle avait agi en femme déjà dirigée; mais il fallut quelque temps pour s'en apercevoir.

La reine mère avait quarante et un ans, de beaux yeux, de beaux cheveux, de belles mains, une tournure majestueuse et de l'esprit naturel. Son éducation avait été aussi sommaire que celle de la Grande Mademoiselle. Anne d'Autriche savait lire et écrire, et c'était tout; elle n'avait jamais ouvert un livre, et parut à son conseil, au début de la régence, un vrai miracle d'ignorance. Elle connaissait toutefois assez bien le personnel politique de la France, son goût pour l'intrigue l'ayant instruite de bien des choses sur bien des gens. Elle avait aussi beaucoup appris sur le monde à la comédie et dans les belles conversations, ses deux passe-temps favoris. Très facile dans le commerce ordinaire, par indifférence plutôt que par bonté, elle surprit le monde officiel, à son arrivée au pouvoir, par sa promptitude à élever la voix dès qu'on la contrariait ou qu'on lui résistait; elle prenait alors un « fausset aigre » et perçant d'un effet désagréable.

D'autres surprises attendaient ses contemporains, dont l'opinion ne lui a jamais été équitable; ils la virent trop en beau, comme Mme de Motteville, ou trop en laid, comme Retz. Anne d'Autriche n'était ni une « sotte » ni une « grande reine ». C'était une Espagnole, restée Espagnole dans ses idées et ses sentiments. Elle avait l'imagination de sa race; ayant une revanche à demander à la vie, il était à prévoir que cette revanche serait romanesque. D'autre part, sa piété comportait trop de petites pratiques pour les Parisiens. « Elle communie souvent, écrivait une amie; elle révère les reliques des saints; elle est dévote à la Vierge et pratique souvent dans ses besoins les vœux, les présents et les neuvaines par lesquels les fidèles espèrent obtenir des grâces du ciel[1]. » Le seul gouvernement qu'elle comprit était celui de sa patrie, la monarchie absolue. Quand la reine prenait son fausset pour crier : « Taisez-vous!... taisez-vous! » aux députés du Parlement, qui en étaient extrêmement choqués, elle croyait remplir son devoir de dépositaire de l'autorité de son fils.

1. Motteville.

Le nouveau premier ministre était Sicilien d'origine, et du même âge que la régente. Il avait été nonce du Pape à Paris pendant deux ans (1634-1636). Le 4 janvier 1640, on l'avait vu arriver à la cour de France et s'y installer, sans qu'on sût à quel titre. Richelieu se servait de lui, et l'on apprit dans la suite qu'il lui avait écrit de son lit de mort : « Je vous remets mon ouvrage entre les mains, sous l'aveu de notre bon maître, pour le conduire à sa perfection. » Louis XIII l'ayant aussitôt « appelé dans ses conseils », toujours sans fonctions nettement définies, Mazarin s'occupa dans l'ombre et le silence à se créer des relations et des appuis. Il ne se montrait nulle part. A la mort de Louis XIII, on ne le vit ni à l'entrée de son successeur à Paris, ni à la séance du Parlement pour l'établissement de la régence. Le public le crut reparti pour l'Italie. Les Parisiens le connaissaient si peu, qu'Olivier d'Ormesson, très répandu dans le monde, parle de Mazarin, alors que celui-ci était premier ministre depuis six mois, comme s'il le voyait pour la première fois. On lit dans son *Journal* :
— « Le samedi matin 4 novembre (1643), au conseil, où vint M. le Cardinal Mazarin, après avoir été attendu par M. le Chancelier une demi-heure ; il prit la place de chef du conseil et signa les arrêts le premier, et écrivait : le cardinal *Massarini*. Il se trouva d'abord étonné, ne sachant l'ordre du conseil et ne sachant les noms ; il ôtait à chacun son chapeau et paraissait ne rien entendre aux affaires de finances. Il est grand, de bonne mine, bel homme, le poil châtain, un œil vif

et d'esprit avec une grande douceur dans le visage. M. le Chancelier l'instruisait, et chacun s'adressait à lui.... »

Mazarin avait mieux à faire, dans son intérêt, que de parader pour le public. Il voulait se rendre inamovible, et nous savons par quel moyen ; lui-même en a instruit la postérité par ses carnets de poche [1], où l'on suit jour par jour les phases de ses relations avec la régente. Il est parfaitement clair, par ses réflexions, que c'est au cœur de la reine qu'il en voulait. — *Carnet d'août* 1643. « Si je croyais ce qu'on raconte, que Sa Majesté se sert de moi par nécessité, sans aucune inclination, je ne resterais pas trois jours ici. » A propos de ses ennemis : — « Enfin ils s'entendent de mille façons et font mille intrigues pour diminuer ma chance auprès de Sa Majesté. » Les amis de la reine ont averti cette princesse que son ministre la compromettait : — « La supérieure des Carmélites a parlé contre moi. Sa Majesté a pleuré, et a dit que, si on lui en reparlait, elle ne reviendrait plus. » Les idées qu'il faut donner à la reine, les recommandations à lui faire, sont inscrites de peur d'oubli : — « On me dit que Sa Majesté s'excuse tous les jours, par la nécessité, des démonstrations qu'elle me fait. C'est un point si délicat, que Sa Majesté doit avoir compassion si j'en parle souvent. » « Je n'ai pas le droit d'avoir des doutes, après

---

1. Conservés à la Bibliothèque nationale. Ils sont écrits en trois langues : italien, espagnol et français. Mazarin se servait de l'espagnol quand il pensait à la reine.

que Sa Majesté, dans l'excès de sa bonté, m'a assuré que rien ne pourrait m'abattre de la place qu'elle a daigné me donner dans sa faveur; mais, malgré tout, la crainte étant le compagnon inséparable de l'affection, etc. »

Dans le *Carnet* suivant (fin de 1643 et début de 1644), ses affaires ont marché : — « La jaunisse, causée par un amour excessif. » La preuve qu'il se sent fort, c'est qu'il se permet des observations : — « Sa Majesté devrait s'appliquer à me gagner le cœur de tous ceux qui la servent, en faisant passer par mes mains toutes les grâces qu'ils reçoivent. » Il en vient à dicter à la reine son langage ; on a retrouvé dans les *Carnets* le texte des paroles prononcées par Anne d'Autriche en différentes occasions.

Pendant qu'il soutenait contre l'entourage de la reine une lutte encore sourde, la France vivait des instants délicieux. La détente appelée de tant de vœux s'était produite. Une immense espérance versait l'apaisement aux uns et rendait le courage aux autres. La victoire resplendissante de Rocroy (19 mai 1643), survenant au lendemain de la mort de Louis XIII, avait paru aux foules le signe que Dieu prenait sous sa garde l'enfant-roi et sa mère. Cette croyance s'affermissait dans les esprits chaque fois que l'on regardait vers les champs de bataille, transportés maintenant au delà des frontières, ou vers les gouvernements étrangers, témoins inquiets de nos rapides progrès. Nous avons eu une belle posture en face de l'Europe, depuis Rocroy jusqu'aux traités de

Westphalie, de beaux succès, militaires ou diplomatiques, dont la gloire doit revenir en partie au ministre qui les avait préparés. Aux yeux de nos ennemis du dehors, Mazarin justifiait amplement la confiance de Richelieu et le choix d'Anne d'Autriche. C'était lui qui avait fait nommer le duc d'Enghien général en chef à vingt-deux ans. Ce fut lui qui devina Turenne et l'alla chercher, lui qui rédigea pour nos plénipotentiaires, avec le juste sentiment de notre nouvelle puissance, l'ordre de « tenir bon [1] » sans s'occuper des autres nations et de leurs résistances.

La plupart des Français ne reconnurent ses services que longtemps après. Cependant, Retz dit positivement que Mazarin fut populaire à Paris dans les premiers mois de son ministère : — « L'on voyait sur les degrés du trône, d'où l'âpre et redoutable Richelieu avait foudroyé plutôt que gouverné les humains, un successeur doux, bénin, qui ne voulait rien, qui était au désespoir que sa dignité de cardinal ne lui permettait pas de s'humilier autant qu'il l'eût souhaité devant tout le monde, qui marchait dans les rues avec deux petits laquais derrière son carrosse…. L'accès était tout à fait libre, les audiences aisées, l'on dînait avec lui comme avec un particulier. » L'arrestation du duc de Beaufort (2 sep-

---

1. *Mémoire du roi aux plénipotentiaires* (6 janvier 1644) : — « Il ne faut pas s'étonner de tout ce que disent nos ennemis ; — c'est à nous de tenir bon ; il est indubitable qu'ils se rangeront peu à peu. »

tembre 1643) et la dispersion des Importants étonnèrent sans effrayer. Chacun gardait ses vastes espoirs. L'ancien parti de Marie de Médicis et d'Anne d'Autriche espérait revenir aux affaires, imposer la paix générale et substituer l'alliance espagnole à l'alliance protestante. Les grandes familles espéraient reprendre leur autorité aux dépens de celle du roi. Le Parlement espérait jouer un grand rôle politique. Le peuple espérait la paix; on lui disait que la reine avait pris un ministre tout exprès pour la faire. La cour tout entière, du premier prince du sang au dernier des laquais, vivait du matin au soir dans l'espoir d'une grâce ou d'un présent, et il n'y avait de déçus que ceux, bien rares, qui n'avaient rien demandé, car « on ne refusait rien ». On donnait les dignités, les places, l'argent, ce qu'on avait et ce qu'on n'avait pas. La Feuillade disait qu'il n'y avait plus que quatre petits mots dans la langue française : « La reine est si bonne! »

Tant de bonheurs particuliers finissant par donner l'illusion d'un bonheur public, Paris avait témoigné sa satisfaction en s'amusant. Il s'amusait le jour, il s'amusait la nuit, avec l'extraordinaire capacité de plaisir qui l'a toujours distingué. Petits et grands « ne respiraient, dit Saint-Evremond, que les jeux et l'amour ». Mademoiselle avait gardé un souvenir reconnaissant de ces temps de joyeuse ivresse : « Les premiers mois de la régence, dit-elle en ses *Mémoires*, furent les plus beaux que l'on pût souhaiter.... Ce n'étaient que réjouissances perpétuelles en tous lieux ; il ne se passait presque point de jours qu'il n'y eût des sérénades aux Tuileries ou dans la place Royale. » Le deuil du feu roi n'arrêtait personne, pas même sa veuve, qui passait ses soirées au Jardin de Renard, le premier en date de nos casinos, et y acceptait des soupers. Le retour de l'hiver, en dépeuplant les promenades, ne ralentit pas l'élan universel ; Paris se contenta de changer de plaisirs : « L'on dansa fort partout, poursuit Mademoiselle, et particulièrement chez moi, quoiqu'il ne convienne guère d'entendre des violons dans une chambre noire. » Notez que Mademoiselle, à l'en croire, était alors indignement gênée dans sa liberté et ses plaisirs. Elle avait perdu l'indulgente Mme de Saint-Georges[1] et s'entendait très mal avec sa nouvelle gouvernante, la comtesse de Fiesque, qui avait entrepris de la discipliner et se permettait de la punir. Mademoiselle se trouvait trop grande, à seize ans, pour être mise « en prison » comme une petite fille, et courait se venger ; de représailles en représailles, elle fut une fois sous clef « cinq ou six jours ».

Il s'était produit dans son entourage un autre changement dont les suites furent plus sérieuses. Louis XIII mourant avait permis à Monsieur de faire venir sa seconde femme, à condition de répéter en France la cérémonie de leur mariage. La princesse arrivait à la cour avec une réputation d'héroïne de roman qui n'était pas pour déplaire à sa belle-fille.

1. Morte en février 1643.

Quand Marguerite de Lorraine avait commis, il y avait de cela douze ans, ce que les jurisconsultes de Richelieu appelaient son « crime de rapt » sur la personne de Gaston d'Orléans, les événements avaient séparé les mariés au sortir de l'église, et Madame s'était trouvée bloquée dans Nancy par l'armée française. Elle mit une perruque et des habits d'homme, se barbouilla le visage de suie, traversa nos lignes dans le carrosse d'un cardinal, fit vingt lieues à cheval et réussit à rejoindre Monsieur en Flandre. Le monde admira sa hardiesse. La fidélité conjugale, si peu dans les mœurs du temps, dont elle fit preuve pendant une nouvelle séparation de neuf années, la rangea définitivement parmi les femmes en dehors de l'ordinaire. Paris était curieux de la connaître. On s'empressa à Meudon (27 mai 1643) pour assister à sa descente de carrosse, et à sa rencontre, après tant de traverses, avec le cher et volage époux qu'elle avait réussi à fixer. Sa belle-fille l'accompagnait : « J'allai au-devant d'elle à Gonesse, rapporte Mademoiselle, d'où elle alla à Meudon sans passer par Paris ; elle ne voulait pas y venir qu'elle ne fût en état de saluer Leurs Majestés, ce qu'elle ne pouvait faire parce qu'elle n'était pas habillée de deuil. Nous arrivâmes tard à Meudon, où Monsieur s'était rendu pour l'y recevoir, et il la trouva dans la cour : leur abord se fit en présence de tous ceux qui l'accompagnaient. Tous les assistants furent dans un grand étonnement de voir la froideur avec laquelle ils s'abordèrent, vu que les persécutions que Monsieur avait soufferles du Roi et du cardinal de Richelieu au sujet de ce mariage n'avaient fait qu'assurer la constance de Monsieur pour Madame. » Ils éprouvaient l'un et l'autre un grand embarras. C'est une épreuve que de se retrouver au bout de neuf ans. Monsieur avait peu changé, sauf qu'il était sujet maintenant à des accès de goutte qui le gênaient pour pirouetter. Madame parut fanée et fagotée; mais on l'attendait à l'œuvre.

Leur mariage régularisé, ils vinrent s'établir au palais du Luxembourg, et la cour vit une femme accablée et dolente, une malade imaginaire qui se croyait toujours près d'expirer : « Elle ne sortait presque jamais, raconte Mme de Motteville; elle disait que la moindre agitation la faisait évanouir. Et j'ai vu quelquefois Monsieur se moquant d'elle, contant à la reine qu'elle communiait dans son lit plutôt que d'aller dans sa chapelle qui était proche, sans qu'elle parût avoir aucune maladie considérable. Quand elle venait chez la reine, en deux ans une fois, elle se faisait apporter en chaise; mais avec tant de façons, que son arrivée au Palais-Royal était toujours célébrée à l'égal d'un petit miracle. Souvent elle n'était qu'à trois pas du Luxembourg qu'il fallait la rapporter, comme étant attaquée de plusieurs maux qu'elle disait sentir et qui ne paraissaient nullement. » Monsieur lui faisait l'effet d'un foudre de guerre. Elle lui prêchait la prudence du matin au soir, le grondait du matin au soir, par inquiétude ou pour toute autre raison, et lui le supportait, ne bougeait de chez sa femme, tout en se moquant d'elle très librement. Madame « aimait Monsieur ardemment ». Monsieur le lui rendait avec le décousu qui était la marque de son naturel : « On peut dire qu'il l'aimait, dit Mme de Motteville, mais qu'il ne l'aimait pas souvent. » Ce ménage original parut aux Parisiens n'avoir rien d'héroïque, pas plus d'un côté que de l'autre. Mademoiselle ne tarda pas à se désoler d'entendre perpétuellement recommander la prudence à son père, à qui elle n'en trouvait déjà que trop, et ses relations avec sa belle-mère, cordiales au début, devinrent bientôt de pure bienséance. « Je faisais tout mon possible, disait-elle plus tard, pour me conserver ses bonnes grâces, que je n'aurais jamais perdues, si elle ne m'avait donné sujet de les négliger. » Elles étaient trop différentes; elles ne pouvaient rien l'une pour l'autre.

II

Les deuils de Mademoiselle l'avaient détournée de la grande affaire de son mariage. Elle se reprit bientôt à y songer. Il n'y avait pas d'apparence que Madame s'en occupât; c'était trop fatigant pour elle. Monsieur, d'autre part, trouvait trop d'agrément à jouir de la fortune de sa fille pour travailler à la marier. Mademoiselle n'espérait qu'en la reine, et elle ne tarda pas à avoir la preuve que la régente, ou plutôt son ministre, veillaient en effet sur elle et sur ses belles principautés. En 1644, le roi d'Espagne Philippe IV, frère d'Anne d'Autriche, perdit sa femme. C'était notre ennemi, et c'eût été folie que de lui donner des droits quelconques sur des provinces françaises. Mademoiselle vit seulement qu'il avait une couronne, et que cette couronne lui convenait ; elle avait l'esprit très court en politique. Elle s'imagina, d'après des indices demeurés obscurs, que Philippe IV pensait à l'épouser, et vécut dans l'attente de l'envoyé espagnol chargé de la demander à son père. Il semble difficile qu'elle ait rêvé tout ce qu'elle raconte à ce propos, et qu'il n'y ait pas eu tout au moins une intrigue de subalternes : « La reine, dit-elle, me témoigna qu'elle souhaitait passionnément (ce mariage). Le cardinal Mazarin m'en parla dans ce sens-là, et me dit de plus qu'il avait des nouvelles d'Espagne par où il apprenait que cette affaire y était désirée. La reine et lui en parlèrent quelque temps à Monsieur et à moi ; et, par un feint empressement de bonne volonté, ils nous leurrèrent tous deux de cet honneur, quoiqu'ils n'eussent aucune intention de nous obliger. Néanmoins la bonne foi était telle, de notre part, que nous ne nous apercevions pas qu'il n'y en avait point de la leur, de sorte qu'il leur fut aisé d'éluder l'affaire, comme ils firent en effet, et l'on cessa tout d'un coup d'en parler. » Sur ces entrefaites, un Espagnol fut mis à la Bastille. Mademoiselle est toujours restée persuadée qu'il était venu pour elle, que Mazarin le savait, et que l'arrestation de « ce pauvre misérable » n'eut pas d'autre cause. La seule chose certaine, c'est qu'il ne fut plus question de rien, et que Philippe IV se remaria avec une Autrichienne.

La « brouillerie des affaires d'Angleterre » valut à Mademoiselle un prétendant plus sérieux. La reine Henriette, fille de notre Henri IV et femme de Charles Ier, était venue demander un asile à la France. Le Louvre se trouvait vide; Anne d'Autriche l'avait abandonné (7 octobre 1643) pour le Palais-Royal, plus commode, plus dans le goût nouveau. On logea la reine d'Angleterre au Louvre, où cette pauvre femme fut immédiatement possédée de l'idée de marier son fils aîné, dont l'avenir n'était qu'incertitudes et menaces, avec la riche cousine des Tuileries. Ses avances furent accueillies froidement par Mademoiselle. La femme de Charles Ier ouvrait la série des rois en exil dont Paris a été successivement l'auberge, et elle l'ouvrait mal, à cause de l'imprévoyance des souverains de jadis. Ils n'étaient pas familiers comme ceux de notre temps avec la pensée des révolutions, et ne songeaient pas à prendre leurs précautions. Jamais ils ne mettaient un seul écu de côté, jamais ils ne s'assuraient contre la mauvaise fortune en faisant de bons placements à l'étranger, chez des banquiers discrets. La perte de leur trône les jetait sans sol ni maille à la charge des autres monarques, dont la bourse pouvait être plate ou la bonne volonté courte.

La reine d'Angleterre fut tout d'abord comblée en France d'honneurs et de belles paroles. Les courtisans mirent leurs habits de gala, « avec broderies d'or et d'argent[1] », pour l'aller recevoir à Montrouge. La régente lui « donna toujours la droite ». Mazarin lui annonça une pension de « douze cents francs par jour ». Il était impossible de faire les choses plus généreusement ou avec plus de galanterie. La souveraine déchue prit cette fantasmagorie au sérieux, et demeura tout étourdie en s'éveillant un beau matin dans la misère : « Elle parut durant quelques mois, rapporte la Grande Mademoiselle, en équipage de reine ; elle avait avec elle beaucoup de dames de qualité, des filles d'honneur, des carrosses, des gardes, des valets de pied. Cela diminua petit à petit, et peu de temps après rien ne fut plus éloigné de sa dignité que son train et que son ordinaire. » Il fallut brocanter l'argenterie et les bijoux. Les dettes suivirent de près. La petite cour du Louvre devait au boulanger et ne payait pas les gages des domestiques. Mme de Motteville, venant avec une amie rendre visite à la reine d'Angleterre, la trouva presque seule : « Elle nous montra une petite coupe d'or dans quoi elle buvait, et nous jura qu'elle n'avait d'or, de quelque manière que ce pût être, que celui-là. Elle nous dit de plus que... tous ses gens étaient venus lui demander de l'argent, et lui avaient dit qu'ils la quitteraient si elle ne leur en baillait : ce qu'elle n'avait pu faire. »

Le spectacle de ce dénuement, joint au tour tragique que prenait « le malheur des affaires d'Angle-

---

1. *Journal* d'Olivier d'Ormesson.

terre », avait de quoi donner à réfléchir. Le jeune prince de Galles n'était pas, pour l'instant, un parti séduisant. « Si je l'épousais, disait sa grande cousine, je ne pourrais jamais m'empêcher de vendre tout mon bien et le hasarder pour conquérir son royaume. » Elle ajoute avec sa franchise coutumière : « Mais aussi ces pensées-là m'effrayaient un peu, parce que, ayant toujours été heureuse et nourrie dans l'opulence, ces réflexions m'épouvantaient fort. » Il aurait fallu que la personne et l'humeur du prétendant plaidassent pour lui. Si le prince de Galles avait été un nouveau Cid, la Grande Mademoiselle — sa vie entière nous en est garante — aurait méprisé joyeusement la prudence. Elle l'aurait épousé, et serait partie avec lui « pour conquérir *leur* royaume ». Mais on lui montrait un écolier timide, son cadet de trois ans, plus occupé de chasse que de politique, ne sachant pas où en étaient ses propres affaires, et qui lui faisait la cour gauchement, en perroquet, pour obéir à Madame sa mère. Quand la reine d'Angleterre avait oublié de lui faire la leçon et de lui préparer son discours, il restait coi, ne desserrant les dents que pour dévorer de « grosses viandes ». A un dîner de cérémonie chez la régente, « il ne mangea point d'ortolans et se jeta sur une énorme pièce de bœuf et sur une épaule de mouton, comme s'il n'eût eu que cela : son goût, poursuit Mademoiselle, me parut n'être pas délicat, et je fus bien honteuse qu'il ne fût pas aussi bon en cela qu'il le témoignait avoir sur ce qu'il pensait pour moi ».

Après ce même dîner, on les laissa en tête à tête. « Il y fut un quart d'heure sans me dire un seul mot : je veux croire que son silence venait plutôt de respect que de manque de passion. J'avoue le vrai, qu'en cette rencontre j'eusse souhaité qu'il m'en eût moins rendu. » Le jeune prince s'acquittait en conscience des choses à sa portée, comme de regarder longuement sa cousine ou de tenir le flambeau tandis qu'on la coiffait; mais il n'avait rien à lui dire, n'étant qu'un grand garçon à l'âge bête, et pas plus un Chérubin ou un Fortunio qu'un Rodrigue : « Point de douceurs », déclare Mademoiselle. Pas davantage — chose plus grave avec elle — de ces propos magnifiques et sonores auxquels les élèves de Corneille reconnaissaient les héros. Elle le prit en dédain ; ses *Mémoires* précisent le jour et l'occasion.

En 1647, sur la fin de l'hiver [1], il y eut au Palais-Royal une représentation suivie de bal. Nous savons par la *Gazette de France* qu'on jouait « la tragi-comédie d'*Orphée*, en musique et en vers italiens ». Anne d'Autriche, qui se défiait du goût de sa nièce, l'avait fait coiffer et habiller devant elle. — « L'on fut trois jours entiers, écrit Mademoiselle, à accommoder ma parure : ma robe était toute chamarrée de diamants avec des houpes incarnat, blanc et noir; j'avais sur moi toutes les pierreries de la couronne et de la reine d'Angleterre, qui en avait encore en

---

1. Le 8 mars, d'après la *Gazette de France*. Mademoiselle place cette fête en 1646; c'est une erreur.

ce temps-là quelques-unes de reste. L'on ne peut rien voir de mieux ni de plus magnifiquement paré que je l'étais ce jour-là, et je ne manquai pas de trouver beaucoup de gens qui surent me dire assez à propos que ma belle taille, ma bonne mine, ma blancheur et l'éclat de mes cheveux blonds ne me paraient pas moins que toutes les richesses qui brillaient sur ma personne. » Après la pièce, on dansa sur un grand théâtre très éclairé, au fond duquel se trouvait un trône, élevé de trois marches et couvert d'un dais. « Le roi ni le prince de Galles ne se voulurent point mettre sur ce trône ; j'y demeurai seule ; de sorte que je vis à mes pieds ces deux princes et ce qu'il y avait de princesses de la cour. Je ne me sentis point gênée en cette place.... Tout le monde ne manqua pas de me dire que je n'avais jamais paru moins contrainte que sur ce trône ; et que, comme j'étais de race à l'occuper, lorsque je serais en possession d'un où j'aurais à demeurer plus longtemps qu'au bal, j'y serais encore avec plus de liberté qu'en celui-là. » Elle considérait de sa place le prince de Galles, et le trouvait de minute en minute plus petit garçon et plus pauvre diable : « Mon cœur le regardait du haut en bas aussi bien que mes yeux ; j'avais alors dans l'esprit d'épouser l'Empereur. »

L'idée d'être impératrice s'était présentée à elle l'année d'avant, en apprenant que Ferdinand III était devenu veuf. Le favori de Monsieur, l'abbé de La Rivière, s'était empressé de dire à Mademoiselle, pour s'en faire bien venir, « qu'il fallait qu'elle épousât l'empereur », ou à tout le moins le frère de l'empereur, l'archiduc Léopold. « Je lui dis que j'aimais mieux l'empereur. » Ce discours n'eut de suites que dans l'esprit de Mademoiselle, où l'idée jeta des racines. Paris en fut informé le soir même — Mademoiselle n'était pas secrète, — et d'autres que La Rivière en profitèrent pour lui faire leur cour. On lui venait conter que la cour de Vienne, et l'Allemagne entière, l'appelaient de leurs vœux; elle le croyait. Anne d'Autriche lui déclara le soir du bal, « en l'habillant,... qu'elle souhaitait passionnément cette affaire-là, et qu'elle y ferait tout son possible ». Elle le crut, sans remarquer que la reine s'était servie précisément des mêmes termes lors du projet espagnol. Mazarin lui affirmait de temps à autre « qu'il y travaillait,... qu'absolument il ferait cette affaire ». Elle ne le croyait pas, et en même temps elle le croyait. Monsieur lui représenta, dans l'un de ces moments où il se rappelait tout à coup ses devoirs de père, que l'empereur était vieux et qu'elle « ne serait pas heureuse en ce pays-là ». Elle répliqua qu'elle « pensait plus à l'établissement qu'à la personne ». Gaston promit alors « d'y contribuer de tout ce qu'il pourrait », et elle le crut. « Ainsi, dit-elle, la pensée de l'empire occupait si fort mon esprit, que je ne regardais plus le prince de Galles que comme un objet de pitié. »

Cette marotte, qui d'ailleurs n'empêchait pas d'autres projets, fut d'une ténacité qui passe l'imagination. Ferdinand III s'étant remarié, Mademoiselle disait en riant : « L'impératrice est grosse, et elle mourra en accouchant. » La nouvelle impératrice mourut en effet, en couches ou autrement. Voilà Mademoiselle en campagne, résolue, pour plus de sûreté, à s'occuper elle-même de ses affaires. Un gentilhomme nommé Saujon, qu'elle aimait parce qu'il était un peu fou, noua des correspondances qu'il lui montrait en grand mystère et voyagea en Allemagne, pour négocier en dessous, à l'encontre de toute règle et de toute étiquette, le mariage d'une petite-fille de France. Saujon se permettait de broder sur les instructions qu'il avait reçues. L'une de ses lettres ayant été interceptée, il fut arrêté et mis en prison. Le bruit courut qu'il avait voulu enlever sa maîtresse et la mener épouser l'archiduc Léopold. Mademoiselle ne fit d'abord qu'en rire : « L'on me connaissait trop bien pour croire que je fusse capable de m'être mis dans la tête un dessein aussi chimérique et aussi ridicule. » Mazarin interrogea lui-même Saujon. Il eut beau le retourner, il n'en tira que la vérité ; Mademoiselle n'avait eu « aucune connaissance » de la lettre surprise. La régente et Monsieur prirent cependant ou feignirent de prendre l'affaire au sérieux, et il en résulta une scène violente.

Un après-midi [1], au Palais-Royal, l'abbé de La Rivière prévint Mademoiselle, en passant, que son père et sa tante étaient dans une grande colère

---

1. Le 6 mai 1648, d'après Olivier d'Ormesson.

contre elle. Presque au même moment, Monsieur sortit de la salle du conseil et appela sa fille : « J'entrai dans la galerie de la Reine ; Mlle de Guise, qui était avec moi, me suivit. Monsieur lui ferma la porte au nez avec assez de furie ; ce qui m'eût dû effrayer, si ma conscience m'eût causé quelques remords. J'étais fort tranquille, je me sentais innocente de l'accusation formée contre moi ; j'avançai vers la reine qui me salua d'une mine en colère ; elle dit à M. le cardinal Mazarin : « Il faut attendre que son père soit venu. » Je me mis dans une fenêtre, qui était plus élevée que le reste de la galerie, et j'écoutai là avec toute la fierté qu'on peut avoir quand on a la raison de son côté.... Comme Monsieur fut venu, la reine commença d'un ton assez aigre : « Nous savons, votre père et moi, les menées que vous avez avec Saujon et les grands desseins qu'il avait. » Je répondis que je n'en avais nulle connaissance ; que j'avais bien de la curiosité de savoir ce que Sa Majesté voulait dire, et qu'elle me ferait bien de l'honneur de me l'apprendre. »

On voit le tableau : Anne d'Autriche surexcitée, et parlant avec le fameux fausset qui lui donnait une teinte de vulgarité. En face d'elle, juchée sur son embrasure de fenêtre et la regardant du haut en bas, la Grande Mademoiselle, calme et insolente. A côté de la reine, ce pauvre Monsieur, la tête plutôt basse, car il redoutait les sorties de sa fille. Un peu en arrière, le cardinal Mazarin, qui s'amusait beaucoup et ne s'en cachait point. La partie n'était pas égale ;

on ne pouvait reprocher à Mademoiselle qu'un projet en l'air qu'elle désavouait avec mépris, le disant digne des Petites-Maisons, tandis que ce n'étaient point des choses en l'air que les têtes de Cinq-Mars et de Chalais, livrées par Monsieur, ou les interrogatoires humiliants subis par la reine au temps de Richelieu. « Il est fort beau, disait Anne d'Autriche, qu'une personne qui est attachée à votre service, pour récompense vous lui mettiez la tête sur l'échafaud. — Au moins ce sera le premier, ripostait sa nièce. — Répondez donc à ce qu'on vous demande », reprenait la reine. « J'obéis, poursuit Mademoiselle, et lui dis que, comme je n'avais jamais été interrogée, je ne savais pas répondre à ce qu'elle me demandait. M. le cardinal Mazarin, qui était de sang-froid et qui écoutait cela, remarquait tout ce que je disais et en riait…. La conversation me parut longue; les répétitions qui ne nous sont pas agréables paraissent toujours telles, et effectivement elle dura une heure et demie; ce qui m'ennuya; et comme je vis que, si je ne m'en allais, cela ne finirait point, je dis à la reine : « Je crois que Votre Majesté n'a plus rien à me dire. » Elle me répliqua que non : je fis la révérence, et sortis assez victorieusement de ce combat, mais fort en colère. Comme je sortais, l'abbé de La Rivière voulut me parler; je déchargeai ma colère contre lui, et m'en allai chez moi, où la fièvre me prit. »

Mademoiselle a négligé de nous dire qu'avant de se retirer, elle avait fait une algarade à l'imprudent

Gaston, qui avait voulu glisser un mot pour appuyer la reine. « Elle reprocha à Monsieur, rapporte Mme de Motteville d'après Anne d'Autriche, que s'il avait voulu, il l'aurait mariée à l'empereur ; et lui sut marquer qu'il lui était honteux de n'être pas son protecteur dans cette occasion, où il semblait que sa gloire était attaquée. »

Les courtisans avaient écouté avec beaucoup de curiosité de la pièce voisine, sans parvenir à distinguer les paroles. « Nous entendîmes, poursuit Mme de Motteville, le bruit des accusations et de la défense ; et, quoiqu'il n'y eût que trois personnes qui parlassent, le ministre n'ayant point voulu montrer en cette rencontre qu'il eût part à la réprimande, le vacarme fut si grand, que nous, qui étions dans le cabinet voisin, demeurâmes occupés du désir de savoir le succès et le détail de cette querelle. Mademoiselle sortit de ce lieu avec un visage plus altier que honteux, et ses yeux paraissaient plus remplis de colère que de repentir.... La reine me fit l'honneur de me dire le soir que, si elle avait eu une fille qui l'eût traitée de même manière que Mademoiselle avait traité son père, elle l'aurait bannie de la cour pour jamais, et l'aurait enfermée dans un couvent. »

Le lendemain, l'on mit des gardes aux portes de ses appartements, ce « qui était une manière de prison », et La Rivière lui vint défendre de la part de Monsieur « de voir qui que ce fût, qu'elle n'eût confessé tout ce qu'elle savait... ; mais elle demeura toujours ferme et constante dans la négative ». Elle tint bon dix jours, quoique malade de chagrin. On ne parlait d'autre chose dans Paris : « Elle a été traitée par la reine d'insolente en présence de Monsieur, écrivait Olivier d'Ormesson dans son *Journal*. Elle dénie hardiment le fait, désavoue Saujon et ses lettres, et parle fort courageusement. » Le onzième jour, ce fut Monsieur qui céda ; il lui permit de recevoir. La cour et la ville affluèrent sur-le-champ aux Tuileries. L'opinion était pour elle, à cause de la conduite de Monsieur, qui trahissait, au jugement des contemporains, ses devoirs envers sa maison, en ne soutenant pas sa fille, innocente ou coupable : « Je dis (à la reine), rapporte Mme de Motteville, que Mademoiselle avait raison de ne point avouer... et, soit que cela fût vrai ou qu'il ne le fût pas, que Monsieur avait tort de l'abandonner,... car une fille n'est point blâmable de penser à son établissement ; mais il n'est pas honnête qu'on le sache, ni qu'elle paraisse y avoir travaillé. » La raison de cet abandon en aggravait le mauvais effet. Mademoiselle avait manifesté à sa majorité le désir d'entrer en possession des biens qui lui venaient de sa mère. Elle avait réclamé ses comptes de tutelle à son père, qui avait trouvé cela fort mauvais ; il avait la prétention de garder la fortune de sa fille, « sans lui donner que ce qu'il lui plaisait pour l'entretien de sa maison ». Il alléguait pour se justifier qu'il était toujours gêné. « Plusieurs fois je lui ai ouï dire [1] que sa fille alors

---

1. Motteville.

le nourrissait; qu'il était un gueux, qu'elle était riche, et que sans elle il n'aurait pas eu quelquefois du pain. » Ses gémissements ne touchaient personne; le monde se souvenait que le frère de Louis XIII avait eu en se mariant un million de revenu [1], et l'on jugeait sévèrement ses représailles envers sa fille. On avait pris, au surplus, l'habitude de ne rien attendre de bon de sa part : « Personne, écrivait d'Ormesson, ne peut bien espérer de la conduite de Monsieur. »

La première fois que le père et la fille se revirent — l'entrevue eut lieu dans la bibliothèque du Luxembourg, — ce fut le père qui eut l'air du coupable : « Il changea de visage, dit Mademoiselle, et me parut fort interdit. Il voulut me faire une réprimande et commença du ton dont on les fait; il sentit qu'il était plutôt obligé à me faire des excuses qu'à me gronder; il prit ce parti-là sans toutefois le croire prendre. » Mademoiselle pleura beaucoup, Monsieur eut les larmes aux yeux, et ils se quittèrent raccommodés en apparence. Au Palais-Royal, où Mademoiselle se rendit ensuite, l'accueil d'Anne d'Autriche fut de glace. Sa nièce le soutint avec fierté, sentant sur elle les regards de toute la cour, mais elle ne pardonna jamais à la reine, et fut plus résolue que jamais à se chercher elle-même un mari. Parmi les fautes de Mazarin qui ont contribué à la Fronde, la moindre n'a pas été son obstination à ne pas marier la Grande Mademoiselle. Les inconvénients de la chose, on peut

---

1. Environ six millions de notre monnaie.

même dire les dangers, étaient réels et sérieux ; un ministre n'avait pas le droit de les négliger. Ils pouvaient toutefois se tourner ou s'atténuer, tandis qu'il sautait aux yeux que rien n'adoucirait pour cette princesse orgueilleuse l'humiliation de rester sans « établissement », et qu'elle ne serait pas un adversaire méprisable : elle s'en flattait, et avec raison. « Je suis, écrivait-elle, fort méchante ennemie, étant fort colère et fort emportée, et cela, joint à ce que je suis née, peut bien faire trembler mes ennemis. »

III

Deux ans [1] avant la scène tragi-comique du Palais-Royal, l'empereur Ferdinand III avait failli être la cause non moins innocente d'une vraie catastrophe pour la princesse qui aspirait avec tant de passion à partager son trône. Cette turbulente personne, aussi libre d'esprit qu'indépendante de caractère et n'ayant guère qu'une religion de bienséance, fut amenée par l'ambition à un parti en contradiction singulière avec ses démarches et toutes ses inclinations. S'étant mise par politique à faire les gestes et à prendre les attitudes de la dévotion, elle tomba dans son propre piège, et se trompa elle-même au point de vouloir entrer au couvent. Il n'est pas d'exemple plus curieux de la puissance de l'auto-suggestion.

1. Un an, d'après les *Mémoires* de Mlle de Montpensier, mais elle s'est trompée de date, chose qui lui arrive souvent.

C'était avant le départ de Saujon pour l'Allemagne. « Le désir d'être impératrice, dit Mademoiselle, qui me suivait partout, et dont l'effet me paraissait toujours proche, me faisait penser qu'il était bon que je prisse par avance les habitudes qui pouvaient être conformes à l'humeur de l'empereur. J'avais ouï dire qu'il était dévot, et, à son exemple, je la devins si bien, après en avoir feint l'apparence quelque temps, que j'eus pendant huit jours le désir de me faire religieuse aux Carmélites, dont je ne fis confidence à personne. J'étais si occupée de ce désir que je ne mangeais ni ne dormais, et j'en eus une inquiétude si grande que, jointe à celle que j'ai naturellement, l'on appréhenda fort que je ne tombasse dangereusement malade. Toutes les fois que la reine allait dans les couvents, ce qui arrivait souvent, je demeurais seule dans l'église; et, occupée de toutes les personnes qui m'aimaient et qui regretteraient ma retraite, je me mettais à pleurer; ce qui paraissait en cela un effet du détachement de moi-même en était un de la tendresse que j'ai. Seulement je puis dire que pendant ces huit jours-là l'empire ne m'était rien. Je n'étais pas sans avoir quelque vanité de quitter le monde dans une pareille conjoncture.... »

Mademoiselle mit enseigne de dévotion, si j'ose ainsi parler. Elle multiplia les signes extérieurs de sa conversion : « Je n'allais point au Cours, je ne mettais point de mouches ni de poudre sur mes cheveux; la négligence que j'avais pour ma coiffure les rendait si malpropres et si longs que j'en étais toute déguisée; j'avais trois mouchoirs de cou, qui m'étouffaient en été, et pas un ruban de couleur, comme si j'eusse voulu avoir l'air d'une personne de quarante ans;... je n'avais de satisfaction qu'à lire la vie de sainte Thérèse.... » Personne ne s'étonnait alors des démonstrations de ce genre; l'usage ne s'opposait pas à ce qu'on fît part au public des crises intimes que les âmes d'à présent lui dérobent le plus soigneusement. On s'étonna seulement que la pensée du cloître fût venue à Mademoiselle, et l'on en fit des railleries qui la piquèrent au vif : « Je raillai aussi, et me défendis d'y avoir seulement pensé. » Le plus étonné de tous avait été Monsieur, quand il avait entendu sa fille lui demander la permission de prendre le voile et déclarer qu'elle « aimait mieux servir Dieu que d'avoir toutes les couronnes du monde ». Il se mit en colère. Mademoiselle n'insista pas. Elle supplia qu'il n'en fût plus question, et ainsi finit la comédie.

Le public avait été unanime à ne pas y croire; il n'était vraiment pas possible de se représenter la Grande Mademoiselle en carmélite. Venant de toute autre, son projet n'aurait excité qu'un mouvement de curiosité. La cour de France était habituée à voir les jeunes filles nobles entrer dans les cloîtres, en dehors même de celles, très nombreuses, qui étaient vouées à la vie religieuse par leurs familles. Dans le désert spirituel où agonisait la France catholique à la fin du XVI⁰ siècle et au commencement du XVII⁰, le voile et le froc avaient été la grande ressource, la seule dans beaucoup de cas, des âmes chez lesquelles rien n'avait pu tuer le sentiment religieux. Elles aspiraient au couvent comme au seul asile que leur offrît un âge sans foi, dans lequel l'état de dégradation du clergé, qu'un Bérulle ou un Vincent de Paul ne pouvaient contempler sans une amère douleur, avait abouti à l'anéantissement du christianisme dans une partie des campagnes et à la multiplication des libertins dans les classes supérieures. Sauf de saintes mais rares exceptions, l'Église de France donnait à tous ses degrés l'exemple du mépris des choses de l'Église. Nous avons déjà parlé de ces élégants cavaliers, prélats à leurs moments perdus, pour qui un évêché était une sinécure comme une autre, n'entraînant aucun devoir à sa suite, et qui menaient loin de leurs troupeaux des vies de luxe et de plaisir. L'épiscopat en était infesté et déshonoré. « Passant brusquement, dit un écrivain ecclésiastique [1], des plaisirs de la cour aux austères devoirs du sacerdoce, sans autre préparation qu'une ordonnance royale due peut-être à d'inavouables sollicitations, souvent nommés évêques avant même que d'avoir reçu les saints ordres, ces prélats de rencontre apportaient à l'Église les âmes les moins ecclésiastiques du monde. » On vit des évêques et des cardinaux distribuer les bénéfices de leur diocèse à la basse domesticité de leur maison, à leurs valets de chambre, leurs cuisiniers, leurs barbiers, leurs laquais [2].

---

1. M. l'abbé M. Houssaye, *le Père de Bérulle et l'Oratoire de Jésus.*
2. *Saint François de Sales*, par Fortunat Strowski.

Le bas clergé, abandonné à lui-même, s'était abîmé dans l'ignorance et le désordre. La façon dont il se recrutait aggravait le mal d'année en année. Le droit de présentation aux cures appartenait généralement aux abbayes et se transmettait d'un titulaire à l'autre. Or, ce titulaire était presque toujours incapable de faire un bon choix, ou seulement un choix décent ; la cour donnait les abbayes à des enfants au berceau, bâtards de princes ou cadets de grands seigneurs, à des soldats, des courtisans, des protégés laïques de toute origine et de toute profession. Henri IV en donna à des protestants et à des femmes; Sully en avait quatre, la belle Corisande possédait Châtillon-sur-Seine où avait été élevé saint Bernard. Ces « abbés » de fantaisie se mettaient peu en peine de chercher de bons curés. D'ailleurs, où les auraient-ils pris? L'Église de France manquait de pépinières de prêtres; c'était l'une des causes principales du mal. « Comme les séminaires n'existaient point encore et que les écoles presbytérales tombaient en ruine, aucune étude sérieuse ne préparait à la réception des saints ordres ceux qui s'engageaient, en les recevant, à devenir la lumière du monde. Dès qu'un jeune homme savait assez le latin pour expliquer un évangile de la messe et entendre le bréviaire, on le jugeait capable d'être élevé au sacerdoce. Ce que devenaient l'administration des sacrements et l'instruction religieuse en de telles mains, il est facile de le concevoir. On trouvait des prêtres qui baptisaient sans faire aucune onction, qui bénissaient des mariages sans en avoir les pouvoirs, qui ne savaient même pas la formule de l'absolution, qui se permettaient de changer, d'abréger, de transposer à leur gré les augustes paroles du plus redoutable des mystères. Voués au mutisme, ces pasteurs indignes désertaient la chaire : plus de prônes, plus de catéchisme; le peuple, privé de toute intruction, ignorait... parfois même jusqu'à l'existence de Dieu [1]. »

Les mœurs allaient de pair avec l'instruction. Après l'office — toujours sauf les exceptions, mais elles étaient rares, — le curé de campagne s'en allait au cabaret avec ses paroissiens, quelquefois sans même ôter son surplis, et ce n'était pas encore le plus grave : il donnait en tout et toujours des exemples lamentables. « On peut dire avec vérité et avec horreur, s'écriait l'austère Bourdoise, l'ami de M. de Bérulle, que tout ce qui se fait de plus mal dans le monde est ce qui se fait par les ecclésiastiques. » Le père Amelotte s'exprimait avec plus d'énergie encore. « Le nom de prêtre, écrivait-il, était devenu synonyme d'ignorant et de débauché. » On en est à se demander si les milliers de villages qui n'avaient plus de curés, n'ayant plus d'églises ni de presbytères depuis les guerres de religion, étaient plus à plaindre que ceux où de pareils hommes provoquaient le peuple du matin au soir, par leur conduite, à manquer de respect aux représentants de Dieu sur la terre. Il ne semble pas que les paroisses entièrement abandonnées fussent

---

1. M. l'abbé M. Houssaye, *loc. cit.*

enfoncées dans des ténèbres religieuses ou morales plus épaisses, dans des superstitions plus grossières ou plus abominables que celles où les « pasteurs indignes » ne servaient de guides à leurs ouailles que vers le mal. Les unes et les autres n'étaient plus chrétiennes que de nom; l'œuvre des premiers missionnaires des Gaules était à recommencer dans la moitié des campagnes de France.

La situation était à peine meilleure pour le catholicisme dans le monde de l'aristocratie. Lorsque Vincent de Paul, par une malchance qui ne devait pas rester unique dans sa carrière, fut nommé (1610) aumônier de la reine Marguerite, première femme de Henri IV, il fut bouleversé de ce qu'il entendait tout autant que de ce qu'il voyait; il était tombé dans une cour aux trois quarts païenne[1]. Le libertinage d'esprit passait alors pour une élégance, et la mode s'en prolongea très avant dans le xviie siècle. La jeunesse dorée se plaisait à répéter d'après Vanini que l'homme doit obéir à la « loi naturelle »; que le vice et la vertu sont des produits du climat, du tempérament et de l'alimentation; que « les enfants qui naissent avec l'esprit faible sont par là d'autant plus propres à faire de bons chrétiens ». La piété n'était pas tout à fait morte dans les hautes classes; on le vit bien lors de la renaissance triomphale qui, de cette religion expirante, fit le catholicisme des Bossuet et des Bourdaloue; mais la piété ne s'avouait pas entre gens du bel

---

1. Cf. *Saint Vincent de Paul et les Gondi*, par Chantelauze.

air : « Dans un certain monde élégant, frivole et corrompu, l'impiété et le bel esprit marchaient de pair. On n'était pas complètement un homme à la mode, si l'on n'assaisonnait ses discours d'un grain d'athéisme[1]. » Sous Louis XIII, dont la bigoterie veillait de près chez les autres sur l'appareil extérieur de la dévotion, le ton changea dans l'entourage immédiat de la royauté; chacun rentra son incrédulité et se remit à pratiquer dévotement; mais il fallut longtemps pour que les cœurs se rendissent. On a remarqué[2] que Richelieu avait parmi ses familiers plusieurs libertins avérés et affichés, et qu'il ne s'en scandalisait point, à condition qu'ils lui fussent dévoués et qu'ils eussent de l'esprit. Longtemps après Richelieu, en plein règne de Louis XIV, le grand Condé et la princesse Anne de Gonzague, promis tous deux aux « merveilleuses victoires de la Grâce[3] », mais des plus mécréants de la cour en attendant « le miracle », s'amusèrent à jeter au feu un morceau de la vraie croix pour voir s'il brûlerait. Le courant libertin, quoique très alangui après la Fronde, ne se terra définitivement, et encore ! que dans le dernier tiers du xviie siècle, pour reparaître au suivant « plus clarifié, mais non moins puissant[4] ».

La « ville » s'était toujours mieux défendue que la

---

1. M. l'abbé Houssaye, *le Cardinal de Bérulle et Richelieu*.
2. F.-T. Perrens, *les Libertins en France au XVIIe siècle*.
3. Bossuet, *Oraison funèbre d'Anne de Gonzague*.
4. Sainte-Beuve, *Port-Royal*.

cour contre le libertinage d'esprit, et l'on sait qu'elle comprenait, avec la bourgeoisie haute et moyenne, une certaine quantité de noblesse d'excellente souche, qui s'abstenait d'aller au Louvre ou au Palais-Royal parce qu'elle n'y aurait pas eu, faute d'une charge ou d'un titre, le rang auquel sa qualité lui donnait droit; Mme de Sévigné n'était pas « de la cour »; elle ne fut jamais que « de la ville ». Le monde parlementaire, qui avait un pied à la cour et l'autre à la ville, avait conservé, à le prendre en gros, beaucoup de religion et de tenue morale; il y a plaisir à pénétrer avec Olivier d'Ormesson, par son *Journal*, dans l'un de ces intérieurs intelligents et sérieux où la piété, la gravité des mœurs étaient de tradition et de règle. Les mêmes remarques s'appliquent aux parlementaires de la province. En général, la bourgeoisie française n'avait pas encore été libre penseuse, sauf quelques infiltrations datant du règne de Henri IV, et le peuple des villes était resté plus ou moins pratiquant; celui de Paris avait même gardé de la Ligue un grand attachement à ses curés.

Malgré ces points lumineux, l'ensemble du tableau était tout propre, dans les commencements de Louis XIII, à inspirer l'horreur du monde aux créatures de foi ardente et d'esprit mystique, comme il y en a toujours eu en France. On a déjà vu qu'elles se jetaient dans les cloîtres; mais c'était trop souvent pour y retrouver les dégoûts spirituels et les scandales qui leur avaient fait fuir familles et amis. En dépit de réformes isolées, « la plupart des couvents et des abbayes n'en demeuraient pas moins livrés à une honteuse licence[1] ». De quelque côté que l'on tournât les yeux, les sujets d'humiliation et de douleur l'emportaient de beaucoup sur les autres pour les rares prélats « de foi et de zèle » disséminés dans les diocèses. Le contraste présenté par la France protestante leur rendait plus douloureuse encore la contemplation des plaies de leur propre Église ; il était tout à l'avantage des réformés.

Nous ne faisons ici que de l'histoire, et non de la théologie. Diverses raisons, n'ayant rien à voir avec le principe même de leur croyance, concouraient à rendre la minorité protestante infiniment plus morale que la majorité catholique. La plus forte, peut-être, de ces raisons, était le désavantage social qui s'attachait à la qualité de réformé. Une minorité qui se sent surveillée par un milieu hostile se surveille elle-même de très près, si elle a la moindre prudence et que l'orgueil ou la vanité ne l'aient point aveuglée. Elle se débarrasse en outre, par un processus naturel, des âmes peureuses ou intéressées qui jugent trop onéreux d'appartenir au parti des tracassés. Ce fut presque toujours l'intérêt qui fit rentrer la noblesse protestante dans l'Église romaine. Il y avait tant de profit à se faire catholique, que peu à peu, un à un, les seigneurs se rangèrent à la religion qui rapportait les commandements militaires, les grades, les gouvernements, tous les honneurs comme toutes les

---

1. M. l'abbé Houssaye, *Bérulle et l'Oratoire.*

charges lucratives. Le protestantisme, s'il en fut affaibli, en fut encore plus épuré.

Des causes analogues assuraient à son clergé des conditions de recrutement très supérieures, à ne prendre que l'ensemble, à celles qui perdaient le clergé catholique. Un pasteur n'avait à attendre ni abbaye, ni bénéfice d'aucune sorte. En mettant tout au mieux, il faisait une mauvaise affaire. Sa place n'avait rien qui pût tenter les favoris des grands, ni même leurs laquais, et ce fut un grand bonheur pour l'Église réformée. On n'y entrait que tyrannisé par la vocation, et il n'y avait pas de danger que ses ministres la laissassent péricliter entre leurs mains. Ils travaillaient avec un zèle quelque peu farouche à entretenir dans les âmes cette vie intérieure qui peut seule obtenir un accord intime entre les actes d'un homme et les sentiments religieux dont il fait profession. Sous leur influence, le protestant de la bourgeoisie ou du peuple ne se contentait pas de pratiquer sa religion : il la vivait, donnant l'exemple d'une austérité de mœurs et d'une intelligence de la charité auxquelles ses adversaires eux-mêmes ont rendu hommage. « La pauvreté, a dit Bourdaloue, parmi nos hérétiques, n'était ni négligée ni délaissée. Il y avait entre eux, non seulement de la charité, mais de la police et de la règle dans la pratique de la charité. Soyons de bonne foi et ne leur refusons pas la justice qui leur est due. En certaines choses ils nous ont dépassés. Ils ont eu de l'érudition, de la science. Ils ont été charitables envers leurs pauvres, sévères dans leur morale. » —

« Le catholicisme n'était pas chrétien : eux, ils étaient chrétiens », a dit énergiquement le dernier biographe de François de Sales [1], et ce mot résume tout, éclaire tout.

Telle était la situation, lorsqu'une petite phalange d'hommes admirables entreprit de relever les églises catholiques de leurs ruines matérielles et morales. François de Sales fut l'ouvrier de la première heure de cette œuvre difficile. Il était venu à Paris en 1602. Il fut frappé de la science de nos théologiens d'une part, de leur froideur religieuse de l'autre. Ce n'est pas un Du Perron qui serait resté court, comme lui, François de Sales, dans une controverse avec un hérétique. Ce n'est pas non plus Du Perron qui aurait persuadé l'hérétique, toujours comme François de Sales, par la seule chaleur d'une dévotion amoureuse. « Il vit des sages et non des chrétiens », dit l'un de ses biographes [2], et voici ce qu'il connut, d'un autre côté, en fréquentant les gens du monde : « Il était resté dans quelques âmes une ardeur religieuse qui s'était comme repliée sur elle-même ; ces âmes vivaient en dedans ; elles vivaient d'une vie intérieure. Isolées, sans direction, elles se cherchaient, se rencontraient par hasard ou à dessein, se comprenaient entre elles, alors que les autres ne les comprenaient pas, se conseillaient, s'encourageaient, et, dans ce triste état de dispersion où le siècle les con-

---

[1]. M. Fortunat Strowski.
[2]. *Id.*, *loc. cit.*

damnait, elles rêvaient l'union et la douce intimité du monachisme.... » Ce spectacle accrut les doutes de François de Sales sur l'utilité des controverses. Il lui semblait que nos théologiens se trompaient de route, qu'ils méconnaissaient « la puissance de la piété », et qu'ils feraient de meilleure besogne en travaillant à réveiller le sentiment religieux dans les foules qu'en les accablant de leurs raisonnements. Sa propre tâche se dessinait lentement devant ses yeux. Elle consistait à « accroître la piété,... non pas celle qui s'isole du monde, vit dans les couvents et, enlevant au monde l'exemple de la ferveur, éteint tous les foyers du sentiment religieux : mais bien celle qui s'accommode à la vie « commune »,... celle qui « instruit à la vie civile et forme un homme pour le monde ». Il en vint à n'avoir plus d'autre but que d'amener un « réveil religieux et sentimental », afin que les cœurs catholiques s'ouvrissent à la vérité qui faisait la force des réformés : la vie religieuse « n'est pas une attitude », les pratiques ne sont pas ce qui sauve l'homme, mais bien le changement de son cœur, la « transformation intime et profonde de sa personnalité ». Chacun sait avec quelle ardeur, quelle tendresse, il marcha vers son but, combien fut profonde la révolution qu'il opéra dans les âmes, petit à petit, par sa parole et, surtout, par ses écrits. Peu de livres ont eu autant d'éditions que l'*Introduction à la vie dévote*[1].

---

1. Cf. le *Manuel de l'Histoire de la littérature française*, par M. F. Brunetière. La première édition de l'*Introduction* est de 1608, le *Traité de l'amour de Dieu*, de 1612.

Il avait fréquenté à Paris un jeune prêtre nommé Pierre de Bérulle, ambitieux à sa façon, qui était tourmenté, lui aussi, de l'état misérable du catholicisme. Après avoir beaucoup songé aux remèdes, en avoir causé avec Vincent de Paul, Bourdoise, François de Sales et d'autres pieux amis, M. de Bérulle avait résolu de se donner à la tâche colossale de la réforme du clergé. En 1611, il fonda à Paris la maison de l'Oratoire, dont l'objet était de mettre fin « à l'inutilité de tant d'ecclésiastiques[1] ». Les débuts furent modestes, le développement rapide. Moins de quinze ans après sa première messe, l'Oratoire comptait en France près de cinquante maisons, d'où essaimaient sans interruption, pour remplir les fonctions les plus diverses, des prêtres que ne liait « aucun vœu solennel de religion ». Ils se répandaient en missionnaires à travers la France, prêchant et confessant, catéchisant les enfants et instruisant les parents, rapprenant, en un mot, le christianisme aux populations qui l'avaient oublié. Ils se mélangeaient au reste du clergé en acceptant des cures ou des aumôneries, et agissaient sur lui par l'exemple d'une dignité de vie et d'un respect du sacerdoce qui relevaient les autres prêtres à leurs propres yeux. On appelait de partout les disciples de M. de Bérulle à diriger des séminaires. De nombreux ecclésiastiques venaient dans ses maisons se pénétrer de son esprit, qu'ils allaient ensuite

---

1. Le mot a été repris par Bossuet. Il dit dans un de ses sermons, en parlant des pasteurs indignes : « Leur inutilité, leur ignorance nous les a fait mépriser. »

répandre dans leurs paroisses ou communiquer à leurs élèves. Quelques Oratoriens trouvaient même qu'on partait trop de chez eux. M. de Bérulle répondit à leurs plaintes : « Et moi, j'en suis bien aise, la congrégation n'étant établie que pour fournir de dignes ministres et de bons ouvriers à l'Église. » Il savait qu'il aurait beau donner jusqu'au dernier de ses élèves, ce ne serait pas encore assez pour régénérer ce grand corps du clergé français, et il tenait à honneur de semer du moins la moisson, s'il ne devait pas lui être donné d'assister à la récolte.

Un troisième collaborateur, Vincent de Paul, être délicieux et adorable, avec sa figure mal équarrie, ses manières de paysan et sa soutane rapiécée, s'employait de son côté à rendre au monde un élément qui lui manquait depuis longtemps : la bonté. On était dur ; les leçons de douceur et de miséricorde de l'Évangile s'étaient effacées de la mémoire de ceux-là mêmes qui avaient mission de les enseigner. La bonté commença de rentrer dans les relations humaines sous l'influence du « père Vincent ». La sienne était sans bornes et contagieuse. Quand on le voyait attacher de l'importance aux souffrances des gens du peuple et soutenir que les criminels sont des hommes, qu'on n'a pas le droit de ne pas traiter en hommes, le courtisan ricanait, haussait les épaules, et sentait cependant qu'il y avait en France, grâce à ce rustique, quelque chose de nouveau et de très doux. Quand il institua les Sœurs de Charité, qu'il fonda successivement l'œuvre des forçats, pour secourir et consoler ces misérables, l'hospice des Enfants-Trouvés, celui des Vieillards et l'Hôpital-Général, où vingt mille pauvres étaient nourris et entretenus, une vénération qu'accompagnait le plus souvent une tendresse infinie entoura sa personne et le soutint dans ses difficultés. Il devint aux yeux du public un être à part, la personnification même de la bonté. Sous son influence, le sentiment de la pitié pénétra dans une société qui, jusque-là, l'ignorait ou la méprisait. Des personnes que leur passé ne semblait pas avoir préparées aux bonnes œuvres s'y jetèrent avec passion à la suite de Vincent de Paul et, non contentes de prodiguer leur argent et leurs peines, firent aux malheureux le don beaucoup plus rare de leur cœur.

Son action s'exerçait avec la même vigueur en faveur de la religion; M. de Bérulle eut en lui son meilleur allié. Une maison spéciale de missionnaires, organisée et présidée par M. Vincent, aidait les Oratoriens à reconquérir les campagnes au christianisme. Les jeunes ecclésiastiques à la veille d'être ordonnés recevaient sa forte empreinte au moyen de « retraites » instituées dans cette même maison, et dont Bossuet avait gardé un souvenir reconnaissant. Enfin, et ce fut le plus difficile, il tint tête à Mazarin, sous la régence d'Anne d'Autriche, dans le conseil de conscience chargé de guider la reine pour la collation des évêchés et des bénéfices. La lutte fut chaude et dura dix ans. « Mazarin, dit Chantelauze[1], avait

---

1. *Saint Vincent de Paul et les Gondi.*

mis, en quelque sorte, la simonie en honneur : il ne distribuait jamais de bénéfices aux plus dignes et aux plus vertueux, mais aux plus offrants ou à ceux qui se dévouaient corps et âme à sa politique. » M. Vincent se mit en travers des mauvais choix, et il réussit d'abord, avec l'appui de quelques prélats influents, et de gens de bien des deux sexes formant ce que la cour baptisa « le parti des saints », à empêcher beaucoup de nominations scandaleuses, en éveillant les scrupules de la régente. Les carnets de Mazarin renferment de nombreuses allusions à l'impatience que lui causait l'intervention de ce bonhomme dans ses affaires. Le cardinal se promit de se débarrasser du conseil de conscience dès qu'il se sentirait assez fort. Il voulait « disposer à son gré et sans aucune contradiction des bénéfices, comme de tout le reste... et quelques années après (ce conseil) fut entièrement aboli, à cause que le père Vincent, qui en était le chef, étant un homme tout d'une pièce qui n'avait jamais songé à gagner les bonnes grâces des gens de la cour dont il ne connaissait pas les manières, fut aisément tourné en ridicule[1]. » C'était le temps où Anne d'Autriche ne savait plus résister à son ministre. Maître de la feuille des bénéfices, Mazarin se fit la part du lion ; vers la fin de sa vie, il « avait réuni sur sa propre tête l'évêché de Metz et plus de trente gros bénéfices d'un revenu considérable[2] ; le reste avait été aux « plus

1. Motteville.
2. Chantelauze, *loc. cit.*

offrants ». Le père Vincent était complètement battu pour la réforme du clergé.

A côté de ces trois chevaliers de la foi, François de Sales, M. de Bérulle et Vincent de Paul, et en communauté de vues avec eux sur la morale, sinon sur le dogme, le sévère Saint-Cyran et Port-Royal apportaient au relèvement religieux le puissant appoint de leur ferveur, presque terrible dans sa magnificence chez l'auteur des *Lettres chrétiennes et spirituelles*, plus touchante, bien que toujours grave et saine, chez les religieuses et les solitaires du couvent fameux. C'est à l'influence de Saint-Cyran que me paraît convenir tout particulièrement la *Pensée* de Joubert : « Les jansénistes ont porté dans la religion plus d'esprit de réflexion et plus d'approfondissement; ils se lient davantage de ses liens sacrés; il y a dans leurs pensées une austérité qui circonscrit sans cesse la volonté dans le devoir; leur entendement, enfin, a des habitudes plus chrétiennes. » Port-Royal des Champs, moins farouche, se permettait les « fêtes d'amour » dépeintes par M. Jules Lemaître : « Cette vallée de Port-Royal est un des coins de la France les plus augustes, les plus imprégnés d'âme. C'est une terre sacrée. Car cette vallée a abrité la vie intérieure la plus intense peut-être qui ait été vécue dans notre patrie. Là ont médité et prié les âmes les plus profondes, les plus repliées sur elles-mêmes, les plus obsédées par le mystère de leur destinée spirituelle. Nulles, dans ce vertige de l'esprit attentif à son propre gouffre, n'ont paru douter davantage de la liberté humaine, et n'ont pourtant montré une volonté plus forte[1]. » François de Sales aimait Port-Royal, qu'il appelait ses « chères délices »; M. de Bérulle et Vincent de Paul étaient liés avec Saint-Cyran, et tous ensemble travaillaient avec ardeur à l'œuvre commune, en attendant l'heure des divergences dogmatiques. La tourmente où Port-Royal a sombré ne doit pas nous masquer cette période d'heureuse entente et de féconde collaboration, qui assura l'impulsion décisive à la renaissance catholique.

Nulle part en France leurs efforts à tous n'avaient rencontré autant de résistance qu'à la cour. Les courtisans de Louis XIII allaient à la messe parce qu'il le fallait pour être dans ses bonnes grâces, mais la plupart n'en trouvaient que plus élégant de braver à la fois Dieu, le diable et le roi, en commettant par derrière mille impiétés. Le « parti des saints », dont il a été question tout à l'heure, ne s'était pas formé sans peine, malgré la pression des idées nouvelles, et n'avait pas vécu longtemps. Mazarin n'était pas homme à tolérer autour d'Anne d'Autriche des gens qui contrecarraient son influence sur d'autres sujets encore plus intimes et plus importants que le conseil de conscience. Les tracasseries qu'il leur suscita confirmèrent le public dans l'idée que la seule chose à faire, quand on était de la cour et qu'on avait été touché de la grâce, était de fuir cet « amas de

---

1. Discours prononcé à Port-Royal, le 26 avril 1899, au centenaire de Racine.

guêpes », selon l'expression de François de Sales, pour s'aller cacher dans un cloître parmi les « avettes », fournisseuses de miel. La Grande Mademoiselle n'avait fait que suivre le train ordinaire des choses en envisageant sa retraite du monde comme la suite naturelle de son brusque accès de dévotion.

Il fut heureux pour elle, et encore plus pour le couvent destiné à l'honneur de la recevoir, que son père ait eu de son côté, et précisément le même jour, l'un de ses rares accès de bon sens. Mademoiselle et le couvent l'avaient échappé belle.

IV

La crise religieuse de Mademoiselle avait duré six grands mois, au bout desquels la poudre et les mouches reparurent et la princesse se réconcilia avec le monde : « Je recommençai, dit-elle, à prendre goût pour les divertissements, de sorte que j'étais avec plaisir aux promenades, aux divertissements et aux comédies. Cela ne servit qu'à modérer l'excès de l'austérité où je m'étais réduite; il resta toujours dans mon cœur les sentiments de la dévotion qui m'avaient pensé conduire jusqu'aux Carmélites. » D'autres idées avaient fait diversion : la politique s'emparait d'elle. C'était le domaine d'élection des femmes de cet âge romantique. Elles y ont été toutes-puissantes, comme il est douteux qu'elles le redeviennent jamais sous le code le plus féministe, car les droits inscrits dans les lois ne sont rien auprès des privilèges conférés par les mœurs. Elles ont décidé de la guerre et de la paix, fait la loi à nos ministres et signé des traités avec nos rois, sans autre titre sinon qu'elles étaient belles et spirituelles. Richelieu avait dû compter avec elles. Mazarin les redoutait : « Nous en avons trois, écrivait-il à don Luis de Haro, qui seraient capables de gouverner ou de bouleverser trois grands royaumes : la duchesse de Longueville, la princesse Palatine et la duchesse de Chevreuse. » Cette dernière était le vétéran du trio, étant née avec le siècle. « Elle avait l'esprit fort, dit Richelieu [1], une beauté puissante dont elle savait bien user, ne s'amollissant par aucune disgrâce, et demeurant toujours en une même assiette d'esprit. » Retz a complété le portrait. « Elle aimait sans choix, et purement parce qu'il fallait qu'elle aimât quelqu'un. Il n'était même pas difficile de lui donner, de partie faite, un amant; mais, dès qu'elle l'avait pris, elle l'aimait uniquement et fidèlement. » Son esprit joignait la vivacité à la force. Elle avait des idées « si brillantes qu'elles paraissaient comme des éclairs, et si sages qu'elles n'eussent pas été désavouées par les plus grands hommes de tous les siècles ». Un si rare génie, tourné vers l'intrigue dès la tendre jeunesse, avait rendu celle qui le possédait l'une des plus dangereuses personnes du royaume. Mme de Chevreuse, amie intime d'Anne d'Autriche, avait été pour son coup

---

1. *Mémoires.*

d'essai la cheville ouvrière de la conspiration Chalais. Il lui en revint la gloire d'être à vingt-cinq ans une exilée politique, et de s'en venger comme l'aurait pu faire un vieil homme d'État. Elle forma par sa seule industrie une ligue contre la France et parut aux alliés une si grande figure, que l'Angleterre, battue et cherchant la paix, mettait parmi ses conditions le rappel d'une femme à qui son roi « portait une particulière affection ». Richelieu céda et se souvint de ne plus exiler Mme de Chevreuse. Lors de l'intrigue espagnole qui aboutit à l'affaire du Val-de-Grâce, il tâcha de la garder, de peur d'une nouvelle ligue. Elle lui coula entre les doigts. Cela se passait en 1637.

La duchesse de Chevreuse s'enfuit à travers toute la France, à cheval et déguisée en homme. Elle ne s'était jamais tant amusée, et ce n'était pourtant pas ce qui lui avait manqué dans la vie. Son mari et Richelieu faisaient courir après elle pour la supplier de ne pas s'en aller. Il fallait se cacher, ruser, et les aventures foisonnaient. Une dame qui l'avait logée en passant s'éprit de ce beau garçon et lui fit une déclaration. Ses guides l'initiaient à la tenue et aux propos des hommes, quand ils se croient entre hommes et dispensés de se gêner. Elle couchait un jour sur le foin, le lendemain dans l'un de ces vastes lits de nos pères où il était d'usage de mettre plusieurs personnes, qu'elles se connussent ou non. Elle gagna ainsi les Pyrénées, Madrid où elle tourna la tête au roi d'Espagne, Londres où on la fêta, et devint le chef officiel des ennemis de Richelieu. Louis XIII expirant lui fit l'honneur d'interdire solennellement[1] sa rentrée en France. Elle accourut d'autant plus vite à Paris, persuadée qu'elle allait régner sous le nom d'Anne d'Autriche. Le 14 juin 1643, Mme de Chevreuse revoyait la reine après dix ans de séparation, et trouvait la place prise par Mazarin : il y avait un mois, jour pour jour, que le roi était mort. Elle se mit aussitôt en devoir de déloger le cardinal; mais cela n'était point si facile.

La princesse Palatine, Anne de Gonzague[2], était belle à ravir et douée aussi du génie des grandes affaires. « Je ne crois pas, dit Retz, que la reine Élisabeth d'Angleterre ait eu plus de capacité pour conduire un État. » Cependant, elle ne débuta point par la politique; il lui semblait avoir un meilleur emploi à faire de sa jeunesse. Elle la donna au plaisir, et réussit à étonner la cour de France, qui en avait tant vu, par le nombre et le piquant de ses aventures. C'était encore une de ces belles dames qui couraient les grandes routes déguisées en cavaliers ou en moines, et que personne ne s'étonnait de rencontrer n'importe où, dans une situation singulière pour une princesse ou une duchesse. Il n'y avait pas de bornes à leur fantaisie. Anne de Gonzague se donna pendant cinq ans pour Mme de Guise, femme d'Henri de Guise, archevêque de Reims, le même qui épousa ensuite Mme de Bossut. Un beau jour, elle reprit son nom de

---

1. Dans la *Déclaration pour la régence* (21 avril 1643).
2. Née en 1616.

fille, « comme si de rien n'était », rapporte la Grande Mademoiselle, revint tranquillement à la cour et eut le talent de se faire épouser, entre deux « galanteries », par le prince Palatin[1], le plus jaloux des hommes. « Tout cédait, dit Bossuet[2], au charme secret de ses entretiens. »

Vers la trentaine, elle obéit à son génie en prenant rang parmi les femmes politiques, avec Mme de Longueville, qui n'avait pour tout génie que ses cheveux blonds et ses yeux charmants, et n'en faisait pas moins marcher les hommes; avec l'altière Montbazon, éclatante et superbe, mais trop vicieuse, et trop utilitaire dans le vice, même pour son temps; avec la duchesse de Châtillon, beauté impérieuse qui se fit peindre la main sur un lion à face humaine, et ce lion à la ressemblance du grand Condé; avec tant d'autres, qui se jouèrent pendant la Fronde, dans la mesure de leurs forces, de l'honneur et de la vie des hommes, de la souffrance universelle, de l'existence de la patrie; avec la Grande Mademoiselle enfin, éveillée aux idées sérieuses par le danger qui menaçait sa maison.

La fille de Gaston d'Orléans avait grandi dans la pensée que la branche cadette de la maison de France — la sienne — pouvait arriver à tout. C'était depuis plus d'un siècle la leçon de l'histoire. De Charles VIII à Louis XIII, la couronne ne s'était transmise que trois fois du père au fils; dans tous les autres cas,

---

1. Édouard, prince Palatin, était l'un des cadets de l'électeur Palatin Frédéric V.
2. *Oraison funèbre d'Anne de Gonzague.*

elle était passée aux frères ou à des cousins. Les collatéraux de la famille royale avaient pris l'habitude de se sentir très près du trône, d'où une importance et des attitudes qui ont été souvent funestes au repos du pays. Gaston d'Orléans avait touché la couronne du bout du doigt avant la naissance de Louis XIV, et il ne s'était servi de son titre d'héritier présomptif qu'à des fins malfaisantes. Depuis qu'il avait des neveux, il vivait dans l'attente de ce que ferait pour lui l'étoile des branches cadettes, et reprenait espoir à la moindre alerte. Louis XIV eut la petite vérole à neuf ans et fut en danger de mort. Son oncle manifesta publiquement sa joie : « On but à la santé de Gaston Ier. L'on avait déjà partagé les charges[1]. » On avait aussi disposé du frère du roi : « La reine fut avertie que l'on faisait dessein d'enlever le petit Monsieur, la nuit d'un samedi au dimanche que le roi était très mal, et, pour l'empêcher, le maréchal de Schomberg fut toute la nuit à cheval avec la compagnie des gens d'armes; et de tout ce Monsieur fit des excuses. »

La cour avait encore à se défendre, sous la régence d'Anne d'Autriche, contre une seconde branche cadette, qui suppléait à l'infériorité du rang par l'intelligence et l'audace. Les prétentions des Condés avaient été l'un des premiers soucis de Mazarin ministre. Elles étaient vastes, et soutenues avec habileté par le père du grand Condé, M. le Prince, homme

---

1. *Journal* d'Olivier d'Ormesson.

supérieur, quoiqu'il ne payât pas de mine. Les gens de son âge l'avaient connu beau. La débauche, l'avarice et l'abandon de soi en avaient fait un petit vieux « sale et vilain [1] », tout voûté, tout ridé, avec de gros yeux rouges, de longs cheveux gras passés derrière l'oreille, une barbe inculte et des vêtements sordides. Richelieu avait été obligé de lui faire dire de se nettoyer et de changer de souliers quand il venait chez le roi [2]. Son âme était crasseuse comme sa personne. M. le Prince avait l'humeur hargneuse et grossière et il appartenait à la famille des rapaces ; ayant débuté avec dix mille livres de rentes, il en eut un million [3] avant de mourir, sans les charges et les gouvernements. On tenait sa poche en l'approchant, et cela ne servait à rien ; tout entrait dans sa bourse et rien n'en ressortait. Mais, quand son cher argent n'était pas en cause, M. le Prince devenait un autre homme. Alors il « aimait la justice et suivait la raison [4] ». Il défendait l'État contre les brouillons et l'argent de l'État contre tout le monde. Il se rendait précieux dans les conseils par son équité, la sûreté de son jugement, sa connaissance parfaite des institutions du royaume, du chaos de nos lois, de la situation des partis, des tenants et aboutissants d'un chacun. A défaut d'affection, il inspirait une crainte qui forçait le respect.

Considérable par lui-même, M. le Prince l'était

1. Motteville.
2. Duc d'Aumale, *Histoire des princes de Condé*.
3. 800 000, selon d'autres.
4. *Mémoires* de Lenet.

encore par deux de ses enfants, le duc d'Enghien et Mme de Longueville. Il lui semblait donc que les Condés, tout compte fait, valaient bien les d'Orléans, et qu'ils pouvaient prétendre à être avec eux sur un pied d'égalité vis-à-vis de la sacro-sainte étiquette ; on verrait ensuite où cela mènerait. Une lutte s'établit entre les deux familles pour des détails symboliques, tels que l'alignement d'un tapis ou le portage d'une queue de robe, qui ne nous paraissent des bagatelles que parce que la tradition monarchique s'est perdue chez nous. M. le Prince et Gaston avaient de perpétuelles picoteries au conseil du roi, devant une galerie attentive à marquer les coups. Les vraies batailles avaient lieu aux cérémonies officielles, entre Mme la Princesse, hardie à empiéter, et la Grande Mademoiselle, résolue à défendre ses prérogatives de petite-fille de France. Toutes les deux y apportaient la même ardeur ; elles en étaient héroïques et burlesques. Le 5 décembre 1644, elles avaient été désignées pour assister ensemble à un service solennel à Notre-Dame. D'après l'ordre des préséances, Mademoiselle devait y avoir le pas sur Mme la Princesse. Cette dernière se fit saigner, pour avoir un prétexte de ne pas aller défiler derrière Mademoiselle. Apprenant cela, Mademoiselle prit un lavement, pour se mettre dans l'impossibilité d'aller défiler sans avoir Mme la Princesse derrière elle. Saint-Simon les aurait admirées ; c'était ainsi qu'il comprenait le dévouement aux privilèges du rang. Mais les choses n'en restèrent pas là. Anne d'Autriche, soufflée par Mazarin, se fâcha contre sa nièce. Monsieur, poussé par la reine, menaça Mademoiselle de la « faire porter de force[1] » à Notre-Dame. Il fallut céder et partir.

L'aigreur réciproque éclatait pour des futilités comme l'affaire des *lettres tombées* (août 1643), qui eut son contre-coup sur la Fronde, de l'avis unanime des contemporains, et qui fait honte tant elle est sotte. Mme de Montbazon avait ramassé des lettres d'amour échappées de quelque poche. Sa charité publia qu'on avait reconnu l'écriture de Mme de Longueville. C'était faux. Anne d'Autriche condamna Mme de Montbazon à aller présenter des excuses à l'hôtel de Condé, rempli pour la circonstance des amis de la famille. « Monsieur y était, rapporte la Grande Mademoiselle, et je ne pus à mon égard me défendre d'y aller, bien qu'alors je n'eusse pas d'amitié pour Mme la Princesse ni pour pas un de sa famille; néanmoins je ne pouvais avec bienséance dans cette occasion prendre un parti contraire au sien, et c'était là un de ces devoirs de parenté dont l'on ne se peut défendre. » Le cœur n'y était pas. Les Condés n'y furent pas trompés, et cette misérable histoire jeta de l'huile sur un feu que Mazarin ne cessait, d'autre part, d'attiser, trouvant son intérêt, et aussi celui de la couronne, à ce que les deux branches cadettes fussent mal ensemble. « Se voyant pressé de toutes parts, disent les *Mémoires* d'un anonyme, le cardinal

---

1. *Journal* d'Olivier d'Ormesson.

crut que, pour maintenir sa fortune, il fallait de nécessité diviser les maisons d'Orléans et de Bourbon, afin que, se balançant l'une par l'autre, il pût demeurer ferme au milieu et se rendre nécessaire à toutes deux. » L'affaire des *lettres tombées* lui avait paru un coup du ciel. Il en tira si bon parti que, « depuis ce temps fatal, le Luxembourg et l'hôtel de Condé ne gardèrent presque plus de mesure. On regarda toujours le duc d'Orléans et le duc d'Enghien comme deux chefs de partis contraires, auxquels chacun se ralliait selon ses intérêts et son inclination[1]. »

Mazarin ne pouvait pas être renversé. Il aurait fallu être aveugle pour ne pas voir que le premier ministre avait à sa disposition, quand il venait conférer avec sa souveraine, des arguments d'un autre genre, et d'infiniment plus de poids auprès d'une femme, particulièrement d'une femme vieillissante, que la raison politique ou la raison tout court. Anne d'Autriche n'était pas veuve depuis quatre mois qu'Olivier d'Ormesson notait dans son *Journal* que le cardinal « était reconnu pour le tout-puissant ». La reine commettait pour lui des imprudences de petite pensionnaire amoureuse. Elle s'était mise à le recevoir le soir, portes ouvertes, sous prétexte de s'instruire des affaires. La conférence devint tous les jours plus longue, et, un beau soir, les portes se fer-

---

1. *Mémoires* anonymes et manuscrits. M. Chéruel en a publié des fragments avec le *Journal* d'Olivier d'Ormesson. L'auteur paraît avoir été un commensal de l'hôtel de Condé.

mèrent, au grand scandale de toute la cour, et ne se rouvrirent plus. A Rueil, elle voulut le faire monter auprès d'elle dans sa petite voiture de jardin. Mazarin eut la sagesse de refuser, et l'étourderie de l'accompagner le chapeau sur la tête, « dont tout le monde était étonné » (septembre 1644). Quelques semaines plus tard, tout Paris savait à qui était destiné certain appartement en réparation au Palais-Royal, avec passage secret pour aller « commodément » chez la reine. Afin que personne n'en ignorât, la *Gazette* du 19 novembre avait publié le communiqué suivant : « La Reine a remontré en plein conseil qu'attendu l'indisposition du cardinal Mazarin, et qu'il lui fallait tous les jours passer avec grande peine tout au travers de ce grand jardin du Palais-Royal[1], et voyant qu'à toute heure il se présentait de nouvelles affaires pour lui communiquer, elle trouvait à propos de lui donner un appartement dans le Palais-Royal, afin de conférer plus commodément avec lui de ses affaires. L'intention de Sa Majesté a été approuvée par MM. les Ministres et avec applaudissement, de sorte que, lundi prochain (21 novembre), Son Éminence doit en prendre possession. » L'indiscrétion d'Anne d'Autriche finissait par gagner le favori. Il se permit deux fois, à Rueil et à Fontainebleau, de déloger la Grande Mademoiselle pour se rapprocher de la reine. La première fois, Mademoiselle dévora l'affront et fut

---

1. Il habitait un palais qui est devenu la Bibliothèque nationale.

chercher un gîte dans le village. La seconde, la patience lui échappa. « Le bruit de Paris, écrivait d'Ormesson, est que Mademoiselle a parlé hardiment à la Reine sur ce que le cardinal voulait prendre son appartement pour en être plus proche (septembre 1645). »

Plusieurs historiens ont cru à un mariage secret entre la régente et son ministre. Il n'en existe aucune preuve, à moins d'accepter pour telle une lettre ambiguë du cardinal à la reine, sur les gens qui cherchent à lui faire « du mal » dans son esprit. « Ils n'y gagneraient rien, dit Mazarin, parce qu'enfin [le cœur de la reine et celui de Mazarin[1]] sont unis ensemble par des liens que vous-même êtes tombée d'accord plus d'une fois avec moi qu'ils ne pouvaient être rompus, ni par le temps ni par quelque effort qu'on y fît. » Quelques lignes plus bas, il réclame sa pitié — Mazarin était alors en exil — pour « cet enfant », c'est-à-dire lui-même : « Il le faut compatir, car c'est une étrange chose pour cet enfant de se voir marié et séparé en même temps, et qu'on poursuit toujours pour apporter des obstacles à son mariage » (27 octobre 1651). Ce texte, déjà si obscur, peut être pris dans un sens figuré. Il a donc besoin d'être appuyé de preuves morales, tirées des façons d'être de la reine avec Mazarin, et des changements

---

1. Les mots entre parenthèses sont en chiffres ou en langage convenu dans l'original. Nous suivons pour cette correspondance la traduction donnée par M. Ravenel dans son édition des *Lettres du Cardinal Mazarin à la Reine*, etc.

que l'âge ou les circonstances apportèrent à leurs relations. Nous noterons ces fluctuations en temps et lieu. Pour l'instant, nous en sommes à la lune de miel, légitime ou non; on en place le début à la fin du mois d'août 1643, ou dans les six semaines qui suivirent [1].

Le public observait avec irritation le roman royal. Après avoir accueilli d'assez bonne grâce le ministère Mazarin, la population s'unissait dans un sentiment de mépris et de haine pour le bel Italien qui savait arriver par les femmes. Les amis de la reine redoublaient leurs avertissements, et n'y gagnaient que d'être disgraciés. L'un de ses plus anciens serviteurs, La Porte, qui avait fait ses preuves de dévouement, osa lui dire en face « que tout le monde parlait d'elle et de Son Éminence d'une manière qui la devait faire songer à elle…. Elle me demanda qui m'avait dit cela. Je lui dis : « Tout le monde », et que cela était si commun qu'on ne parlait d'autre chose. Elle devint rouge et se mit en colère [2]…. » Mme de Brienne, femme du secrétaire d'État, ayant eu la même hardiesse, raconta aux siens « que plus d'une fois Sa Majesté rougit jusque dans le blanc des yeux [3] ». Anne d'Autriche trouvait des lettres anonymes jusque dans son lit. Elle entendait fredonner par les rues de Paris des chansons qu'il ne tenait qu'à elle de comprendre. Enfin, un jour qu'elle écoutait un service à

1. Voir les *Problèmes historiques*, de Jules Loiseleur.
2. *Mémoires* de La Porte.
3. *Mémoires* de Brienne le jeune.

Notre-Dame, elle eut la surprise d'être entourée par une bande de femmes du peuple qui se jetèrent à ses pieds en lui criant « qu'elle dissipait le bien de son pupille ; qu'elle *avait un homme chez elle qui prenait tout*[1] ».

C'était en effet le grand grief, beaucoup plus sensible, il faut l'avouer, que le regret de l'abaissement de la reine. Mazarin était le plus éhonté voleur qui ait jamais dévoré un pays à la faveur du pouvoir. Donnant donnant, avec lui, et sans se cacher. On était prévenu ; on n'avait qu'à ne rien demander si l'on ne voulait pas y mettre le prix. Au besoin, il relançait les gens. Bussy-Rabutin fut averti par un billet du Grand Condé d'avoir à verser, « et sans délai, sept mille cinq cents livres » pour le pot-de-vin d'une petite charge ; on possède le billet[2] de Condé, qui a soin de déclarer qu'il « a eu commandement de mander ceci ». Monglat raconte[3] qu'Anne d'Autriche sollicitait un jour une grosse charge pour l'une de ses créatures. Son protégé fut tarifé à 100 000 écus. La reine mère, piquée, marchanda : elle ne put obtenir de rabais. Il est vrai que la lune de miel était alors bien loin.

Les coffres de l'État étaient mis en coupe réglée. Les millions s'entassaient dans ceux du favori, cependant que nos soldats mouraient de faim à la frontière, que les créanciers de l'État n'étaient point payés, que la

---

1. *Journal* d'Olivier d'Ormesson. Cette scène eut lieu le 19 mars 1645.
2. Il est du 24 mars 1645.
3. *Mémoires*.

cour de France « commençait à paraître dans une nécessité honteuse[1] », et qu'il fallait la force armée pour arracher les impôts aux campagnes ruinées par les passages de troupes, les pillages, voleries, abus et désordres de toutes sortes. Cependant « le pauvre M. le Cardinal », ainsi que l'appelait la reine en parlant de lui, donnait des fêtes d'un luxe insolent et dépensait millions sur millions en fantaisies. J'ai déjà dit que ses importants services en politique étrangère, qui l'ont montré grand ministre par plusieurs côtés, passaient inaperçus en France, peut-être à cause de l'absence de journaux. D'indifférent, Mazarin devint vite impopulaire.

Dans les commencements de sa faveur, Anne d'Autriche avait pu acheter le silence des courtisans. Nous l'avons montrée semant l'argent et les faveurs à pleines mains : « La reine donne tout » était passé en dicton. Le courtisan ravi sollicitait les dons les plus extravagants et il les obtenait. « On accorda des privilèges, des monopoles à exploiter ou à vendre; chacun imaginait les taxes les plus incroyables, les plus bizarres, pour s'en faire attribuer le profit : une dame de la cour obtint de la régente un droit d'impôt sur toutes les messes qui se célébraient à Paris[2]. » Le 13 janvier 1644, le conseil du roi employa une partie de sa séance à refuser « quantité » de dons accordés par la reine, « tous ridicules et qui seraient à faire

---

1. Motteville.
2. *La Misère au temps de la Fronde*, par Alph. Feillet.

rire¹ ». La manne royale tarissait. Quand elle fut à sec, et le trésor vide, on cessa de se gêner. Il s'éleva contre le favori un long murmure, bientôt changé en clameur, et qu'Anne d'Autriche ne parvenait pas à faire taire; ses efforts ne servaient plus qu'à lui aliéner l'opinion, sans profit pour Mazarin : « L'amour qu'on avait eu jusqu'alors pour la reine, dit Mme de Motteville, commença peu à peu à diminuer parmi les peuples. Cette puissance si absolue qu'elle donna au cardinal Mazarin fit qu'elle perdit la sienne; et, pour trop désirer qu'il fût aimé, elle fut cause qu'il fut haï. » D'impopulaire, Mazarin devint exécré, et le mépris l'emporta encore sur la haine, pour des raisons assez bonnes, mais que la noblesse française aurait mieux fait de voir avant la fin de la pluie d'or. Elles ne sont nulle part aussi bien expliquées que dans un *Dialogue des morts* composé par Fénelon pour son élève le duc de Bourgogne.

Richelieu et Mazarin sont les personnages du dialogue. Chacun fait valoir son œuvre politique et critique celle de l'autre. Mazarin en vient à reprocher à Richelieu d'avoir été cruel et sanguinaire : « Vous avez bien fait pis aux Français, lui repart Richelieu, que de répandre leur sang : vous avez corrompu le fond de leurs mœurs; vous avez rendu la probité ridicule. Je n'avais que réprimé l'insolence des grands; vous avez abattu leur courage, dégradé la noblesse, confondu toutes les conditions, rendu toutes les

---

1. *Journal* d'Olivier d'Ormesson.

grâces vénales. Vous craigniez le mérite ; on ne s'insinuait auprès de vous qu'en vous montrant un caractère d'esprit bas, souple, et capable de mauvaises intrigues. Vous n'avez même jamais eu la vraie connaissance des hommes; vous ne pouviez rien croire que le mal, et tout le reste n'était pour vous qu'une belle fable : il ne vous fallait que des esprits fourbes, qui trompassent ceux avec qui vous aviez besoin de négocier, ou des trafiquants qui vous fissent argent de tout. Aussi votre nom demeure avili et odieux. » Le portrait est ressemblant, bien qu'il ne montre que l'une des faces du modèle, et la plus vilaine. Il est curieux qu'il ait été composé pour l'arrière-petit-fils d'Anne d'Autriche.

La Grande Mademoiselle comptait parmi les plus hostiles à Mazarin. Elle se montre très dure pour lui dans ses *Mémoires*; mais la singularité de ses jugements sur le cardinal, pour ne pas dire leur ridicule, en affaiblit considérablement l'intérêt. Mazarin péchait, à son avis, par le manque d'intelligence. Il n'avait ni « capacité », ni « jugement »; sa conduite envers les princes du sang le prouvait de reste. Un ministre qui marchandait la puissance aux branches cadettes, piliers du trône, selon Mademoiselle, et qui les écartait au lieu de s'appuyer dessus, était manifestement « le plus malhabile homme du monde », en même temps que le plus indigne. On ne se privait pas impunément — Mademoiselle écrivait ces choses sans rire — des talents militaires d'un Gaston d'Orléans, et l'on eût évité bien des malheurs en gouvernant le royaume d'après ses conseils. Le devoir des bons serviteurs de la couronne était d'unir leurs forces pour chasser le cardinal, et ce devoir souriait de toutes les façons à Mademoiselle. Il était du bel air d'appartenir à l'opposition ; les « personnes de qualité » pouvaient difficilement s'en dispenser, à moins de liaisons particulières avec Mazarin, et les femmes pas plus que les hommes, depuis qu'elles s'étaient mises à s'occuper des affaires publiques avec l'ardeur que leur sexe apporte à tout ce qu'il entreprend.

La politique était devenue le passe-temps favori des ruelles, à Paris et dans les châteaux. On commençait toute petite à avoir une opinion sur le gouvernement. « Or çà, ma grand'maman, disait la petite Montausier à Mme de Rambouillet, parlons d'affaires d'État, à cette heure que j'ai cinq ans. » La grand'maman aurait eu mauvaise grâce à refuser, car sa Chambre bleue était quelque peu responsable du nouveau divertissement. Avec les premiers salons parisiens était née une opposition à leur ressemblance, spirituelle et moqueuse, très taquine, qui ne fait de mal qu'à ceux qui s'en préoccupent, mais devient alors extrêmement dangereuse. L'esprit y joue le rôle principal ; on renverse un ministère avec un bon mot, on ferait une révolution plutôt que de sacrifier un trait d'esprit. C'était fait pour les Françaises, grandes artistes en conversation. L'opposition des salons leur apportait des plaisirs de choix, toutes sortes de sensations amusantes et raffinées, et leur ouvrait, par surcroît, une large porte sur un champ d'influence où les femmes n'avaient pénétré jusqu'alors qu'exceptionnellement. Elles se précipitèrent dans la place et y sont encore, faisant et défaisant les gouvernements ou du moins y tâchant, par conviction sans aucun doute, mais encore plus pour l'amour de l'art.

La Grande Mademoiselle suivit la mode. Elle fréquenta les gens mal en cour, dit beaucoup de mal du premier ministre et se fit traiter de « brouillonne[1] », sans savoir précisément où elle en voulait venir. Ce Mazarin qu'elle prenait pour un pauvre d'esprit avait emmêlé avec tant d'art les fils de toutes les prétentions et de toutes les cabales, que les plus fins s'y perdaient et ne reconnaissaient plus ni leurs propres intérêts ni leurs vrais amis. Monsieur, par exemple, qui avait de l'esprit à revendre, n'aurait pas pu expliquer pourquoi il donnait tort à sa fille et l'abandonnait — lui si jaloux de ses prérogatives et si mal avec M. le Prince, — toutes les fois que Mademoiselle s'embarquait à défendre leur maison contre les usurpations des Condés. C'était le secret de Mazarin, ce n'était pas celui de Monsieur. Après en avoir versé des larmes amères, dans la pensée que son père ne l'aimait plus et lui voulait du mal, Mademoiselle prit son parti de ne compter que sur elle-même pour tout ce qu'elle avait à faire dans la vie.

Elle avait une vingtaine d'années et était dans son plein épanouissement de belle fille saine et fraîche. Son extérieur est dépeint avec une certaine complai-

---

1. Motteville.

sance dans un *Portrait* écrit par elle-même [1]. « Je suis grande, dit-elle, ni grasse ni maigre, d'une taille fort belle et fort aisée. J'ai bonne mine, la gorge assez bien faite, les mains et les bras pas beaux, mais la peau belle, ainsi que la gorge. J'ai la jambe droite et le pied bien fait ; mes cheveux sont blonds et d'un beau cendré ; mon visage est long, le tour en est beau ; le nez grand et aquilin ; la bouche ni grande ni petite, mais façonnée et d'une manière fort agréable ; les lèvres vermeilles ; les dents point belles, mais pas horribles aussi ; mes yeux sont bleus, ni grands ni petits, mais brillants, doux et fiers comme ma mine. J'ai l'air haut sans l'avoir glorieux. Je suis civile et familière, mais d'une manière à m'attirer plutôt le respect qu'à m'en faire manquer. J'ai une fort grande négligence pour mon habillement, mais cela ne va pas jusqu'à la malpropreté ; je la hais fort : je suis propre ; et, négligée ou ajustée, tout ce que je mets est de bon air ; ce n'est pas que je ne sois incomparablement mieux, ajustée, mais la négligence me sied moins mal qu'à une autre, car, sans me flatter, je dépare moins ce que je mets, que ce que je mets ne me pare.... Dieu... m'a donné une santé et une force nonpareille : rien ne m'abat, rien ne me fatigue, et il est difficile de connaître les événements de ma fortune et les déplaisirs que j'ai par mon visage, car il est rarement altéré. J'ai oublié de dire que j'ai un

---

[1]. *La Galerie des Portraits de Mlle de Montpensier*. Nouvelle édition, avec des notes, par M. Édouard de Barthélemy (Paris, 1860, Didier).

teint de santé qui répond à ce que je viens de dire : il n'est pas délicat, mais il est blanc et vif. »

Le caractère de la Grande Mademoiselle à son entrée sur la scène politique, avant les leçons de l'expérience et de la mauvaise fortune, est représenté avec vivacité dans un autre *Portrait*[1], par un anonyme. « Cette princesse du sang des rois et des princes, dit l'auteur inconnu, est hautaine, hardie, et d'un courage plus mâle que n'est d'ordinaire celui d'une femme. On peut dire avec vérité qu'elle est une amazone, et qu'elle est plus capable de manier les armes que le fuseau.... Elle est fière, entreprenante, et libre à parler, et ne peut rien souffrir de tout ce qui lui semble contraire à sa pensée; elle n'a jamais aimé les ministres du roi ni de son père, parce qu'il fallait qu'elle eût quelque déférence pour eux.... Son humeur est impatiente, son esprit actif et son cœur ardent en tout ce qu'elle entreprend...; elle ne sait ce que c'est que la dissimulation et dit ses sentiments sans se soucier de quoi que ce soit. »

D'autres contemporains ont dit son « air brusque et délibéré », sa « vivacité trop extrême et son inquiétude naturelle »; d'autres ont chanté en vers l'aversion de « la Pallas de notre âge » pour « Vénus », sûrs de lui être agréables, car elle était la première à dire : « Je n'ai point l'âme tendre », et il lui plaisait qu'on le sût. On a blâmé sa rudesse et ses emportements, raillé ses prétentions à savoir la guerre et son

---

1. *Les Portraits de la Cour* (Collection Danjou, vol. VIII).

affectation à en discourir; on lui a trouvé beaucoup de grands défauts, et peu des qualités qui rendent une femme aimable : on ne lui a jamais reproché une petitesse, une bassesse, une lâcheté, une action fausse ou déloyale. La Grande Mademoiselle n'a jamais trahi, jamais menti. Elle a toujours été vaillante et généreuse. Ce n'est pas sa faute si la nature, en la faisant fille, lui avait donné une mine et des inclinations un peu trop « mâles ».

CHAPITRE V

I. Les premiers troubles. Paris et les Parisiens en 1648. — II. La Fronde parlementaire. Mademoiselle veut devenir reine de France. — III. La Fronde princière et l'union des deux Frondes. Le projet de mariage avec Condé. — IV. La période héroïque de Mademoiselle : la prise d'Orléans et le combat du faubourg Saint-Antoine. La fin de la Fronde. Le départ pour l'exil.

I

Peu de crises politiques ont laissé à ceux qui en furent les témoins ou les acteurs des impressions aussi diverses que la Fronde. Prenez ce merveilleux Retz, dont les *Mémoires* sont l'épopée du Paris révolutionnaire; prenez Omer Talon, l'un de nos plus grands orateurs parlementaires; prenez l'amie de la reine, Mme de Motteville; prenez La Rochefoucauld, duc et pair, ou Gourville, son ancien laquais; prenez les Gaston d'Orléans, les Beaufort, les Anne de Gonzague, les Mme de Chevreuse, tous ceux et toutes celles dont nous savons les façons de penser : chacun d'eux s'est représenté la Fronde sous un aspect qui tenait à sa situation et à ses amitiés, autant qu'à son caractère et à sa nature d'imagination.

Il fallait faire un choix entre ces faces multiples d'un même sujet. C'était le seul moyen de donner quelque unité au récit, surtout dans une étude bornée, comme celle-ci, aux sentiments et opinions d'où sortirent les événements. La Grande Mademoiselle est notre centre, le personnage à qui nous avons toujours tout rapporté : je raconterai la Fronde à travers elle, je m'efforcerai à dégager de la masse des documents les scènes ou les états d'esprit qui l'ont frappée, et à évoquer ainsi l'une au moins des physionomies de la période la plus confuse de notre histoire moderne. On ne s'attend pas que le point de vue de Mademoiselle ait été le meilleur; du moins n'est-il pas terre à terre. La Fronde a été son âge héroïque. Elle y entra par des raisons de roman, pour conquérir un mari à coups de canon, pour voir du neuf et de l'extraordinaire; elle joua son rôle avec éclat, et s'étonna le reste de sa vie d'avoir pu commettre tant de « sottises ». C'est à faire comprendre l'état d'esprit qui existait alors en France, et qui permit ces « sottises » à la Grande Mademoiselle et à tant d'autres, que tendront les pages qu'on va lire.

Il va de soi que Mademoiselle n'avait pas vu venir la révolution, en quoi elle n'avait pas été plus aveugle que le reste de la cour. Lors des barricades de 1648, il y avait quatre ans que Paris grondait et s'agitait, sans que la régente, ni personne autour d'elle, eût l'idée de s'inquiéter de ce qui se passait dans les esprits. Dès le 1ᵉʳ juillet 1644, le peuple avait envahi le Palais de justice en protestant bruyamment contre un nouvel impôt, et le Parlement s'était chargé de porter ses doléances à la reine. Anne d'Autriche avait refusé de céder. La ville avait pris aussitôt sa physionomie de veille d'émeute : conciliabules en plein air, gens affairés sans savoir pourquoi, curieux le nez au vent, boutiquiers sur le pas de leur porte, attente inquiète de quelque chose d'inconnu. Le troisième jour, la soupe au lait s'envola. Des bandes armées de gourdins descendirent des faubourgs et « donnèrent, rapporte un témoin [1], assez de frayeur dans la ville, en laquelle telles émotions étaient inconnues ». Au bout de quelques heures, les bandes se dissipèrent d'elles-mêmes et l'émeute s'évanouit; mais le premier pas était fait; le peuple s'était familiarisé avec l'idée de troubler la rue.

A partir de ce jour, les signes avant-coureurs de l'orage se multiplièrent. Le Parlement soutenait ouvertement le peuple. Il avait des orateurs violents et magnifiques, qui éclataient en discours terribles sur la misère effroyable, les injustices et l'oppression qui jetaient la France dans une sorte de désespoir. La majesté du trône ne les arrêtait plus, et c'était aux séances solennelles des lits de justice, ou dans les salons même du Palais-Royal, en présentant les remontrances de leur corps, qu'ils prononçaient leurs philippiques les plus véhémentes. L'enfant-roi les écoutait, assis à côté de sa mère; s'il ne comprenait pas toujours leurs paroles, il ne pardonna jamais

---

[1]. Omer Talon, *Mémoires*.

le ton dont elles étaient prononcées. La cour les considérait avec étonnement, et Mademoiselle, en ce temps-là, ne bougeait de la cour; ses *Mémoires* ne font néanmoins aucune allusion à ces révoltes de l'opinion, tant elle avait été loin d'en saisir la portée; elle l'avait aussi peu comprise que la reine, et c'est tout dire. Il n'y avait que soixante ans des barricades de la Ligue, il n'y en avait que dix d'une comédie appelée *Alizon*, où une ancienne ligueuse a pour les soldats du roi les yeux de nos communardes pour les Versaillais; le peuple parisien n'avait jamais cessé d'entretenir ses vieilles armes, dans la pensée qu'elles resserviraient; et la régente de France s'imaginait avoir paré à tout en défendant aux Français, par une ordonnance, de parler politique.

Un esprit nouveau montait des profondeurs de la nation dans les classes moyennes, où il avait déjà trouvé un apôtre. C'était un parlementaire, le président Barillon. « Il avait, dit Mme de Motteville, un peu de cette teinture de quelques hommes de notre siècle qui haïssent toujours les heureux et les puissants. Ils estiment qu'il est d'un grand cœur de n'aimer que les misérables, et cela les engage incessamment dans les partis qui sont contraires à la cour. » Les temps n'étaient pas mûrs pour les haines qui balayent sous nos yeux les vieilles sociétés, et le président Barillon était condamné à succomber. Tant que la reine avait été malheureuse, il lui avait été tout dévoué. Lors de son veuvage, il avait contribué à lui faire donner le pouvoir, la croyant, je ne sais sur quels fondements, acquise à ses théories sur les droits des humbles et les devoirs des gouvernements envers les peuples. La désillusion ne se fit pas attendre, et Barillon, de chagrin, se jeta dans l'opposition avancée. Anne d'Autriche était incapable de comprendre cette âme passionnée. Elle en voulut à son vieil ami et le fit enfermer à Pignerol, où il mourut, « regretté de tout le monde », dit encore Mme de Motteville. Le président Barillon est déjà un précurseur des idéologues du XVIIIe siècle et des socialistes du XIXe.

La reine était de ceux qui ont des yeux pour ne pas voir. Rien ne put les lui ouvrir. Le roi de France avait eu sa marmite renversée, faute d'argent pour payer les fournisseurs, et sa mère, pour apaiser les siens, avait dû mettre en gage les diamants de la couronne. Anne d'Autriche s'indignait néanmoins contre ces bourgeois qui osaient dire la France ruinée. Non qu'elle attachât de l'importance à l'opinion du Parlement, qu'elle appelait « cette canaille », avec ses idées exotiques sur notre pays, mais toute critique lui paraissait une atteinte à l'autorité de son fils. Chacune de ses injures ajoutant à la popularité de l'opposition, celle-ci était toujours disposée à soutenir les réclamations du peuple, par intérêt autant que par sympathie : « Les bourgeois étaient tous infectés de l'amour du bien public », écrit avec amertume la douce Motteville. La cour n'avait donc pas à compter sur « cette canaille » en cas de difficultés.

Ni, d'ailleurs, sur elle-même; trop d'ambitions s'y contrariaient, trop d'intrigues égoïstes, sans parler de l'instinct de la conservation, qui incitait les nobles à lutter une dernière fois contre l'établissement de la monarchie absolue, pour sauver ce qui restait à sauver de leurs anciens privilèges. Ils auraient été dans leur droit, car personne n'est tenu au suicide, si seulement ils avaient su comprendre que les devoirs envers le pays passent avant tout; mais l'idée de patrie était encore bien trouble dans les consciences les plus claires. La Grande Mademoiselle n'hésitait pas plus que les autres, quand les intérêts de sa maison se trouvaient opposés à ceux du royaume. Elle raconte qu'après l'affaire Saujon[1], elle s'était à peu près retirée de la cour : « Je ne croyais pas que la présence d'une personne que la reine avait si fort maltraitée lui pût être agréable. » Elle allait faire des séjours à son château de Bois-le-Vicomte, près de Meaux, et ce fut là qu'on lui envoya la nouvelle de la bataille de Lens (20 août 1648). La petite cour de Mademoiselle savait que sa princesse verrait un malheur personnel dans le bonheur de nos armes; c'était de la gloire en plus pour le prince de Condé, du crédit et de l'influence en plus pour cette autre branche cadette, aux prétentions insolentes, dont les usurpations avaient mis entre leurs maisons une aigreur que la mort du vieux Condé (1646) n'avait pu adoucir. « Personne ne me l'osa dire, continue Mademoiselle; l'on mit sur ma table la relation qui était venue de Paris; au sortir de mon lit, je vis ce papier sur ma table, je le lus avec

---

1. En mai 1648, voir p. 213.

beaucoup d'étonnement et de douleur.... Dans cette rencontre, je me trouvais moins bonne Française qu'ennemie. » L'aveu est à retenir, car le crime de Mademoiselle a été celui de toute la noblesse frondeuse : eux d'abord, la France ensuite.

Elle en pleura. Son père lui ayant mandé de revenir à Paris « se réjouir avec la reine », ce lui fut un redoublement de chagrin ; depuis la scène du Palais-Royal, il lui était impossible de « se réjouir » avec Anne d'Autriche. Il fallut pourtant obéir et assister avec la cour, le 26 août, au *Te Deum* de Notre-Dame. « Je me mis auprès du cardinal de Mazarin, et, comme il était en bonne humeur, je lui parlai de la liberté de Saujon, pour laquelle il me promit de travailler auprès de la reine, que je laissai au Palais-Royal, et m'en allai dîner. Je ne fus pas plus tôt arrivée à mon logis, que l'on vint dire la rumeur qui était dans la ville, que le bourgeois prenait les armes. » C'était la réponse des Parisiens à l'arrestation inattendue de deux parlementaires, dont le vieux Broussel, l'homme qui incarnait aux yeux de la foule les doctrines humanitaires et démocratiques du président Barillon, mort pour la bonne cause. La ville s'était levée en un tour de main.

Le chagrin de Mademoiselle se dissipa. Dans le désarroi de la monarchie, elle ne pensa qu'aux embarras où allaient se trouver la reine et Monsieur, et son plaisir fut « grand ». Les Tuileries étaient situées à souhait pour observer une révolution. Les boulevards n'existaient pas, et la Seine était le centre du mouvement et des affaires, la grande rue de Paris et sa grande salle des fêtes. A plusieurs lieues en amont et en aval, les étrangers reconnaissaient à son animation qu'ils approchaient de la capitale. Du Cours-la-Reine à l'île Saint-Louis, elle était bordée de ports et de marchés en plein air, encombrée de barges à marchandises, de trains de bois, de bateaux de plaisance, de coches d'eau en forme de maisons flottantes, et de toute une batellerie légère qui guettait le client pour le mener à ses affaires, lui faire voir de près une joute de mariniers, un feu d'artifice, une sérénade sur l'eau, une galère dorée qui filait banderoles au vent, soulevée par douze paires de rames. La Seine mettait une traînée de soleil en travers des petites rues obscures. Elle était la lumière et la joie de Paris, le cœur de sa vie publique. Ses bras enveloppaient Notre-Dame, l'Hôtel-Dieu et l'amas d'édifices dénommé le Palais, séjour du Parlement et de la Bourse, immense bazar dont les galeries à boutiques étaient le rendez-vous des flâneurs et des nouvellistes. Un peu au-dessous du Palais, le Pont-Neuf grouillait de marchands ambulants, de bateleurs, de charlatans et de filous, de badauds regardant une parade, de pauvres diables en train de se faire arracher une dent, mettre une jambe de bois ou un œil de verre. Toutes les émotions populaires partaient de la Seine. Elle était une reine; nous en avons fait un égout.

Paris était déjà la ville cosmopolite arrangée pour les étrangers, celle qu'ils appelaient « la grande hôtellerie », la seule en Europe où l'on vous meublât un palais « en moins de deux heures », où l'on vous servît « en moins d'une heure » un dîner de cent couverts à vingt écus par tête. Cette puissante capitale était cependant, sous bien des rapports, dans l'état de barbarie. Elle n'était pas éclairée, pas balayée, remplie d'une boue noire et infecte : les habitants vidaient tout par les fenêtres. A peine s'il existait une police, et la ville était semée de « lieux d'asile », survivance du moyen âge, qui servaient de retraites aux malfaiteurs. Le duc d'Angoulême, bâtard de Charles IX, envoyait ses domestiques se payer de leurs gages aux dépens des passants et les recueillait dans son hôtel; il possédait le droit d'asile. Le duc de Beaufort envoyait les siens voler pour son propre compte. Des bourgeois en ayant arrêté quelques-uns, il les réclama et prétendit les faire indemniser.

Le caractère de la population parisienne, qui se renouvelle pourtant si vite, n'a pas changé depuis trois cents ans : « Les vrais Parisiens, écrivait un contemporain de Mademoiselle, aiment le travail, la nouveauté des choses, les changements des modes d'habits et même d'affaires, fort pieux, crédules et point ivrognes, civils aux étrangers et inconnus[1]. » Otez la piété et ajoutez l'absinthe, mère de folie, vous aurez le Parisien d'à présent, toujours laborieux, toujours mobile, toujours crédule surtout; il traite la religion de superstition, mais il a foi aux systèmes, aux panacées, aux grands mots, aux grands hommes

1. Gomboust.

vrais ou faux, il croit encore aux révolutions. En revanche, il est toujours prêt, comme aux siècles passés, à se faire tuer pour une idée, pour un Broussel, pour bien moins qu'un Broussel. Ce fut ce Parisien-là, le même que nous connaissons, qui fit les barricades de 1648. Les fenêtres de Broussel donnaient sur la rivière. La batellerie de la Seine, instruite la première de son arrestation, s'élança dans les rues avec de grands cris. Les Halles se joignirent à la batellerie, le « bon bourgeois » suivit le peuple, les boutiques se fermèrent, les chaînes se tendirent, les rues se hérissèrent d'armes vieillottes qui donnaient à l'émeute un faux air de cortège historique, et Mademoiselle fit atteler ; elle voulait voir cela de près.

Elle prit par les quais, traversa le Pont-Neuf, et fut témoin d'un spectacle qui influa sur la suite de sa vie. Les chaînes tombaient devant elle pour se relever derrière son carrosse. La Grande Mademoiselle se rendit au Luxembourg, et de là au Palais-Royal, en princesse de légende devant qui s'évanouissent les obstacles et les monstres. La popularité n'est jamais chose raisonnée à Paris ; les gens du peuple adoraient cette princesse autoritaire, pour qui leurs pareils n'étaient que des « coquins », bons à bâtonner et à pendre, et ils en furent récompensés, comme on l'est très souvent, en ce monde, des sentiments désintéressés. Au retour de sa promenade, Mademoiselle était prisonnière de sa popularité.

La cour avait commencé par ne pas prendre l'insurrection au sérieux. Il fallut y venir, et Mademoiselle

trouva le Palais-Royal « en grande rumeur ». Elle
but des yeux les visages soucieux de ceux qui l'avaient
offensée, rentra chez elle toute contente, et s'amusa
comme une enfant à regarder les bivouacs établis
sous ses fenêtres. La nuit fut cependant paisible.
« Le lendemain, je fus éveillée par le tambour, qui
battait aux champs de bonne heure, pour aller prendre
la Tour de Nesle[1], que quelques coquins avaient
prise. Je me jetai hors du lit et courus à la fenêtre. »
Elle vit bientôt revenir des soldats blessés, qui lui
causèrent « grande pitié et frayeur ». Dans la rue des
Tuileries, les passants avaient tous des épées ; ils les
portaient si gauchement, que Mademoiselle s'en
amusa longtemps. Elle se trouvait bloquée dans son
palais ; toutes les rues de la ville étaient barricadées
avec des tonneaux remplis de terre ou de fumier et
reliés par des chaînes. Paris n'avait pas mis trois
heures à exécuter ce bel ouvrage, plus redoutable
encore à titre de symbole qu'autrement. Les barricades de la Fronde, pavoisées avec les vieux drapeaux
de la Ligue, font toucher du doigt la continuité du
courant révolutionnaire dans la population parisienne.

Retz se targue d'avoir été celui qui mit le feu aux
poudres. Ses *Mémoires* grossissent son rôle, moins
qu'on ne l'a dit pourtant. Il tenait réellement dans
sa main le Paris pauvre. C'était le fruit de sept années

---

1. La Tour de Nesle était au bord de la Seine, proche l'emplacement actuel de l'Institut.

d'un travail patient. Élève très indigne de Vincent de Paul, son ancien précepteur, Retz avait gardé de son commerce l'idée qu'il fallait compter avec le peuple, qu'il était quelqu'un et non quelque chose, et que l'avenir serait à qui saurait s'en servir. En conséquence, ce jeune abbé de bonne maison, coadjuteur de son oncle l'archevêque de Paris, s'était appliqué à connaître les opinions politiques des crocheteurs et des miséreux. Il fréquentait leurs greniers et y apprenait, en échange de ses aumônes, les mots qui font sortir les barricades de terre à Paris. Il recourut à cette science dangereuse dès qu'il se crut menacé du côté de la cour, trop heureux d'avoir un prétexte de jouer les Marius et les Coriolan ; c'était son rêve depuis son enfance, depuis qu'il avait lu Plutarque.

C'est la grande figure romantique de ces temps où Corneille croisait dans la rue les modèles de ses héros. Retz était bien moins un ambitieux qu'un passionné de l'extraordinaire et de l'éclatant. Rien ne valait à ses yeux une belle aventure. Aucune existence n'était comparable pour lui à celle du conspirateur, aucun surnom aussi flatteur que celui de « petit Catilina[1] », qu'on lui donnait quelquefois. Le peuple parisien s'entendait avec lui. La Rochefoucauld et Saint-Simon ont parlé avec admiration de son « puissant » et « prodigieux génie ». Mazarin, hors d'état de comprendre les héros de Plutarque, puisqu'il n'aimait ni la vertu ni le vice, craignait Retz sans

1. Duchesse de Nemours, *Mémoires*.

l'admirer et confiait à Mademoiselle qu'il avait « l'âme noire ». Anne d'Autriche ne voyait en lui qu'un « factieux » et un intrigant. Les sots s'en moquaient, et il y prêtait ; il était ridicule avec sa face basanée, ses jambes torses, ses maladresses de myope, et son goût pour les costumes de cavalier, les étoffes voyantes et les fanfreluches, ses allures de petit-maître et ses sempiternelles aventures galantes. Mais il y a des hommes qui supportent le ridicule, et Retz était du nombre ; la preuve en est qu'il plaisait aux femmes.

Tandis qu'il contemplait son œuvre dans son quartier de Notre-Dame, où chacun se préparait à la bataille, les pères avec leurs mousquets, les petits enfants avec leurs petits couteaux, Mademoiselle profitait de ce que les communications étaient libres entre les Tuileries et le Palais-Royal pour se rendre chez la Régente. Elle y était quand le Parlement vint réclamer Broussel et emporta un refus indigné. Elle y était encore quand il reparut, bien malgré lui, pour signifier à la reine, de par le peuple, que Paris « *voulait* monsieur de Broussel[1] ». Tandis que Mathieu Molé s'expliquait avec Anne d'Autriche, un parlementaire, que Mademoiselle ne connaissait point, lui parlait politique d'un ton qui lui ouvrait les yeux sur les dispositions de la magistrature française. Elle regarda sortir les « longues robes », après que la reine eut promis de rendre Broussel, et leur trouva un air

---

1. *Histoire du Temps.*

étrangement fier. Il fut clair pour elle que tout cela n'était qu'un commencement.

Les barricades disparurent le lendemain, au retour de Broussel; mais la population restait nerveuse. Il suffisait du bruit le plus absurde, d'un passant criant que la régente préparait une seconde Saint-Barthélemy, ou que la reine de Suède était à Saint-Denis avec son armée, pour que les mousquets partissent tout seuls dans les rues. Il s'élevait alors un grand brouhaha et la populace se mettait à piller, puis tout s'apaisait jusqu'à la prochaine alerte. La nuit, elles étaient continuelles. Le 30 août, Mademoiselle était allée au bal dans une maison située près de la rue Saint-Antoine. On entendit toute la soirée des coups de feu suivis de rumeurs. La reine et Mazarin auraient bien voulu être hors de Paris; mais le Palais-Royal était surveillé par le peuple, et l'habitude de traîner son mobilier après soi rendait bien difficile de partir sans qu'on s'en aperçût. La cour décida cependant d'essayer.

Le Palais-Royal avait repris son train accoutumé. La surveillance des Parisiens se relâchait peu à peu. Alors, le 12 septembre avant le jour, quelques voitures de meubles filèrent du palais vers Rueil. Le 13, le petit Louis XIV était tiré de son lit de grand matin, et suivait les meubles en compagnie de Mazarin. Anne d'Autriche, « comme la plus vaillante[1] », resta la dernière pour couvrir la fuite de son ministre; elle

1. Motteville.

se promenait dans Paris pour détourner l'attention. Dans l'après-midi, elle aussi disparut par la route de Rueil.

II

Cette fuite affola Paris On crut que la reine, une fois en sûreté, ne penserait qu'à se venger des barricades. Les affaires s'arrêtèrent, le bourgeois cacha son argent, les gens de la cour partirent en hâte, emportant leur mobilier, et les mauvaises figures des jours de troubles se répandirent par les rues. Des voitures de déménagement furent pillées. Ce fut ensuite le tour des boulangeries. Le Parlement avait pris l'autorité en main; mais ses séances devenaient aussi orageuses que celles de notre Chambre des députés. Les questions de personnes et les intérêts de coteries y avaient fait leur entrée avec la politique, et Olivier d'Ormesson écrivait tristement dès le 23 septembre, après une scène déplorable : « Le bien public ne servait plus que de prétexte pour venger les injures particulières. »

Mademoiselle considérait les événements avec des sentiments mélangés. La première Fronde n'était pas pour plaire à une personne de son humeur, aussi sûre que les rois sont les vicaires de Dieu sur la terre. Au fond, elle ne vit qu'une aventure de « brouillons » dans ce qui était un coup de désespoir, provoqué par l'excès de la détresse publique. La France avait été riche au siècle précédent, et maintenant elle se mourait de misère à cause d'un système de finances fondé sur l'usure. L'État dépensait sans compter, empruntait à des taux exorbitants, et se libérait en cédant les impôts à ses banquiers, les « traitants », qui les levaient à main armée et en vrais chefs de brigands. Après leur passage, le laboureur dépouillé de tout, n'ayant plus ni bestiaux, ni charrue, ni lit pour coucher, ni pain, ni rien, n'avait plus qu'à s'en aller dans les bois se faire brigand à son tour.

Chaque année un lambeau de la France retombait ainsi en friche, et, contre ces iniquités, le pays était sans recours. Ce fut alors que la plainte douloureuse du peuple suscita les Barillon et les Broussel, et que le Parlement, atteint lui-même dans sa bourse et dans ses charges par des édits impolitiques, risqua une tentative dont le succès aurait changé le cours de notre histoire. Les yeux tournés vers l'Angleterre, il essaya de donner à la France une manière de constitution, et de marcher, malgré la différence des origines, sur les traces de la Chambre des communes. Des magistrats et des fonctionnaires ayant acheté ou hérité leurs charges cherchaient à s'emparer du pouvoir législatif et financier, afin, disaient-ils, de ramener et réduire l'autorité royale « à ce qu'elle doit faire pour bien régner[1] », et la nation les applaudissait, les uns parce qu'ils souhaitaient sincèrement leur succès, les autres dans l'espoir de pêcher en eau trouble.

1. André d'Ormesson, en note du *Journal* d'Olivier d'Ormesson.

Au nombre de ces dernières était la Grande Mademoiselle. Elle venait d'avoir l'idée burlesque d'épouser le petit Louis XIV. Il avait dix ans, elle en avait vingt et un, l'air « brusque et délibéré », un genre de beauté robuste qui ne la rajeunissait pas. Pour cet enfant qui jouait la veille encore sur ses genoux, Mademoiselle était une parente respectable et intimidante, qu'il redoutait plus qu'il ne l'aimait, et elle s'en doutait bien un peu ; les flatteurs avaient beau lui assurer « qu'on ne regardait jamais (aux âges) entre personnes de cette élévation[1] », elle devinait qu'elle n'aurait ce petit mari-là que par la force, et ses opinions politiques en étaient toutes chancelantes. Elle voyait les entreprises du Parlement avec d'autres yeux, selon qu'elle envisageait l'utilité des troubles pour mener à bien son projet, ou l'inconvénient d'affaiblir une couronne qui serait peut-être sienne. Ses *Mémoires* ont gardé la trace de ce conflit intérieur. Elle approuve à une page les réformes du Parlement, et s'indigne à la page suivante contre des sujets assez hardis pour « borner l'autorité du roi ». Elle adopte toutes les maximes qui découlent du droit divin, et elle est en joie à chaque faute de la cour.

Celle-ci accumulait les erreurs, et c'était presque inévitable, tant la situation était fausse. Mariée ou non, Anne d'Autriche laissait prendre un tour déplaisant à la faveur de Mazarin. Ce n'était pas lui qui la protégeait ; c'était elle qui le défendait, et avec

---

1. Lenet, *Mémoires*.

une sorte de furie. De lui, tout était charmant; les yeux de la reine, son sourire, le disaient aux assistants. Pour lui, elle supportait tout; elle bravait la gêne, pourvu qu'il vécût parmi les tentures précieuses et les objets d'art, dans cet intérieur à l'italienne, trop raffiné pour le temps et pour la France, où l'imagination populaire ne le voyait que jouant avec des animaux singuliers, parfumés comme leur maître, et soignant sa beauté par des secrets de toilette de son invention. Elle était joyeuse infiniment de pouvoir mettre la France à ses pieds, sous ses pieds, et c'était justement ce que la France était résolue à ne pas supporter. Les immenses services de Mazarin dans nos relations avec l'étranger n'étaient guère connus que de ses agents. Paris s'inquiétait si peu des affaires du dehors, que la paix de Westphalie [1], l'un des grands événements de l'histoire universelle, y passa presque inaperçue. On parla incomparablement plus des marmitons du roi, qui avaient voulu piller le dîner de Mazarin, parce que leur maître « n'avait que deux petites soles, et que M. le cardinal en avait quarante [2] ». Ces choses-là, les Parisiens en étaient toujours informés; mais le grand diplomate leur était masqué par le « beau galant » qui avait eu le talent de devenir maître de maison chez la mère du roi, et qu'ils appelaient avec mépris, pour ne citer que des mots honnêtes, « l'inventeur de

1. La nouvelle en arriva à Paris le 31 octobre 1648.
2. Olivier d'Ormesson.

pommades » ou « la moustache collée ». Quand une foule parisienne criait : « Vive le roi ! » Retz entendait l'écho répondre : « Point de Mazarin ! » La reine, comme toutes les femmes très amoureuses, ne comprenait pas ce qu'on lui reprochait, et le malentendu s'aggravait entre elle et la nation.

A peine la cour fut-elle rentrée à Paris (le 31 octobre), sur les instances du Parlement, qu'on s'aperçut du chemin qu'avaient fait les esprits en son absence. Dans le peuple, il n'était plus question de respect, ni pour la régente, ni pour le premier ministre ; l'air résonnait de chansons satiriques, les murs étaient tapissés de placards injurieux. Le Parlement, gonflé par ses succès, avait pris des allures de réunion publique. Le refroidissement de ce que les Anglais appellent le loyalisme était encore plus sensible dans l'aristocratie. Le courtisan, sa poche bourrée de libelles, calculait ce qu'il pourrait faire rapporter d'écus et de dignités au malheur de la royauté ; les grands se mesuraient des yeux, Retz poussait ses curés dans l'opposition, La Rochefoucauld y poussait Mme de Longueville et Conti à travers elle. Devant cette hostilité universelle, Anne d'Autriche n'eut pas la patience longue. Elle commença par s'assurer de Condé et se rendit ensuite au Luxembourg, où elle trouva son beau-frère au lit, sans qu'on pût jamais savoir, avec lui, si c'était une maladie diplomatique. Gaston n'avait pas changé depuis Richelieu. Il était toujours aussi névrosé, aussi poltron, aussi méprisable, aussi charmant à ne le voir qu'en passant et pour causer de choses intellectuelles. La reine, qui savait le prendre, l'étourdit d'un flot de paroles qui le fit passer de l'attendrissement à l'inquiétude et de l'inquiétude à la frayeur, pour retomber ensuite, sans avoir le loisir de respirer, dans des émotions sentimentales qui ne lui laissèrent pas la force de refuser à sa belle-sœur la promesse de s'enfuir secrètement de Paris avec son neveu.

Cette seconde fuite fut fixée à la nuit du 5 au 6 janvier. On convint de se retirer à Saint-Germain, malgré l'absence de meubles et bien qu'il n'y eût pas à songer, cette fois, à faire sortir quoi que ce fût du Palais-Royal à l'insu des Parisiens. Mazarin fit porter deux petits lits de camp au château, et l'on s'en remit du reste à la Providence. Le 5, Anne d'Autriche se coucha à l'heure ordinaire. Dès que le palais fut endormi, elle se releva, confia son secret à une femme de chambre et fit réveiller les quelques personnes dont elle ne pouvait se passer. A trois heures du matin, on leva le petit Louis XIV et son frère. Leur mère les emmena par un escalier dérobé qui donnait sur le jardin. Il faisait clair de lune et le froid piquait. La famille royale, suivie seulement de la femme de chambre et de quelques officiers, gagna une petite porte ouvrant sur la rue Richelieu, y trouva deux carrosses et arriva sans encombre au Cours-la-Reine, où était le rendez-vous général. Il n'y avait encore personne. On attendit.

Mazarin était allé à une soirée. Il monta en voiture à l'heure convenue et s'en fut tout droit au Cours.

Monsieur et Condé avaient quitté la même soirée avant lui et étaient rentrés chez eux pour réveiller leurs familles. Condé eut vite fait d'empaqueter la sienne, hormis Mme de Longueville, qui refusa obstinément de se lever, étant décidée à rester à Paris. Monsieur eut plus de peine à mettre sa maisonnée en mouvement, entre une femme qui se croyait toujours expirante, et trois filles[1] dont l'aînée avait deux ans et demi, la dernière deux mois et demi. Cependant des messagers couraient dans Paris pour avertir les gens de la Cour. Ceux-ci envoyaient à leur tour chez leurs parents et amis, et chacun se hâtait, à moitié endormi, vers le Cours-la-Reine, les hommes boutonnés de travers, les femmes en coiffes de nuit et traînant des enfants, tous effarés et se demandant ce qu'on allait faire de Paris pour le fuir ainsi. Mademoiselle fut parmi les derniers arrivants. Après avoir été « toute troublée de joie de voir qu'ils allaient faire une faute et d'être spectatrice des misères qu'elle leur causerait », l'ennui du dérangement avait pris le dessus et elle était d'une humeur exécrable, grognant parce qu'elle avait froid, parce qu'elle était mal assise, et cherchant toutes les occasions d'être désagréable à la reine. La lune se coucha sur cette cour fagotée et en détresse, et le jour ne paraissait pas encore. On partit dans le noir, cahin-caha, pour Saint-Germain. La gaieté de la reine contrastait avec

---

1. Monsieur eut de son second mariage cinq enfants, dont trois seulement, trois filles, survécurent.

l'anxiété générale : « Jamais, dit sa nièce, je n'ai vu une créature si gaie qu'elle était : quand elle aurait gagné une bataille, pris Paris et fait pendre tous ceux qui lui auraient déplu, elle ne l'aurait pas plus été. »

A Saint-Germain, l'on ne trouva que les quatre murs, et la journée sembla longue. Elle se passa à questionner tous ceux qui arrivaient de Paris. On apprit ainsi que personne n'aurait ses meubles ni ses malles; le peuple, dans son indignation, avait remisé de force les chariots du roi et brisé les autres, ne faisant d'exception que pour une voiture des Tuileries, par laquelle Mademoiselle reçut des matelas et un peu de linge. Les cinq ou six principaux de la Cour se partagèrent les lits de camp du cardinal et quelque literie apportée dans les carrosses; le reste dormit sur de la paille ou à même le plancher. Les dames n'avaient pas de femmes de chambre, et c'était ce qui leur paraissait le plus dur.

Mademoiselle se piquait d'être « une créature... fort au-dessus des bagatelles ». Elle recouvra sa bonne humeur devant le désarroi général, d'autant que sa belle-mère, l'ex-héroïne, ne cessait de gémir : « Je me couchai dans une fort belle chambre,... bien peinte, bien dorée et grande, avec peu de feu et point de vitres, ni de fenêtres, ce qui n'est pas agréable au mois de janvier. Mes matelas étaient par terre, et ma sœur, qui n'avait point de lit, coucha avec moi : il fallait chanter pour l'endormir, et son somme ne durait pas longtemps; elle troubla fort le mien; elle se tournait, me sentait auprès d'elle, se réveillait et criait qu'elle voyait la bête; de sorte que l'on chantait de nouveau pour l'endormir, et la nuit se passa ainsi.... Je n'avais point de linge à changer, et l'on blanchissait ma chemise de nuit pendant le jour, et ma chemise de jour pendant la nuit; je n'avais point mes femmes pour me coiffer et habiller, ce qui est très incommode; je mangeais avec Monsieur, qui fait très mauvaise chère.... Je demeurai ainsi dix jours,... au bout desquels mon équipage arriva, et je fus fort aise d'avoir toutes mes commodités. »

Le roi était moins avancé; il attendait toujours ses bagages, que le peuple empêchait toujours de partir. Les portes de Paris étaient gardées; on ne passait qu'avec des passeports, si difficiles à obtenir pour les personnes de qualité, que plusieurs grandes dames se sauvèrent déguisées, qui en paysanne, qui autrement, la marquise d'Huxelles en soldat, à cheval et « un pot de fer en tête [1] ». La seule Mademoiselle n'était jamais refusée, quelque chose qu'elle fît demander; ses chariots circulaient librement, rapportant à Saint-Germain les malles de ses amis avec les siennes : « Le roi et la reine manquaient de tout, et moi, j'avais tout ce qu'il me plaisait et ne manquais de rien. Pour tout ce que j'envoyais quérir à Paris, l'on donnait des passeports; on l'escortait; rien n'était égal aux civilités que l'on me faisait. » La reine en fut réduite à prier sa nièce de lui faire rapporter en contrebande

---

1. *Journal des Guerres civiles*, de Dubuisson-Aubenay.

quelques hardes. Mademoiselle s'y prêta avec joie. « L'on en a assez, dit-elle, d'être en état de rendre service à de telles gens, et de voir que l'on est en quelque considération. » Une popularité aussi éclatante la désignait clairement, dans son esprit, pour partager le trône de son jeune cousin.

Paris n'avait appris qu'à son réveil, le 6 janvier, sa brouille avec la royauté. Le premier sentiment fut la consternation. Le Parlement, trouvant que les choses allaient trop loin, s'empressa de faire des ouvertures de paix à la régente. Repoussé rudement, il prit son parti, rendit un arrêt d'expulsion contre Mazarin, et se mit en devoir de lever de l'argent et des hommes. Le conseil de l'Hôtel de Ville, représentant du commerce parisien, envoya une députation se jeter aux pieds du roi, à qui un échevin dépeignit à deux genoux l'abomination d'une guerre contre Paris. Les larmes étouffèrent tout à coup ce pauvre homme et la parole lui manqua. Mieux que tous les discours, son émotion fit sentir combien l'heure était solennelle. Le petit roi pleurait, tout le monde pleurait dans la salle, excepté la reine et Condé. Anne d'Autriche refusa encore de se laisser fléchir, et le sort en fut jeté; la guerre civile devint inévitable. Après de grandes hésitations, l'Hôtel de Ville se déclara aussi pour la résistance. La masse de la population parisienne criait à la trahison de la royauté et demandait vengeance. C'est dans ce décor tragique de la grande ville rendue furieuse par le désespoir que Mme de Longueville fit son entrée sur la scène politique.

La nature ne l'avait pas destinée aux grandes affaires. Elle était toute grâce, elle était la duchesse adorable qui a charmé les hommes par delà son tombeau, qui les charmera tant qu'il existera un portrait pour montrer ses cheveux pâles et ses yeux doux, un historien pour dire les délices de son esprit nonchalant, « aux réveils lumineux et surprenants [1] ». L'éducation à la mode avait été sa perte. La petite cour de l'hôtel Condé, « temple de la galanterie et des beaux esprits [2] », les séjours à Chantilly, où l'on vivait « à la manière de l'*Astrée* [3] », l'abus des romans et du théâtre, l'habitude des conversations subtiles sur l'amour, avaient rendu Mme de Longueville aussi romanesque que les héroïnes de la littérature de son temps. Elle croyait que l'on ne pouvait s'élever que par l'amour, et elle trouva sur son chemin un homme tout disposé — c'est lui-même qui l'ose dire — à exploiter cette folie. La Rochefoucauld visait à accroître la grandeur de sa maison et ne trouvait rien de disproportionné à mettre la France à feu et à sang pour que sa femme eût le tabouret chez la reine [4]. Sous sa direction, Mme de Longueville sacrifia sa paresse à ce qu'on lui disait être « sa gloire », devint le centre des intrigues, et acquit une influence romanesque comme elle-même.

Beaucoup avaient été entraînés par elle, parmi les princes et seigneurs qui accoururent, après la fuite de

---

1. Retz.
2. *Mémoires* anonymes et inédits, cités par Chéruel.
3. Cousin, *La Jeunesse de Mme de Longueville.*
4. Cf. *La Rochefoucauld*, par J. Bourdeau.

la cour, offrir leur épée au Parlement « pour le service du roi » opprimé ; c'était la formule adoptée. Le prince de Conti et M. de Longueville furent des premiers. Le lendemain de leur arrivée à Paris, Mmes de Longueville et de Bouillon se présentèrent à l'Hôtel de Ville pour y habiter, en otages de la fidélité de leurs maris. « Imaginez-vous, raconte Retz, ces deux personnes sur le perron de l'Hôtel de Ville, plus belles en ce qu'elles paraissaient négligées, quoiqu'elles ne le fussent pas. Elles tenaient chacune un de leurs enfants dans leurs bras, qui étaient beaux comme leurs mères. La Grève était pleine de peuple jusques au-dessus des toits ; tous les hommes jetaient des cris de joie ; toutes les femmes pleuraient de tendresse. » Éconduites par les échevins, les duchesses s'installèrent quand même à l'Hôtel de Ville. D'une vieille chambre qu'on leur abandonna, elles firent en quelques heures un salon luxueux qui se remplit le soir même du Tout-Paris, les femmes en grande toilette, les hommes en harnais de guerre. Des violons jouaient dans un coin, des trompettes sonnaient au dehors, et les amateurs de romans se crurent transportés dans l'*Astrée*, chez la nymphe Galatée.

C'est ainsi que le peuple fut dupe dès les premiers jours de la Fronde. Galatée régnait sur Paris, mais les règnes de nymphes coûtent cher. Sa cour de généraux grossissait sans cesse, et tous ces nobles qui s'offraient à la cause populaire, et que la foule acclamait naïvement, réclamaient de l'argent pour eux et leurs soldats. Ils exigeaient aussi de ne pas être oubliés le jour où le Parlement traiterait avec la cour. Le prince de Conti demandait l'entrée au Conseil, une place forte, de l'argent, des grâces pour ses amis. Le duc d'Elbeuf demandait de l'argent, un gouvernement pour son fils, des grâces pour ses amis. Le « roi des Halles », M. de Beaufort, bête à plaisir avec sa tête somptueuse de Phébus-Apollon, affectant de parler argot et mettant toujours un mot pour un autre, demandait un gouvernement pour son père, de l'argent et des pensions pour lui-même, des grâces pour ses amis. Le maréchal de la Motte demandait un million, un régiment, des grâces pour ses amis. Ainsi de suite. Le document que j'ai sous les yeux contient seize noms [1], des plus grands de France, et tous ayant trahi leur roi pour le peuple dans l'espoir de faire une bonne affaire, tous prêts à trahir le peuple pour le roi si l'affaire paraissait meilleure. La noblesse en était tombée là parce qu'elle était ruinée [2] et qu'il était entré dans les desseins du règne précédent de la rendre dépendante des gratifications royales. C'était une excuse insuffisante, mais une excuse. Richelieu avait dressé les grands à mendier : ils mendiaient à main armée.

A l'autre bout de l'échelle sociale, la racaille avait pris le haut du pavé, déshonorant la cause populaire

---

1. *Demandes des Princes et Seigneurs qui ont pris les armes avec le Parlement et Peuple de Paris* (15 mars 1649). Cette pièce, souvent réimprimée, se trouve, entre autres, dans le *Choix de Mazarinades* de M. C. Moreau.
2. Sur les causes compliquées de sa ruine, cf. *Richelieu et la monarchie absolue*, par le vicomte G. d'Avenel.

et donnant les Parisiens en risée au monde. Les soldats de la Fronde faisaient triste figure devant les troupes régulières qui bloquaient la capitale sous les ordres de Condé. Après s'être sauvés, ils criaient à la trahison. Leur folie de dénonciation avait gagné toute la ville, et le Parlement lui-même était devenu suspect. Au travers de tous ces agités passait et repassait la figure active du coadjuteur, tantôt vêtu en cavalier et galopant à l'ennemi, tantôt en habits sacerdotaux et haranguant la foule, tantôt courant conspirer, de nuit et déguisé, et trouvant encore le temps de prêcher et de ne jamais manquer une réunion de jolies femmes. Cependant le prix du pain avait triplé, la révolution gagnait la province et les généraux avaient signé un traité d'alliance avec les Espagnols. C'était payer trop cher les violons de Mme de Longueville. Au Parlement, les grands magistrats qui en étaient l'honneur se révoltèrent contre les seigneurs et contre la populace, la pression d'en haut et celle d'en bas. Le sentiment national les souleva au-dessus des rancunes et de la crainte, et ils prirent sur eux de conclure la paix de Rueil (11 mars 1649). Les généraux, déçus et irrités, commencèrent par demander « toute la France[1] » pour accepter le traité. Après de honteux marchandages, ayant tous tiré pied ou aile de la monarchie malheureuse, ils consentirent à poser les armes, et la paix fut proclamée à son de trompe. Dès le lendemain, 3 avril,

1. Motteville.

Mademoiselle demandait à son père et à la reine la permission de venir à Paris; elle voulait voir où elle en était avec les Parisiens, et comment on la recevrait. Elle partit le 8, à travers les ruines de la banlieue. Les soldats des deux partis avaient brûlé les maisons, coupé les arbres, massacré ou mis en fuite les habitants. En plein mois d'avril, le mois des vergers en fleurs, les environs de Paris, à six lieues à la ronde, restaient défeuillés.

III

« Jeudi, 8 avril, rapporte un contemporain, Mademoiselle d'Orléans arrive en son logement des Tuileries, avec grand applaudissement des Parisiens. Vendredi 9, tout le monde va visiter Mademoiselle. » Elle écrit de son côté : « Dès que je fus à mon logis, tout le monde me vint voir, les plus grands et les plus petits du parti : les trois jours que je fus à Paris, ma maison ne désemplit pas. » Un second « petit tour » aux Tuileries, la semaine d'après, n'ayant pas été moins triomphant, Mademoiselle se sentit très encouragée dans son projet, devenu public, d'épouser le roi; la capitale du royaume l'y conviait par ses acclamations.

Dans le même temps, il se jouait à Saint-Germain une comédie dont personne n'était la dupe. Les chefs de la Fronde, généraux, belles dames, parlementaires, représentants de tous les corps constitués et de toutes les classes, jusqu'aux plus humbles, s'en venaient les uns après les autres assurer la régente de leur fidélité. « Car, dit Mademoiselle, contre le roi, je ne vis jamais personne qui avouât d'en avoir été : c'est toujours contre quelque autre. » Tout le monde était reçu, le boutiquier aussi gracieusement que le duc et pair. Anne d'Autriche avait l'air de croire tout le monde, et l'on se séparait avec des démonstrations « de joie et d'amour[1] ». Le seul personnage qui manqua son entrée fut Mme de Longueville. Elle se troubla, rougit, balbutia, et sortit furieuse contre la reine, qui n'avait pourtant rien fait pour l'intimider.

Saint-Germain rendait à Paris ses visites. Condé fut hué; les Parisiens avaient sur le cœur la destruction de leurs maisons de campagne et de leurs jardins de la banlieue. Le reste de la cour fut bien reçu, et, quand la reine apparut en personne à la porte Saint-Denis, ramenant son fils (18 août), l'enthousiasme tint de la crise de nerfs. Les vivats couvrirent le canon de la ville, qui exécutait une salve à quelques pas de là; au grand dépit des échevins, on ne s'aperçut même pas qu'il tirait[2]. Les gens du peuple passaient la tête par la portière du carrosse royal et faisaient leurs remarques à haute voix. Le succès de la journée fut pour Mazarin; les femmes le trouvaient beau et le lui disaient, les hommes lui donnaient des poignées de main. Il fit du tort à Made-

---

1. Ormesson.
2. *Registres de l'Hôtel de Ville pendant la Fronde.*

moiselle, qui fut délaissée et trouva le temps long :
« Jamais, dit-elle, je ne me suis tant ennuyée ». La
belle mine de son ami avait rendu à la reine l'estime
des Halles; la première fois qu'Anne d'Autriche ressortit du Palais-Royal, les harengères « se jetèrent
toutes en foule sur elle,... et lui demandaient pardon
avec tant de cris, de larmes et de transports de joie[1] »,
que la reine en demeura abasourdie.

Paris avait fait les avances. La royauté les accepta,
et le notifia à la France en s'invitant à l'Hôtel de Ville.
A défaut de journaux pour parler au pays, un bal,
suivi d'un feu d'artifice à sujets symboliques, remplaça
nos articles officieux. La fête eut lieu le 5 septembre
avec une grande magnificence; la ville de Paris a
toujours aimé à bien faire les choses. Le petit
Louis XIV y fut très admiré, et sa grande cousine
presque autant : « Le roi, dit le procès-verbal officiel[2],
mena Mademoiselle à la première courante, avec tant
de bienséance et de mignardise, qu'on l'eût pris pour
l'Amour dansant avec l'une des Grâces. » Les invités
de l'Hôtel de Ville, bourgeois petits et gros avec leurs
femmes et leurs filles, contemplaient ce spectacle du
haut de leurs tribunes, sans être admis à se mêler à
la cour. Anne d'Autriche, de son côté, considérait les
tribunes sans pouvoir celer sa surprise. Ces bourgeoises étalaient un luxe égal à celui des plus grandes
dames. Leurs toilettes sortaient de chez la même fai-

1. Motteville.
2. *Registres de l'Hôtel de Ville pendant la Fronde.*

seuse, leurs diamants étaient aussi beaux. Depuis plus de trente ans que la reine assistait à toutes les fêtes officielles, c'était la première fois qu'elle voyait cela. Elle ne comprit pas l'avertissement, et qu'il fallait compter désormais avec la bourgeoisie française.

Quand Paris eut bien pleuré de tendresse, il redevint mécontent et agité comme devant. Il y avait des soulèvements en province. Condé se montrait impérieux et exigeant. Il essaya de se débarrasser de Mazarin en donnant un autre favori à la reine, le marquis de Jarzé, un fat et un étourneau, qui crut qu'il suffisait de se faire friser et de payer d'audace pour réussir. Anne d'Autriche le mit à la porte et en voulut mortellement à Condé. Ce grand général ne faisait que des sottises en politique. Rien ne ressemblait moins au Condé des batailles que le Condé de la vie civile. Le premier était un inspiré, qui paraissait devant son armée en dieu de la guerre, impétueux et terrible, jamais troublé : « Alors son esprit se développait, et il était capable de donner cent ordres à cent personnes différentes [1]. » Au Parlement ou avec les chefs de partis, M. le Prince « le héros » n'était plus qu'un nerveux, qui n'avait ni sang-froid, ni esprit de suite, éclatait de rire quand il y avait de quoi pleurer, se fâchait quand il aurait fallu rire, n'avait de fixe en lui qu'un immense orgueil et « l'immodération invincible [2] » par laquelle il fut précipité

1. *Segraisiana.*
2. *Mémoires* de La Rochefoucauld.

dans l'abîme. Personne n'avait autant d'esprit, et personne n'était aussi bizarre dans ses goûts et dans sa conduite. Il adorait les lettres et sanglotait à *Cinna*, mais le *Polexandre* de Gomberville lui paraissait admirable. Il s'évanouissait en disant adieu à Mlle du Vigean, et l'oubliait « tout d'un coup[1] » quelques jours après. bref, un grand génie avec une fêlure, un être compliqué, à contrastes et à contradictions, mais singulièrement intéressant. Au physique, un prince efflanqué et mal peigné, poussiéreux, avec un visage d'oiseau de proie et un regard flamboyant, difficile à supporter.

L'été s'achevait à peine, qu'il avait fait signer au cardinal (2 octobre) la promesse de ne rien faire sans sa permission. La partie était belle pour la maison d'Orléans; elle pouvait vendre très cher à la couronne son appui contre l'autre branche cadette. Madame et Mademoiselle, si rarement d'accord, poussaient Monsieur à ne pas laisser échapper l'occasion. On répandait à Paris une chanson où la France le suppliait de la défendre contre Condé. Gaston répondait à la France :

> ... Je veux dormir.
> Je naquis en dormant. J'y veux passer ma vie.
> Jamais de m'éveiller il ne me prit envie.
> Toi, ma femme et ma fille, y perdez vos efforts,
> Je dors.

Monsieur « tremblait de peur », écrit Retz. Il y avait des moments où il était impossible de le faire

1. *Mémoires* de Mademoiselle.

aller au Parlement, même escorté de Condé : « L'on appelait cela « les accès de la colique de Son Altesse Royale ». Un jour qu'en se mettant à plusieurs on l'avait amené jusqu'à la Sainte-Chapelle, il tourna les talons et se sauva chez lui[1] avec la précipitation et les grimaces d'un client de M. Purgon. Mademoiselle se désolait. Le moyen de rien entreprendre? La deuxième Fronde, celle « des Princes », se prépara et s'engagea sous ses yeux sans qu'elle eût part à rien. Elle vit en simple spectatrice Mazarin entourer son adversaire de pièges savants et se rapprocher de la vieille Fronde, Condé marcher vers une sorte de dictature, les Parisiens allumer des feux de joie à la nouvelle de son arrestation (18 janvier), et un grand parti commandé par des femmes se lever pour lui dans la France entière. Elle assista dans l'inaction à l'apogée du pouvoir de son sexe dans notre pays. Mme de Longueville, réfugiée à l'étranger après des aventures retentissantes, avait signé un traité d'alliance contre la France avec le roi d'Espagne et le maréchal de Turenne. On croit rêver. Mme de Chevreuse et la princesse Palatine étaient à Paris sur le pied d'hommes d'État, consultés et obéis. Les duchesses de Montbazon et de Châtillon[2] avaient chacune leur sphère d'action où elles se rendaient redoutables. D'autres, à la douzaine et d'un bout à l'autre du royaume, s'ingéraient dans les affaires publiques. Il n'y avait pas

---

1. *Journal* de Dubuisson-Aubenay.
2. Sur les intrigues de Mme de Châtillon, voir *La Jeunesse du maréchal de Luxembourg*, par M. Pierre de Ségur.

jusqu'à la femme de Condé, cette petite princesse si effacée, ne comptant pour personne, pas même pour son mari, qui ne fût passée tout d'un coup au premier plan en soulevant Bordeaux. Cependant la Grande Mademoiselle se traînait par ordre derrière la cour, qui allait d'une province à l'autre étouffer les insurrections. Le seul temps utilement employé de toute cette période fut celui qu'elle passa à avoir la petite vérole si heureusement, qu'elle en fut embellie : « Devant, j'étais fort couperosée,... et cela m'emporta tout. »

Le 4 juillet 1650, elle dut partir avec la cour, qui allait assiéger Bordeaux. Avant de se mettre en route, elle avait commis une action dont elle n'a garde de se vanter dans ses *Mémoires*. L'alliance de Mme de Longueville avec l'Espagne nous avait valu l'invasion de l'archiduc Léopold et de Turenne. Mademoiselle n'eut pas honte d'envoyer ses félicitations aux envahisseurs. Elle écrivit à l'archiduc : « Vos troupes sont plus capables de causer de la joie que de donner de la crainte. Toute la cour juge en bonne part votre arrivée en France, et vos entreprises ne passeront jamais pour suspectes; faites tout ce qu'il vous plaira. Les victoires que vous remporterez en France sont des victoires de bienveillance et d'affection[1].»
Il faut voir dans les documents de l'époque ce qu'étaient ces « victoires d'affection », à quel degré de férocité bestiale en arrivaient les armées régu-

---

1. M. Feillet, qui cite cette lettre dans *La Misère au temps de la Fronde*, n'en donne pas la date.

lières au XVIIe siècle. Devant ces abominations, les manœuvres des grandes Frondeuses pour multiplier les invasions et les soulèvements perdent leur air trompeur de roman héroïque pour devenir de laides réalités. On prend en horreur ces fausses héroïnes, ces femmes sans bonté et d'imagination pervertie, qui badinaient agréablement sur la guerre civile entre deux jeux de société, mettaient leur vanité à rendre un honnête homme criminel et trouvaient élégant d'attirer de la souffrance sur quelque pauvre village ignoré. Mme de Longueville disait : « Je n'aime pas les plaisirs innocents. » Quant aux galants qui exploitaient l'influence des amazones de la Fronde, ils sont écœurants.

La cour arriva le 1er août à Libourne et y séjourna un mois. Il faisait très chaud. La reine restait renfermée et tenait sa nièce auprès d'elle à faire de la tapisserie. Mademoiselle se dévorait. Elle était quasi prisonnière, et tourmentée par le regret d'avoir fait une fausse démarche dont les Parisiens allaient se moquer quand ils l'apprendraient. L'empereur étant redevenu veuf, Mademoiselle lui avait renvoyé Saujon pour arranger leur mariage. Elle n'avait pas renoncé au roi pour cela, et un ami lui avait fait sentir le ridicule de poursuivre ainsi deux maris à la fois, l'un barbon, l'autre enfant, et ne voulant d'elle ni l'un ni l'autre. Mademoiselle faisait des vœux pour que la guerre civile se prolongeât et empêchât les Parisiens de s'occuper d'elle, lorsque, brusquement, la scène changea.

Monsieur s'était réveillé : Retz avait fait ce miracle. Secoué par lui, Gaston prenait le rôle de médiateur entre les partis. A peine sut-on à Libourne qu'il devenait à ménager, que sa fille fut comblée d'attentions. La reine lui soumettait les dépêches, Mazarin affectait de dire très haut qu'il fallait la consulter sur tout, le reste de la cour la traitait avec la déférence due à une puissance. Mademoiselle reçut ce premier sourire de la fortune avec joie, mais sans étonnement ; les choses rentraient dans l'ordre, rien de plus. Elle fut modérée dans la victoire. Un jour que le cardinal s'étendait sur son affection pour elle et son désir de la voir impératrice, elle le laissa parler longtemps et se contenta de lui dire enfin : « Il n'y a pas de bassesse dont vous ne vous avisiez ce matin. » Mazarin ne s'en troubla pas autrement. Quelques semaines après, Mademoiselle confiait à Lenet que le cardinal « lui avait promis cent fois de lui faire épouser le roi [1] », mais qu'il « était un fourbe ». La reine disait : « Mademoiselle devient furieusement frondeuse. » C'était la vérité. Mademoiselle avait maintenant ses courriers de cabinet, qui lui apportaient le mot d'ordre de Paris. Sa cour était plus grosse que celle de la régente. Quand Bordeaux fut pris, les Bordelais n'eurent d'yeux que pour la fille de Monsieur : « Pendant le séjour de dix jours que la cour y fit, écrit Mademoiselle, personne n'allait chez la reine, et, quand elle passait par les rues, l'on ne

---

1. *Mémoires* de Lenet.

s'en souciait guère; je ne sais si elle avait fort agréable d'entendre dire que ma cour était grosse, et que tout le monde ne bougeait de chez moi, pendant qu'il y en allait si peu chez elle. » Tandis que la régente se morfondait dans la solitude, son ministre recevait des avanies des Bordelais. La reine en fut malade de chagrin et quitta la ville le plus tôt possible.

La cour s'arrêta quelques jours à Fontainebleau avant de rentrer à Paris. Monsieur y vint, s'emporta contre Mazarin dès la descente du carrosse et fut bouder dans sa chambre sans avoir voulu voir la reine. Priée d'être la colombe de l'arche, Mademoiselle s'y prêta de fort mauvaise grâce. Après « force allées et venues », Monsieur se décida à saluer la régente; « mais les choses, au lieu de s'adoucir, s'aigrirent, et il se sépara d'avec la reine de cette manière. » L'influence de Retz l'avait rendu agressif.

L'heure était critique pour le premier ministre. Il lui restait deux ressources : acheter Retz en le faisant cardinal, ou gagner la Grande Mademoiselle en la mariant au roi. Mazarin, ce qui n'est pas d'un grand politique, ne put jamais prendre sur lui de faire un plaisir à Retz. L'autre parti était difficile, à cause de la résistance de la reine, témoin des répugnances de son fils; le cardinal était maître de la femme, il ne l'était pas de la mère et ne le fut jamais. Il eut recours à ses finasseries ordinaires, trouva des gens qui ne voulaient plus se payer de paroles, et s'aliéna définitivement le coadjuteur et Mademoiselle. Celle-ci était devenue « fort soupçonneuse » depuis qu'elle s'occupait de politique. Donnant, donnant : la paix contre la couronne de France. Mazarin eut ainsi tout le monde contre lui, la noblesse et les Parlements, la vieille Fronde et la Fronde des seigneurs. Pour comble d'imprudence, il prit part à la bataille de Rethel (15 décembre 1650), gagnée sur Turenne et ses troupes étrangères. Sa part de gloire fit peur ; elle menaçait de le rendre trop puissant. La crainte fit signer à ses ennemis un traité d'alliance qui avait été négocié, selon l'usage nouveau, par une femme sans autre mandat que ses beaux yeux et son esprit : Anne de Gonzague, princesse Palatine. L'exil du ministre et la liberté des princes en étaient les articles principaux.

Mademoiselle avait approuvé ces deux articles. Ses vues sur Louis XIV s'étaient compliquées soudain d'un nouveau projet de mariage. Elle s'était dit qu'à défaut du trône de France, il y avait une belle place à prendre en réunissant par une alliance les deux branches cadettes. Au lieu de faire le jeu de la royauté en combattant M. le Prince, il était plus politique de l'épouser. Que M. le Prince fût déjà marié, cela n'avait aucune importance ; sa femme, l'héroïne de Bordeaux, était si délicate, qu'elle finirait bien par mourir. Le seul obstacle sérieux était l'opposition que ne manquerait pas de faire la cour à un dessein aussi dangereux pour l'autorité royale et la paix publique ; mais Mademoiselle pensait qu'à eux deux, elle et Condé, ils forceraient l'obstacle. Mazarin, se sentant ébranlé, était « quasi à genoux » devant elle et lui offrait le roi pour mari, pourvu qu'elle empêchât « son père de se joindre au prince de Condé[1] ». La reine la suppliait, au nom de leur ancienne amitié, « d'adoucir Monsieur envers M. le cardinal », et lui laissait entendre qu'elle n'aurait rien à lui refuser en échange d'un pareil service. Mademoiselle crève d'orgueil en racontant ces choses. Elle entrevoyait un avenir éclatant. Pour la première fois, et la dernière, ce n'était pas un pur mirage.

Son père était le chef reconnu de la coalition contre Mazarin. On n'avait pas obtenu sans peine qu'il mît son nom au bas du traité d'union des deux Frondes. Il n'aimait pas ce qui laisse des traces et peut un jour compromettre. On l'avait poursuivi le papier à la main dans le Luxembourg et il avait fini par être pris entre deux portes. On lui mit une plume entre les doigts, un chapeau servit de table, et il signa, « comme il aurait signé la cédule du sabbat, dit un témoin, s'il avait eu peur d'être surpris par son bon ange ». Quelques semaines plus tard, le Parlement réclamait la liberté des princes et l'éloignement du premier ministre, et Mademoiselle assistait à une scène qui la transportait d'aise : « J'avais, dit-elle, fait dessein de me coucher de bonne heure, m'étant levée fort matin : ce que je ne fis pas. Car, comme je me déshabillais, l'on vint me dire qu'il y avait grande

[1]. Motteville.

rumeur dans la ville. La curiosité me prit d'aller sur une terrasse, qui est aux Tuileries, où je logeais : elle regarde de plusieurs côtés. Il faisait lors beau clair de lune ; je vis au bout de la rue[1], à une barrière du côté de l'eau, des cavaliers qui gardaient la barrière pour favoriser la sortie de M. le cardinal par la porte de la Conférence ; contre lesquels des bateliers s'étant mis à crier, force valets et mes violons, qui sont soldats, quoique ce ne soit pas leur métier, allèrent chasser les cavaliers de la barrière ; il y eut force coups tirés. »

A la même heure, le Palais-Royal était le théâtre d'une autre scène à laquelle on ne saurait refuser d'avoir été dramatique. Mazarin allait fuir, la reine croyait le voir pour « la dernière fois[2] », et ces deux êtres entre lesquels il y avait tant de choses, qui auraient eu tant à se dire avant de se quitter, n'osaient pas se dérober à la surveillance des centaines d'yeux rivés sur eux. Ils se parlèrent longtemps devant le monde, lui incapable de cacher son trouble, elle tranquille en apparence, mais très grave, et tout, jusqu'à leur adieu, dut être dit à mots couverts et d'une voix indifférente. La porte refermée sur lui, Mazarin courut se déguiser en cavalier et sortit à pied du Palais-Royal (6 février). Apprenant qu'on se battait sur le quai, il tourna dans la rue de Richelieu et s'éloigna sans obstacle. On sait qu'avant

---

1. La rue qui séparait le palais du jardin, aujourd'hui la rue des Tuileries.
2. Motteville.

de passer en Allemagne il se rendit au Havre, où les princes étaient en prison, et qu'il remit ceux-ci en liberté. Le 15 février, Paris apprit que Condé approchait et qu'il comptait souper le lendemain au Luxembourg.

Les nouveaux projets de Mademoiselle allaient dépendre de sa première entrevue avec M. le Prince. Elle lui avait fait porter le rameau d'olivier dans sa prison et ignorait comment il l'avait reçu. Elle fut l'attendre au Luxembourg : « MM. les Princes vinrent dans la chambre de Madame, où j'étais, où, après l'avoir saluée, ils vinrent à moi et me firent mille compliments; et M. le Prince me témoigna en particulier avoir été bien aise, lorsque Guitaut l'avait assuré du repentir que j'avais d'avoir eu tant d'aversion pour lui. Les compliments finis, nous nous avouâmes l'aversion que nous avions eue l'un pour l'autre : il me confessa avoir été ravi, lorsque j'avais eu la petite vérole, avoir souhaité avec passion que j'en fusse marquée, et qu'il m'en restât quelque difformité, et qu'enfin rien ne se pouvait ajouter à la haine qu'il avait pour moi. Je lui avouai n'avoir jamais eu joie pareille à celle de sa prison; que j'avais fort souhaité que cela arrivât, et que je ne pouvais songer à lui que pour lui souhaiter du mal. Cet éclaircissement dura assez longtemps, réjouit fort la compagnie, et finit par beaucoup d'assurances d'amitié de part et d'autre. » Pendant cet entretien, on entendait au dehors le vacarme d'une grande fête populaire. Les Parisiens s'étaient pris pour

Condé de l'un de ces engouements dont ils sont coutumiers.

Au Palais-Royal, le peuple gardait les portes pour empêcher la régente d'enlever son fils une troisième fois et d'aller rejoindre Mazarin. Les Frondeurs étaient les maîtres de Paris. C'était le moment de montrer qu'ils n'avaient pas fait courir de pareilles aventures à la France sans avoir l'excuse d'un plan de réformes, d'un système quelconque, jugé par eux, à tort ou à raison, meilleur que l'ancien. Si quelques-uns eurent cette pensée, il faut avouer que l'on ne s'en aperçut pas. La notion de l'intérêt général se perdait dans notre pays, un peu comme aujourd'hui; on n'y connaissait, de plus en plus, que l'intérêt des gens en place ou ayant de grandes situations, et c'étaient leurs rivalités, leurs alliances, leurs efforts pour se supplanter, leurs luttes pour le pouvoir ou la fortune, qui devenaient les événements publics de la France. Le Parlement voulait garder le monopole des réformes, et il se brouilla avec la noblesse dès qu'elle fit mine de les approuver. La noblesse, jalouse de la robe, s'adressait imprudemment aux passions populaires. Retz ne pensait qu'à être cardinal, Condé qu'à devenir le premier dans l'État, Gaston qu'à tirer son épingle de tous les jeux, Mme de Longueville qu'à avoir d'autres aventures amusantes, et la régente, dirigée de loin par Mazarin, ne pensait qu'à les tromper tous et y réussissait généralement. Grâce à ce concours d'égoïsmes et de faussetés, de paroles données et violées, l'automne de 1651 retrouva les

Espagnols dans l'Est, la guerre civile dans l'Ouest, la cour à la poursuite des rebelles, la misère partout, et la Grande Mademoiselle en suspens pour son établissement.

Au printemps, elle avait cru pendant trois jours son mariage fait avec Condé : « Madame la Princesse fut grièvement malade d'un érésypèle à la tête qui lui rentra, et qui fit dire à beaucoup de gens que, si elle mourait, je pourrais bien épouser M. le Prince. » Mademoiselle s'ouvrit alors de son projet à l'un de ses plus fidèles serviteurs : « Les trois jours que son extrémité (de Madame la Princesse) dura, ce fut le sujet de mon entretien avec Préfontaine ; je n'en eusse point parlé à d'autres. Nous agitions toutes ces questions, et ce qui m'en donnait sujet, outre ce que j'en entendais dire, c'est que M. le Prince me venait voir tous les jours ; mais la guérison de Madame la Princesse fit finir ce chapitre à l'instant, et l'on n'y pensa plus. »

Dans le courant de l'été, la princesse Palatine, qui ne doutait plus de rien depuis qu'elle avait conclu l'union des Frondes, lui fit offrir de la marier avec le roi avant la fin de septembre. Une autre politicienne, Mme de Choisy, lui exposa en ces termes les conditions du marché : « Elle... me dit, raconte Mademoiselle : « La princesse Palatine... est gueuse ; ainsi il « faut que vous lui promettiez trois cent mille écus, si « elle fait réussir (votre affaire). » Je disais oui à tout. « Et moi, reprenait Mme de Choisy, je veux que mon « mari soit votre chancelier. Nous passerons si bien le

« temps ; car la Palatine sera votre surintendante, avec
« vingt mille écus d'appointements. Elle vendra toutes
« les charges de votre maison; ainsi jugez de l'infailli-
« bilité de votre affaire par le grand intérêt qu'elle y
« aura. Nous aurons tous les jours la comédie au
« Louvre; elle gouvernera le roi ». L'on peut juger quel
charme c'était pour moi de me proposer une telle
dépendance, comme le plus grand plaisir du monde. »

Sans aller jusqu'à dire non, Mademoiselle, à la
réflexion, cessa de dire « oui à tout », par une raison
parfaitement folle. Elle s'était mis dans la cervelle
que le petit Louis XIV devenait amoureux de la
grande cousine qui paraissait si vieille à ses treize
ans[1], et dont les brusqueries, les emportements, le
faisaient rentrer dans sa coquille d'enfant timide. Elle
était si sûre de son fait, qu'elle laissa tomber dans
l'eau « la négociation de Mme de Choisy » pour s'en
remettre au cœur du roi, « et cette voie d'être reine,
ajoute-t-elle ingénument, m'aurait beaucoup plus plu
que l'autre ». Cela se comprend ; mais il n'arriva rien,
sinon qu'Anne d'Autriche jurait devant sa nièce de
lui donner le roi, et disait derrière son dos : « Ce
n'est pas pour son nez, quoiqu'il soit bien grand[2]. »

Mazarin n'aurait pas vu de mauvais œil, en ce qui
le concernait, un mariage qui aurait remis la division
entre les deux branches cadettes : « On m'a fait
savoir de divers endroits, écrivait-il à la reine, qu'avec
le mariage de Mademoiselle avec le roi, tout serait

---

1. Pas même; il ne les eut que le 5 septembre
2. *Mémoires* de La Porte.

accommodé. Le Tellier[1] est venu exprès me trouver de la part de Retz et de la princesse Palatine, pour cela, et d'autres m'en ont écrit; mais, si le roi et la reine ont les mêmes sentiments qu'ils avaient là-dessus, je ne crois pas que ce soit une affaire facile (7 janvier 1652). » Il n'osait pas insister, ne se sentant plus en posture d'exiger de la reine ce qui lui déplaisait.

Tandis que le Parlement rendait arrêt sur arrêt contre lui, on travaillait autour de la reine à le faire oublier, et l'on y réussissait[2]. On occupait l'imagination d'Anne d'Autriche avec d'autres amis, dont la pensée dévorait le cardinal de jalousie dans sa retraite de Bruhl. Il écrivait le 11 mai à la reine : « Je voudrais vous pouvoir exprimer la haine que j'ai contre ces indiscrets qui travaillent sans relâche pour faire que vous m'oubliiez et que nous ne nous voyions plus. » Le 6 juillet, il a su que Lyonne se vantait de ne pas déplaire à la reine : « Si on pouvait me faire croire une chose semblable, ou j'en mourrais de déplaisir, ou je m'en irais au bout du monde.... Si vous voyiez l'état où je suis, je vous ferais pitié; et il y a de petites choses qui me tourmentent au dernier point. Par exemple, je sais que vous avez dit plusieurs fois à Lyonne pourquoi il ne prenait pas les chambres (du cardinal)[3], lui témoignant tendresse de ce qu'il se

---

1. Nom douteux. Les lettres de Mazarin à la reine sont écrites en partie en chiffres. Nous suivons le texte de M. Ravenel : *Lettres du cardinal Mazarin à la princesse Palatine*, etc. (1651-1652).

2. Cf. les *Mémoires* de Guy Joly et ceux de Mme de Nemours.

3. L'appartement de Mazarin au Palais-Royal, près de celui de la reine. Lyonne logeait rue Vivienne.

mouillait en passant la cour. Cela m'a fait perdre le sommeil deux nuits de suite. » Il lui parle de son amour en termes passionnés; il « se meurt » pour elle, sa seule joie est de lire et relire ses lettres, et il « pleure des larmes de sang » lorsqu'elles sont froides, bien qu'il ne soit au pouvoir de personne de rompre le lien qui les unit. Nous n'avons pas les réponses de la reine, mais nous savons qu'elle lui fit écrire vers le 1er septembre qu'il devrait « s'en aller à Rome », et qu'elle fit signer au roi, deux ou trois semaines plus tard, une « déclaration » qui arracha à Mazarin une lettre pathétique (26 septembre) : « J'ai pris dix fois la plume pour vous écrire, sans l'avoir pu, et je suis si hors de moi du coup mortel que je viens de recevoir, que je ne sais pas du tout si tout ce que je vous pourrai dire aura ni rime ni raison....

« Le roi et la reine, par un acte authentique, m'ont déclaré un traître, un voleur public, un insuffisant, et l'ennemi du repos de la chrétienté.... Cette déclaration court déjà par toute l'Europe, et le plus zélé des ministres qui aient jamais été passe à présent pour un scélérat, un infâme....

« Il n'est plus question ni de bien, ni de repos, ni de quoi que ce puisse être. Je demande l'honneur qu'on m'a ôté, et qu'on me laisse en chemise, renonçant de très bon cœur au cardinalat et aux bénéfices.... »

Il était clair que le temps pressait. Mazarin fit flèche de tout bois, leva une armée et rentra en France. A mesure qu'il se rapprochait de Poitiers, où était alors la cour, on voit à travers ses lettres que celles de la

reine redevenaient tendres. Le jour de son arrivée
(30 janvier 1652), Anne d'Autriche l'attendit une heure
entière à sa fenêtre.

IV

Mademoiselle avait eu en 1651 une année bien
remplie. Elle avait suivi les séances du Parlement,
les soirées séditieuses du Luxembourg, et passé la
moitié des jours à pousser les Frondeurs aux résolutions violentes. Le reste du temps avait été donné
aux plaisirs dont Paris ne chôme jamais, même en
temps de révolution, et à accompagner le roi à la
chasse ou à la promenade, tant que la cour avait
été à Paris. Mademoiselle avait refusé une fois de
plus Charles II d'Angleterre, roi sans royaume, roi
cependant et très résolu à rentrer dans ses États. Elle
était recherchée, écoutée, populaire, portée au trône
par les vœux des mazarinades, à défaut de mieux;
mais, et c'était son chagrin, elle n'avait fait aucune
action d'éclat, rien qui la rangeât parmi les « héroïnes »,
à côté de la princesse de Condé et de Mme de Longueville. L'année 1652 allait enfin lui apporter sa
part d'aventures et de « gloire ».

Condé avait repris la campagne et appelé les Espagnols, après une tentative de réconciliation qui avait
échoué par sa faute; ses exigences étaient trop élevées. Il était parti avec la résolution de briser cette
fois, et à son profit, le pouvoir absolu fondé par

Richelieu. Gaston le soutenait. Retz, au contraire, et une partie des Frondeurs, tendaient à se rapprocher de la reine et consentaient même au retour de Mazarin, tandis que le Parlement n'était ni pour Condé ni pour Mazarin. Celui-ci avait acheté Turenne à force de promesses, et emmené la cour dans l'Ouest, combattre les rebelles. Sur ces entrefaites, la ville d'Orléans, de l'apanage de Monsieur, se vit menacée par les troupes des deux partis, et appela son prince à son secours, ou Mademoiselle à défaut de son père. Celle-ci vint voir Monsieur : « Je le trouvai fort inquiet; il se plaignit à moi de la persécution que les amis de M. le Prince lui faisaient d'aller à Orléans; que, s'il abandonnait Paris, tout était perdu, et qu'il n'irait point. » Le soir du même jour, comme Mademoiselle était à souper aux Tuileries, un officier s'approcha d'elle et lui dit à voix basse : « Nous sommes trop heureux; c'est vous qui venez à Orléans. »

Sa joie fut sans pareille. Elle passa une partie de la nuit en préparatifs, alla le matin appeler les bénédictions de Dieu sur son expédition, et parut à midi chez son père en appareil de campagne, suivie d'un état-major emplumé où s'apercevaient plusieurs jolies femmes. L'appartement était bondé de curieux, les uns applaudissant, les autres haussant les épaules. Gaston avait trop d'esprit pour ne pas sentir le ridicule de « cette chevalerie ». Il commençait, d'autre part, à être un peu ému d'avoir déchaîné cette impétueuse personne, qui allait inventer on ne savait quoi, sans se soucier de le compromettre. Dans son inquié-

tude, il recommandait tout haut d'obéir à sa fille
« comme si c'était lui-même », et donnait tout bas
des instructions pour la tenir en lisières. Après les
adieux, il se mit à la fenêtre pour voir le départ.
Mademoiselle était « en habit gris tout couvert d'or[1] ».
Elle monta en voiture parmi les hourras des badauds,
et fut acclamée jusqu'à sa sortie de Paris.

Le lendemain de son départ, elle rencontra une
escorte envoyée au-devant d'elle par les généraux
frondeurs, et fut reçue des troupes en chef d'armée :
« Ils étaient en bataille et me saluèrent. » Elle monta
à cheval et prit le commandement à la grande joie
des soldats. Son premier acte d'autorité fut de faire
arrêter « deux ou trois courriers », pour lire leurs
lettres. A Toury, où était le gros des troupes, elle
présida le conseil de guerre et régla la marche,
malgré les résistances de quelques généraux qui
disaient avoir en poche des instructions de Monsieur
et ne devoir obéir qu'à lui. Leur mauvaise volonté
n'empêcha pas Mademoiselle d'être le lendemain à
Orléans (27 mars 1652).

Les portes de la ville étaient fermées et barricadées.
Mademoiselle fit dire que c'était elle ; on n'ouvrit
point. Elle eut beau appeler, crier, menacer : la garnison lui rendait les honneurs militaires du haut des
remparts, la population l'acclamait de loin, le gouverneur lui faisait passer des bonbons ; mais les verrous restaient tirés, tant les Orléanais avaient peur

1. Dubuisson-Aubenay, *Journal*.

que l'armée n'entrât sur ses talons. De guerre lasse, elle se mit à longer les murailles, suivie de Mmes de Fiesque et de Frontenac, ses « maréchales de champ ». Tout Orléans était sur les murs comme au spectacle. Mademoiselle allait toujours et disait en plaisantant : « Je ferai rompre des portes, ou j'escaladerai la ville. »

A force de tourner autour d'Orléans, elle rencontra la Loire. Des bateliers vinrent lui offrir d'enfoncer une porte qui donnait sur le quai. Mademoiselle les prit au mot, leur distribua de l'argent et monta sur une butte pour les voir faire. « Je grimpai comme aurait fait un chat, me prenant à toutes les ronces et les épines, et sautant toutes les haies. » Ses gentilshommes la suppliaient de s'en retourner. Elle leur imposa silence et se confia aux bateliers. Ils la firent passer sur des barques et grimper par une grande échelle cassée jusque devant la porte, qui résistait encore. Mademoiselle renvoya les hommes de sa suite, insupportables avec leurs observations, et anima les travailleurs par de bonnes paroles. On les aidait du dedans. A la longue, les deux planches du milieu cédèrent. Mademoiselle s'approcha : « Comme il y avait beaucoup de crotte, un valet de pied me prit, et me porta et me fourra par ce trou, où je n'eus pas sitôt la tête passée, que l'on battit le tambour.... Les cris de *Vive le roi, les princes, et point de Mazarin!* redoublèrent. Deux hommes me prirent et me mirent sur une chaise de bois. Je ne sais si je fus assise dedans ou sur le bras, tant la joie où j'étais m'avait mise hors de moi-même : tout le monde me baisait les mains, et je me pâmais de rire de me voir en si plaisant état. »

On l'emporta en triomphe. Une compagnie de soldats marchait en tête, tambour battant, et faisait faire place. Mme de Fiesque et Mme de Frontenac pataugeaient par derrière dans la boue, entourées de gens du peuple qui ne se lassaient pas de baisoter et de caresser ces officiers d'une nouvelle espèce. On en fit une chanson :

> Deux jeunes et belles comtesses,
> Ses deux maréchales de camp,
> Suivirent sa royale altesse,
> Dont on faisait un grand cancan.
>
> Fiesque, cette bonne comtesse,
> Allait baisant les bateliers ;
> Et Frontenac (quelle détresse !)
> Y perdit un de ses souliers.

A mi-chemin de l'Hôtel de Ville, le cortège rencontra les autorités, la tête basse et ne sachant quelle figure faire. Mademoiselle fit semblant de croire qu'elles étaient en route pour lui ouvrir, écouta les discours officiels, rendit les révérences, et termina cette belle journée par l'envoi à Paris d'une dépêche triomphante. Son état-major l'avait rejointe, très penaud de ne pas avoir pris Orléans avec elle. Quant à l'armée, les Orléanais étaient décidés à ne pas la laisser entrer, et il fallut en passer par là.

Le jour suivant, à sept heures du matin, Mademoiselle eut le plaisir de narguer du haut d'une tourelle « quantité de gens de la cour », de sa connaissance, qui arrivaient — trop tard — pour s'emparer de la ville. Le peuple les raillait. Ce fut un moment délicieux. Dans l'après-midi, elle fit ses débuts d'orateur à l'Hôtel de Ville devant une nombreuse assemblée. Très intimidée au début, elle se remit, et exposa aux Orléanais la théorie frondeuse, d'après laquelle on se battait contre le roi « pour son service », afin de le délivrer « d'un étranger ». Rentrée au logis, elle se mit dans une violente colère en apprenant que M. de Beaufort avait attaqué une ville sans son ordre et essuyé un échec. Elle convoqua le conseil de guerre pour le lendemain soir, dans un cabaret situé hors de la ville.

Ce fut une séance orageuse, bien que des robes s'y mélangeassent aux uniformes. MM. de Beaufort et de Nemours en vinrent aux gros mots et de là aux coups, s'arrachèrent leurs perruques et tirèrent leurs épées. Mademoiselle passa une partie de la nuit à apaiser le tumulte, qui avait gagné toute l'assistance.

Le 30, elle commença à recevoir des lettres de félicitations. Son père lui écrivit : « Ma fille,... vous m'avez sauvé Orléans et assuré Paris ; c'est une joie publique, et tout le monde dit que votre action est digne de la petite-fille de Henri le Grand. » Condé lui disait : « C'est un coup qui n'appartient qu'à vous, et qui est de la dernière importance. » L'état-major de Mademoiselle renchérissait sur ces compliments. Les officiers lui assuraient qu'elle avait le coup d'œil militaire, et elle en convenait de bonne grâce. Elle en était si persuadée, qu'elle écrivit à une personne de la cour une lettre destinée à être montrée à la reine, où elle déclarait « vouloir épouser le roi », ajoutant qu'on aurait tort de la mépriser, car « elle pouvait mettre les choses en état qu'on la demanderait à genoux[1] ». Anne d'Autriche se moqua de sa nièce.

Après ces brillants débuts, le séjour d'Orléans devint moins agréable. Mademoiselle passait son temps à se fâcher : « Je me mis en colère,... Je m'emportai,... Je les grondai fort.... Ma colère me mena jusqu'aux larmes,... » et ne parvenait pas à se faire obéir. Les autorités lui envoyaient des confitures, lui répondaient : « Tout ce qui plaira à Mademoiselle », et n'en faisaient qu'à leur tête. L'ennui la prit, et l'impatience de s'en aller ; Monsieur faisait la sourde oreille, la trouvant bien où elle était, pour la tranquillité du Luxembourg. Elle se passa de sa permission et rejoignit l'armée frondeuse à Étampes (2 mai). Il faisait beau temps. Mademoiselle était à cheval avec ses dames, « tous les généraux et quantité d'officiers » étaient venus au-devant d'elle, le canon tonnait, le tambour battait, et elle se sentait dans son élément ; Condé avait dit, d'une marche ordonnée par elle, que Gustave-Adolphe n'aurait pas mieux fait.

Le lendemain, elle se rendit à la messe à pied, précédée de la musique militaire, et « cela était tout à fait beau[2] ». Elle présida à cheval le conseil de guerre,

---

1. Motteville.
2. *Mémoires* de Mademoiselle.

passa sur le front des troupes, qui demandaient à
grands cris la bataille, et reprit la route de Paris sans
se douter que Turenne avait profité des distractions
données aux officiers par les dames pour surprendre
les quartiers des Frondeurs. A Bourg-la-Reine, elle
rencontra Condé, revenu du Midi et accouru au-
devant d'elle, puis ce fut un immense flot populaire,
ce fut le chemin bordé de carrosses « une lieue
durant », la foule courant après elle dans les rues de
Paris, le Cours-la-Reine, où l'on se doutait bien
qu'elle viendrait se montrer, rempli d'équipages à
ne pouvoir passer, le palais des Tuileries bondé de
monde, et partout des acclamations, des compliments,
un enthousiasme, une joie, une fête, qui achevèrent
de lui tourner la tête, et il y avait vraiment de quoi.
Il n'y eut qu'au Luxembourg que l'accueil fut froid.
Monsieur, ennuyé de la voir revenue, s'était mis dans
son lit, où il faisait le malade et refusait d'entendre
parler affaires.

Ce pauvre Monsieur était déjà très opprimé sans
elle. Condé, plus terrible que jamais, et plus en plein
dans la trahison, soulevait la populace, réduisait le
Parlement à ne plus se réunir faute de sécurité, livrait
à l'étranger tout ce qu'il pouvait de la France et ter-
rorisait Gaston, qui se voyait envahi à toute heure,
jusque dans sa chambre, par une foule de gens
ignobles, de repris de justice, de gamins et de filles,
venus pour le conseiller et l'assurer de leur protec-
tion. Aux promenades, le chœur des laquais et des
femmes galantes lui dictait sa politique. Sa vie devint

tout à fait amère après le retour de Mademoiselle, qui croyait avoir conquis le droit de parler haut, et en abusait; elle raconte qu'un jour, étant chez Madame, elle la « gourmanda comme un chien ».

Il est étrange qu'aucun des princes n'ait vu que la révolution les emporterait avec le reste, si la royauté ne parvenait pas à enrayer le mouvement. La canaille était maîtresse de la rue, et son règne est toujours violent. Elle avait, en 1652, ses Marat et ses Hébert, qui la provoquaient par leurs écrits à des massacres en masse. Elle avait ses Maillard, qui la menaient piller et assommer les suspects et se moquaient de ce qu'en diraient les princes. Des chefs d'un jour, insolents et haineux, surgissaient avec une émeute et disparaissaient avec elle. Paris avait le même aspect trouble et menaçant qu'aux approches de la Terreur; l'accablement et l'épouvante gagnaient les laborieux et les pacifiques, et la bourgeoisie s'opposait de toutes ses forces à l'entrée des troupes de Condé, dans la pensée que la ville serait mise à sac par ces soudards. On en était là, quand l'armée du roi et celle de la Fronde, après des combats aux issues diverses, engagèrent sous Paris la bataille où Mademoiselle acheva de s'illustrer.

Elle était alors « comme la reine de Paris ». Les Tuileries étaient devenues le centre politique et mondain de la France : « J'étais honorée au dernier point, et en grande considération. » Dans le fond, et elle s'en apercevait bien, c'était la répétition de l'affaire d'Orléans ; à Mademoiselle les hommages et les flatteries, à d'autres la confiance et l'influence; on ne la trouvait ni discrète ni de bon conseil. Monsieur lui avait toujours tout caché. Condé, avec les dehors d'une entière ouverture, ne lui disait jamais l'essentiel; il allait tenir ses conciliabules chez la belle duchesse de Châtillon, qui était en train de reléguer Mmes de Longueville et de Chevreuse au deuxième plan[1], et avait failli raccommoder les Princes avec la Cour en dehors de Mademoiselle. L'affaire ayant manqué, cette dernière tomba un soir, dans le Cours-la-Reine, au milieu d'une armée en marche. Les troupes de Condé, pressées par Turenne, contournaient Paris en suivant les remparts, le long de ce qui est aujourd'hui la place de la Concorde et les grands boulevards.

Mademoiselle considéra ce défilé en causant avec un officier. Elle s'en vint le regarder encore de la terrasse de Renard[2], et rentra inquiète; l'armée marchait « dans le plus grand désordre du monde[3] », et en prêtant le flanc. « Toutes les troupes, écrit-elle, passèrent toute la nuit le long du fossé; et, comme il n'y avait que les Tuileries, qui en sont sur le bord, entre mon logis et ledit fossé, l'on entendait distinctement les tambours, les trompettes, et l'on discernait aisément les marches différentes. Je demeurai appuyée sur ma fenêtre jusqu'à deux heures après

1. Cf. *La Jeunesse du maréchal de Luxembourg*, par Pierre de Ségur.
2. Nous rappelons que le jardin de Renard était comme un prolongement de celui des Tuileries.
3. Lettre de Fouquet à Mazarin.

minuit à les entendre passer, avec assez de chagrin de penser tout ce qui pouvait arriver ; mais parmi cela j'avais je ne sais quel instinct que je contribuerais à les tirer d'embarras. » Mademoiselle nous confesse ici qu'elle avait eu l'intention de se purger le lendemain. Le pressentiment qu'elle pourrait « être utile » lui fit décommander sa médecine. A quoi tient la gloire !

A six heures du matin, le 2 juillet, des coups à sa porte la réveillèrent en sursaut. Condé la faisait appeler au secours. Attaqué dans le faubourg Saint-Antoine, acculé contre Paris fermé, il avait d'abord envoyé chez Monsieur, mais Monsieur s'était aussitôt senti malade. Mademoiselle se jeta hors du lit, courut au Luxembourg, et éclata en rencontrant son père sur l'escalier. Gaston répondait : « Je ne suis pas assez malade pour être (au lit), mais je le suis assez pour ne pas sortir. » Mademoiselle le suppliait de monter à cheval, ou alors d'aller se coucher ; elle tempêtait, elle pleurait, le tout au vol, quand son père, dans son mouvement perpétuel, passait à portée ; et elle ne gagnait rien sur une lâcheté que Retz attisait, Retz devenu cardinal[1] et chef d'un tiers parti, Retz « qui voulait se défaire du prince de Condé et le laisser périr[2] ». Cela durait depuis une heure, « pendant laquelle tout ce que l'on avait d'amis pouvait être tué, et M. le Prince tout comme un autre, sans que l'on s'en souciât ; cela me paraissait d'une grande dureté ». Survinrent des amis de Condé, qui se joi-

1. Il avait été nommé le 19 février 1652.
2. Motteville.

gnirent à elle, et Monsieur, succombant à la fatigue, se débarrassa d'eux tous en expédiant sa fille, « de sa part », à l'Hôtel de Ville.

Elle partit en hâte. Les bourgeois attroupés lui réclamaient des ordres au passage. Place de Grève, une foule déguenillée hurlait contre l'Hôtel de Ville, où personne « n'osait mettre la tête aux fenêtres [1] », de peur de recevoir une balle. Mademoiselle monta à la grande salle, demanda des troupes et l'ouverture des portes, et vit « qu'ils se regardaient tous », le prévôt des marchands, ses échevins et le maréchal de l'Hôpital, gouverneur de Paris. « M. le Prince, s'écria-t-elle, est en péril dans nos faubourgs, et quelle douleur et quelle honte ce serait pour jamais à Paris, s'il y périssait faute de secours! Vous pouvez lui en donner, faites-le donc vivement! » Ils allèrent se consulter dans la pièce à côté, tandis que Mademoiselle se jetait à genoux devant une fenêtre d'où l'on entendait le plain-chant d'une messe. Elle se relevait de temps à autre pour aller leur rappeler que le temps pressait, mais ils ne se décidaient pas. Alors, dans un élan de colère et de désespoir, montrant par les fenêtres la populace en furie, elle leur jura que, s'ils ne signaient l'ordre demandé, « ces gens-là... le leur feraient bien signer [2] ». Ils signèrent. Condé était sauvé.

Elle s'élança vers la porte Saint-Antoine. A quel-

---

1. *Registres de l'Hôtel de ville.*
2. *Mémoires* de Conrart.

ques pas de l'Hôtel de Ville, elle vit venir un cavalier en pourpoint blanc, aveuglé par une horrible blessure, inondé de sang, étouffé par le sang, que deux autres cavaliers, tout sanglants aussi, menaient par la main en pleurant. C'était La Rochefoucauld. Mademoiselle lui parla ; il ne répondit pas. A l'entrée de la rue Saint-Antoine en parut un autre, « sans chapeau, tout déboutonné,... pâle comme la mort », qu'un homme soutenait sur son cheval. C'était le petit Guitaut. Elle lui cria : « Mourras-tu ? » Il fit signe que non et passa. Presque aussitôt un blessé que l'on portait se fit approcher de sa portière. C'était Valon, maréchal de camp, avec qui elle avait cavalcadé en Beauce. Il fut ensuite impossible de les compter : « Je trouvai à chaque pas que je fis dans la rue Saint-Antoine des blessés, les uns à la tête, les autres au corps, aux bras, aux jambes, sur des chevaux, à pied, sur des échelles, des planches, des civières, des corps morts. » Défilé très aristocratique, car c'était la noblesse de France qui se faisait tuer, dans la dernière de ses batailles contre la royauté. La porte Saint-Antoine ne s'ouvrait que pour les morts et les blessés. Les remparts étaient chargés de spectateurs. Louis XIV et Mazarin regardaient des hauteurs de Charonne.

Les soldats de la Fronde en avaient assez ; ils rechignaient à marcher. Leurs chefs marchèrent pour eux, d'où la somptueuse hécatombe. Le faubourg Saint-Antoine vit ce jour-là des charges de cavalerie composées de princes et de seigneurs, des défenses de barricades par des fantassins portant les plus grands noms de France. A leur tête à tous, un grand coupable rachetait son crime envers la patrie en lui donnant l'une de ces visions d'héroïsme qui élèvent les cœurs. Condé était partout à la fois ; un « démon », disaient les soldats du roi ; un « surhumain », disaient les siens. Pareil aux preux des vieilles légendes, il plongeait dans la mêlée, reparaissait l'armure rougie et bossuée, et replongeait, se battant d'un courage si éclatant, si entraînant, que les gens du peuple, sur les remparts, étaient émus d'une grande pitié et murmuraient d'indignation de ce qu'on laissait un pareil homme périr sans secours. Il jetait en même temps autour de lui des ordres si nets, il avait de si merveilleuses inspirations, que ceux de ses officiers qui survécurent gardèrent le souvenir d'avoir vu véritablement, ce jour-là, un héros, un frère de Roland et de Rodrigue. La fatigue n'existait pas pour lui ; « fondu de sueur », sous le soleil de juillet, « étouffé dans ses armes », il se fit déshabiller, se jeta tout nu sur l'herbe d'un pré, où il se tourna et se vautra « comme les chevaux qui se veulent délasser[1] », fut rhabillé en un clin d'œil et se rejeta, frais et dispos, au plus fort des coups.

Il fallait mourir cependant, accablé sous le nombre, si Mademoiselle, arrivée enfin place de la Bastille, n'eût immédiatement fait ouvrir la porte Saint-Antoine. On lui offrit l'hospitalité dans une maison

---

1. Conrard, *Mémoires*.

près de la Bastille; elle y monta : « Aussitôt que j'y fus, M. le Prince m'y vint voir; il était dans un état pitoyable : il avait deux doigts de poussière sur le visage, ses cheveux tout mêlés; son collet et sa chemise étaient tout pleins de sang, quoiqu'il n'eût pas été blessé; sa cuirasse était toute pleine de coups, et il tenait son épée à la main, ayant perdu le fourreau; il la donna à mon écuyer. Il me dit : « Vous voyez un homme au désespoir; j'ai perdu tous mes amis.... » Il se jeta sur un siège, pleurant et me disant : « Pardonnez à la douleur où je suis »; et, après cela, que l'on dise qu'il n'aime rien! Pour moi, je l'ai toujours connu tendre pour ce qu'il aime. »

Ils convinrent de leurs faits; Condé s'en fut diriger la retraite, et Mademoiselle veiller de sa fenêtre à faire évacuer les bagages, recueillir les blessés et porter à boire aux combattants. Le peuple la secondait de tout son bon cœur. Elle fut touchée de son empressement à soigner les blessés et à donner du sien pour réconforter les autres. Les bourgeois, devenus plus qu'à demi « mazarins » par dégoût du désordre, restaient indifférents, regardaient en badauds, et quelques-uns même riaient, ou tiraillaient des remparts sur les Frondeurs. Mademoiselle ne bougea de son poste que pour monter un instant sur la Bastille, où, ayant pris une lunette, elle vit l'ennemi manœuvrer pour couper M. le Prince de la porte Saint-Antoine. Elle laissa l'ordre de canonner l'armée royale et revint jouir de sa gloire : elle avait sauvé Condé deux fois dans la même journée. Des ovations sans fin furent sa récompense. L'armée en retraite lui criait : « Vous êtes notre libératrice. » Condé reconnaissant la portait aux nues, et, le soir au Luxembourg, le lendemain aux Tuileries, après une nuit d'insomnie passée à avoir « tous ces pauvres morts dans la tête », Mademoiselle s'enivra d'un encens dont la douceur l'empêchait de « faire les réflexions... qui auraient pu troubler sa joie ». Le seul qui lui battit froid fut encore son père, comme au retour d'Orléans. Dans l'après-midi, Monsieur, croyant le danger passé et guéri subitement par cette nouvelle, était accouru embrasser M. le Prince rue Saint-Antoine et se faire raconter la bataille, de l'air du monde le plus « riant » et le plus à son aise. Le soir, devant la réception triomphale faite à sa fille, il fut guindé : « J'attribuai cela, écrit celle-ci, au repentir qu'il devait avoir que j'eusse fait ce qu'il devait faire. » Mademoiselle le flattait; Monsieur ne regrettait que de lui avoir laissé prendre trop d'importance.

La peur l'emportait chaque fois sur ce regret. Le 4 juillet, il y avait eu à l'Hôtel de Ville une grande réunion des représentants de la bourgeoisie parisienne, pour décider de la ligne à suivre. Les Princes s'y étaient rendus, persuadés que l'assemblée leur offrirait le pouvoir. Ils n'entendirent parler que de se raccommoder avec la royauté, et se retirèrent pleins d'humeur. La place de Grève était couverte d'une populace mélangée de soldats avec leurs officiers.

On a prétendu [1] que les Princes, ou des gens de leur suite, avaient excité la foule au passage. Quoi qu'il en soit, des coups de feu partirent derrière eux, et ils poursuivirent leur chemin comme si de rien n'était.

Mademoiselle les attendait au Luxembourg. « Monsieur, dit-elle, entra dans sa chambre pour changer de chemise, ayant eu grand chaud. » Le reste de la compagnie causait paisiblement, quand apparut « un bourgeois essoufflé et qui ne pouvait quasi parler, tant la vitesse dont il était venu et la frayeur qu'il avait l'avaient saisi. Il nous dit : « Le feu est « à l'Hôtel de Ville, et l'on y tire; l'on se tue.... » Condé fut prévenir Monsieur, qui oublia, dans son trouble, le désordre où il était, « et vint en chemise devant toutes les dames ». Il disait : « Mon cousin, allez à l'Hôtel de Ville »; mais Condé refusait, donnant ainsi raison au public, qui s'écria tout d'une voix, en apprenant l'action « la plus sauvage qui eût été faite depuis la monarchie [2] », que M. le Prince avait fait le coup et payé les assassins. Outré que des bourgeois osassent lui tenir tête, le héros splendide du faubourg Saint-Antoine était tombé, dans une heure néfaste et ineffaçable, au niveau des septembriseurs, et Monsieur avait été son complice, en sachant tout et n'empêchant rien.

Ils envoyèrent Beaufort, qui fit de son mieux pour

1. Cf., notamment, les *Mémoires* de Conrard, et les *Registres de l'Hôtel de Ville*.
2. Omer Talon, *Mémoires*.

disperser la foule. Mademoiselle demanda à le suivre et ne sut pas arriver jusqu'à la Grève. Elle lanterna, quoique ce ne fût guère le moment, et écouta ceux qui trouvaient le danger trop sérieux. Son père, effrayé du train que prenaient les choses, la renvoya à nouveau. Il était minuit passé, et il n'y avait plus personne dans les rues; elle approcha, cette fois, sans difficulté. L'Hôtel de Ville, devenu désert, n'avait plus de portes ni de fenêtres et flambait encore par places. L'intérieur était pillé et saccagé : « Nous passâmes par-dessus des poutres qui étaient encore toutes fumantes : je ne vis jamais un lieu si solitaire : nous tournâmes tout autour sans trouver qui que ce soit. » A la fin, le prévôt des marchands sortit d'une cachette, avec quelques autres. Mademoiselle les fit mettre en sûreté et s'en alla se coucher. Le jour grandissait déjà et le peuple s'attroupait sur la place, se nommant les victimes : plusieurs parlementaires, des prêtres et trente ou quarante bourgeois parmi les morts, des blessés en nombre considérable. « Dieu vous bénisse! » disaient les gens en reconnaissant Mademoiselle, qui s'éloignait tristement; ce sang répandu ne lui disait rien qui vaille : « L'on a parlé diversement de cette affaire, écrit-elle; mais toujours l'on s'accordait à en donner le blâme à Son Altesse Royale et à M. le Prince. Je ne leur en ai jamais parlé, et je suis bien aise de l'ignorer, parce que, s'ils avaient tort, je serais fâchée de le savoir; et cette action m'a tant déplu, que j'aurais beaucoup de déplaisir que non seulement elle eût été faite, mais tolérée par des personnes qui me sont si proches.... Cette affaire *fut le coup de massue du parti*. »

Au premier moment, M. le Prince sembla au contraire en être venu à ses fins. Profitant de la terreur qui était dans Paris et du départ de beaucoup d'hommes politiques, il avait fait nommer par des débris de Parlement un gouvernement dont Gaston était le chef nominal, lui-même le généralissime, et il avait installé la révolution à l'Hôtel de Ville avec Broussel pour prévôt des marchands. Le « coup de massue » rendit son pouvoir complètement illusoire. La conscience publique, très calleuse pourtant en matière de meurtres, s'était rebiffée contre le 4 Juillet, parce que c'était un guet-apens : c'était lâche. Elle condamna Condé et, aussitôt, le parti de Condé tomba en miettes. La fatigue de la guerre civile, déjà grande la veille du massacre, parut intolérable le lendemain, et le rideau acheva de se déchirer sur l'immense duperie qu'avait été la Fronde pour le pays. A part une poignée de parlementaires, patriotes et humanitaires avant la lettre, qui avaient rêvé bonheur public et liberté, et qui détestaient l'étranger, et encore plus ceux qui l'appelaient, quand donc avait-on pensé à la France? Qui donc s'était jamais inquiété des souffrances du peuple? Était-ce par hasard la noblesse? Ou les deux branches cadettes? Qu'est-ce que cela faisait au laboureur réduit à se terrer dans les bois, au bourgeois dont les affaires étaient arrêtées depuis quatre ans, que Mme de La Rochefoucauld s'assît devant la reine ou que M. de Longueville gouvernât

Pont-de-l'Arche? La belle consolation pour eux, dans leur malheur, de savoir qu'il y avait près de Paris un camp en goguette, où « l'on ne voyait que collations et galanteries aux dames [1] » !

Aucune de ces réflexions n'était neuve ; mais toutes avaient pris en quelques jours une force qui donna beau jeu aux agents de Mazarin [2]. Ce dernier eut la bonne grâce de lever les derniers scrupules des Parisiens en faisant semblant de retourner en exil (19 août). La débâcle fut immédiate ; tout ce qui comptait dans Paris députa au roi pour le supplier de revenir. Retz, très calmé depuis qu'il tenait son chapeau, y fut l'un des premiers, à la tête de son clergé. Monsieur, et ce fut le grand signe, jugea le moment venu d'abandonner ses amis et négocia en dessous avec la cour. Condé, voyant que tout lui échappait, même ses soldats, qui jetaient leurs armes et s'en allaient, essaya aussi de faire sa paix et demanda encore trop cher ; l'affaire manqua. Sa situation devenait critique ; il n'avait plus guère avec lui que Mademoiselle, pleine d'honneur et qui fut fidèle jusqu'au bout, mais pleine aussi d'illusions et de chimères.

Dans sa conviction qu'elle était un grand général, elle imaginait des choses insensées, comme de lever à ses frais une armée qui lui appartiendrait ; on l'appellerait l'armée de Mademoiselle. Il se trouverait

1. Montglat.
2. Voir les *Mémoires* du Père Berthod.

bien quelqu'un pour lui livrer une place forte, ou même deux places fortes. Le roi serait obligé d'en venir à composition avec sa grande cousine, qui trouverait la couronne fermée au fond de son pot-au-lait, à moins cependant qu'elle n'eût épousé M. le Prince d'ici là, car la santé de Mme la Princesse permettait de s'attendre à tout ; en quelques semaines, elle avait été deux fois à l'extrémité. La première fois, la nouvelle s'en répandit à Paris dans la soirée : « Je me fus promener chez Renard : M. le Prince y était ; nous fîmes deux tours d'allée, sans nous dire un seul mot ; je crus qu'il pensait que tout le monde le regardait, et j'avais la même pensée que lui ;... ainsi nous étions tous deux fort embarrassés. » Les gens faisaient leur cour à Mademoiselle en « remariant » M. le Prince devant elle ; un peu plus, elle aurait reçu les compliments.

Elle croyait sans y croire à ces contes de fées. Dans le fond, Mademoiselle sentait approcher la fin de son héroïnat, si l'on me passe le mot, et n'en était que plus ardente à jouir de son reste. Elle se donnait en spectacle aux Parisiens, entourée de « ses compagnies », levées et habillées de ses deniers en attendant le reste de « son armée », et s'amusait comme une enfant du bruit des trompettes et du luxe des uniformes. Elle allait dîner au quartier général de M. le Prince, hors de Paris, et passait une journée inoubliable. « L'homme du monde le plus malpropre » avait fait sa barbe et mis du linge blanc en son honneur ; la chose fut très remarquée. Condé et son état-major « burent sa santé » à genoux, au son des trompettes et du canon. Elle passa l'armée en revue et s'avança à cheval jusqu'aux avant-postes de l'armée royale, où l'on était averti de ne pas tirer : « Je parlai quelque temps à eux. Après, je poussai mon cheval, ayant grande envie d'aller jusque dans le camp des ennemis ; mais M. le Prince courut devant, et sauta à la bride de mon cheval, et le fit tourner. » C'était par trop une idée de femme. Le soir, elle donna le mot d'ordre et repartit au clair de lune. La journée se termina par un joyeux souper aux Tuileries.

Cette expédition lui avait monté la tête. Quelques jours après, elle « supplia » son père de lui permettre de faire pendre les principaux meneurs de la réaction. Monsieur manqua de « vigueur[1] », et refusa, fort heureusement pour sa fille, car l'heure du règlement de comptes était proche. Le 13 octobre, elle se grisa une dernière fois du cliquetis des armes et de l'éclat des costumes de guerre. M. le Prince était venu lui dire adieu, avec tous ses amis, avant d'emmener son armée dans l'Est, vers une fortune inconnue : « Cela était si beau, écrit-elle, de voir la grande allée des Tuileries toute pleine de monde, tous bien vêtus. M. le Prince avait (un habit) fort joli, avec des couleurs de feu, de l'or, de l'argent, et du noir sur du gris, et l'écharpe bleue à l'allemande, sous un justaucorps qui n'était point boutonné. J'eus grand regret à les voir partir, et j'avoue que je

---

1. Lettre de Marigny à Lenet, du 25 septembre 1652.

pleurai, en leur disant adieu.... On se trouvait si seul ; l'on était si étonné de ne voir plus personne. Cela causait bien de l'ennui ; et il fut bien accru par le bruit qui courut que le roi venait, et que nous serions tous chassés. »

Les Princes étaient partis un dimanche. Le samedi suivant, au matin, pendant que Mademoiselle était à se coiffer, on lui remit une lettre du roi : « Elle contenait que, s'en allant à Paris et n'ayant point d'autre logement à donner à Monsieur, son frère, que les Tuileries, il me priait d'en déloger dans le lendemain midi. » Le coup fut rude. Mademoiselle alla se cacher chez des amis. Elle faisait la brave, parlait de mettre Paris sens dessus dessous, et versait cependant des torrents de larmes. Le 21, on lui apprit que son père était exilé de Paris. Elle partit pour le Luxembourg et vit chemin faisant, sans être vue, passer le roi. Il était devenu grand ; c'était un bel adolescent qui saluait bien : la foule l'applaudissait avec fureur. Arrivée chez Monsieur, Mademoiselle trouva un homme tout hérissé, dont le premier mot fut qu'il n'avait pas de comptes à lui rendre. Elle prit la mouche, et ils se dirent leurs vérités. Gaston lui reprochait son intempérance de conduite et sa manie de se mettre en avant, il l'accusait de l'avoir compromis pour le plaisir de « faire l'héroïne » ; elle, de son côté, en avait gros sur le cœur contre les gens qui ne donnent jamais d'ordres par écrit, parce que cela gêne ensuite pour désavouer. Lorsqu'ils se furent soulagés, Mademoiselle demanda tout à coup à venir

habiter au Luxembourg : « Il me répondit : « Je
« n'ai point de logement. » Je lui dis : « Il n'y a per-
« sonne céans qui ne me quitte le sien, et je pense que
« personne n'a plus de droit d'y loger que moi. » Il me
repartit aigrement : « Tous ceux qui y logent me sont
« nécessaires, et n'en délogeront pas. » Je lui dis :
« Puisque Son Altesse Royale ne le veut point, je m'en
« vais loger à l'hôtel de Condé, où il n'y a personne.
« — Je ne le veux pas. — Où voulez-vous donc, Mon-
« sieur, que j'aille ? — Où vous voudrez » ; et s'en alla. »

Le lendemain de cette scène, tous les principaux
de la Fronde s'envolèrent sur un mot du roi. Les
routes se couvrirent de grands seigneurs en pénitence
et d'héroïnes en disponibilité, idoles de la veille que
Paris chansonnait déjà. Monsieur était parti avant
l'aube

> Avec une vitesse extrême,
> . . . .
> Mademoiselle son aînée
> Disparut la même journée [1].

Elle s'était encore cachée, mais la peur l'avait
prise en recevant un billet anonyme, deux billets,
vingt billets, « d'écritures différentes », et lui disant
tous qu'on allait l'arrêter. Sans prendre le temps de
rechercher d'où venaient ces avis, sans vouloir écouter
son fidèle Préfontaine, qui lui prêchait le sang-froid,
la Grande Mademoiselle, effarée, hors d'elle, oubliant
le soin de sa gloire et perdant toute dignité, criant
après ses gens qui la retardaient, s'enfuit honteuse-

---

1. La *Muse historique* de Loret.

ment de Paris dans un carrosse sans armes et avec un cocher sans livrée. Elle ne respira que lorsqu'elle eut perdu la ville de vue, et, encore, chaque cavalier, chaque voiture que l'on apercevait lui causaient un nouvel accès de terreur; elle les croyait à sa poursuite. Il était impossible de sortir de scène plus piteusement.

Les aventures de la route vinrent la distraire. Elle était masquée et voyageait sous le nom de « Mme Dupré », personne sans conséquence, qui dînait avec le gros des voyageurs et bavardait volontiers. Pour une Altesse, cela ne manquait pas de saveur. Un jour, dans la cuisine d'une auberge de village, un moine lui parla longuement de Mademoiselle et de ses hauts faits : « C'est une brave fille, disait le Père; elle porterait aussi bien une pique qu'un masque. » Une femme de la cour reçut « Mme Dupré » dans son château, avec des précautions de comédie pour l'empêcher d'être découverte. Des hommes sûrs la tenaient en correspondance avec Condé, qui la suppliait de venir le rejoindre sur la frontière. Il lui écrivait : « Je vous offre mes places et mon armée; M. de Lorraine en fait de même, et M. le comte de Fuensaldagne aussi[1]. » Mademoiselle eut assez de sens pour refuser; mais il fallait aboutir et aller quelque part; elle ne pouvait pas rester indéfiniment dans le mystère et le roman comique Monsieur ne voulait pas la recevoir à Blois; c'était une idée bien arrêtée. A Limours, sa première couchée, il

1. Gouverneur des Pays-Bas espagnols.

s'était mis en colère contre Préfontaine, qui le priait instamment de ne pas refuser un asile à sa fille : « Non, je ne le veux pas ! Et, si elle vient, je la chasserai ! » Tout bien pesé, Mademoiselle résolut d'aller attendre la fin de la bourrasque à Saint-Fargeau[1], dont le château lui appartenait. Elle en prit le chemin, et reçut presque aussitôt une lettre du roi lui garantissant « toute sûreté et liberté » dans la demeure de son choix. Mademoiselle fut vexée; elle s'était figuré la cour « fort en peine de savoir où elle était ».

Au moment d'arriver, après une étape de plus de vingt lieues, la peur la reprit, l'une de ces peurs irrésistibles qu'on appelait à Paris « les paniques de Monsieur ». Malgré la lettre du roi, elle voyait en imagination tout un corps d'armée à ses trousses, elle se voyait arrêtée, emprisonnée : « J'étais hors de moi », écrit-elle. On avait beau la raisonner, c'en était bien fait de l'héroïnat; l'amazone d'Orléans n'était plus qu'une pauvre femme éplorée, qui fit son entrée à Saint-Fargeau dans un état de terreur et de désespoir. Il était deux heures du matin : « Il fallut mettre pied à terre, le pont étant rompu. J'entrai dans une vieille maison où il n'y avait ni porte ni fenêtres, et de l'herbe jusqu'aux genoux dans la cour.... La peur, l'horreur et le chagrin me saisirent à tel point que je me mis à pleurer. »

Laissons-la pleurer. Elle n'avait que ce qu'elle méritait pour sa part du mal fait par la Fronde.

1. Saint-Fargeau est situé sur le Loing, dans l'Yonne.

Quatre années d'une guerre scélérate, entreprise sous la pression d'intérêts généraux, mais dégénérée aussitôt en foire aux vanités et en chasse aux écus, avaient couvert la France de ruines matérielles et morales. Dans un seul diocèse, celui de Laon, plus de cent vingt curés avaient été contraints « de se retirer dans les villes, n'ayant plus de paroissiens ni de quoi vivre[1] ». Dans tout le royaume, les âmes, rendues molles et serviles par l'excès de fatigue et le besoin impérieux de repos, avaient pris le dégoût de l'action; les héros de Corneille, avec leur idéal surhumain, à la Nietzsche, avaient fait leur temps : il fallait désormais aux Français des modèles moins hauts. Quand la Grande Mademoiselle revit la cour après cinq ans d'exil, elle trouva un autre monde, d'autres idées qui la firent paraître singulière, et dont elle eut le malheur de subir l'influence le jour où elle s'éprit pour Lauzun d'un amour romanesque. Nous espérons la rejoindre prochainement dans ce nouveau milieu.

1. Enquête de 1656. *La Misère au temps de la Fronde*, par A. Feillet.

TABLE DES MATIÈRES

CHAPITRE I

I. Gaston d'Orléans. Son mariage. Son portrait. — II. Naissance de Mademoiselle. — III. Les Tuileries en 1627. Le train d'une princesse. — IV. Les idées du temps sur l'éducation. Comment on élevait les garçons. — V. Comment on élevait les filles. — VI. L'enfance de Mademoiselle. Les divisions de la famille royale.................................. 1

CHAPITRE II

I. Anne d'Autriche et Richelieu. Naissance de Louis XIV. — II. L'*Astrée* et son influence. — III. Transformation des mœurs. Naissance de la vie de salon. L'hôtel de Rambouillet et les gens de lettres........................... 70

CHAPITRE III

I. Influence du théâtre à ses débuts. — II. Mademoiselle à l'école de Corneille. — III. Premiers projets de mariage. — IV. L'affaire Cinq-Mars. — V. Fin de règne.......... 129

CHAPITRE IV

I. La régence. Le roman d'Anne d'Autriche et de Mazarin. La seconde femme de Gaston. — II. Nouveaux projets de mariage de Mademoiselle. — III. Elle veut se faire carmélite. La renaissance catholique sous Louis XIII et la régence. — IV. Entrée des femmes dans la politique. Rivalité des deux branches cadettes. Suite du roman royal.   193

CHAPITRE V

I. Les premiers troubles. Paris et les Parisiens en 1648. — II. La Fronde parlementaire. Mademoiselle veut devenir reine de France. — III. La Fronde princière et l'union des deux Frondes. Le projet de mariage avec Condé. — IV. La période héroïque de Mademoiselle : la prise d'Orléans et le combat du faubourg Saint-Antoine. La fin de la Fronde. Le départ pour l'exil..........   260

Coulommiers. — Imp. PAUL BRODARD. — 874-1901.

www.ingramcontent.com/pod-product-compliance
Lightning Source LLC
Chambersburg PA
CBHW072018150426
43194CB00008B/1162